Bahman Shahozaini

DANKE DEUTSCHLAND!

Bahman Shahozaini

DANKE DEUTSCHLAND!

Von unser aller Glück, hier zu sein

Ein »Kanake« erzählt

riva

INHALT

Die ganze Welt will deutsch sein, nur die Deutschen schämen sich dafür. Dieses Buch ist all jenen gewidmet, die Deutschland lieben und wertschätzen, all jenen, die keine Labels wie »Deutscher« oder »Ausländer« brauchen.

PROLOG

Ich mag Rassisten. Nein, um Gottes willen ... natürlich nicht alle. Nur jene, die auch den Mut haben, zuzugeben, dass sie es sind. Die anderen, die sich wie Rassisten benehmen, aber von sich selbst glauben, sie seien keine, machen mich mürbe. Sehr wahrscheinlich sind Sie so einer. Vielleicht irre ich mich aber auch. Entscheiden Sie selbst.

Markus war groß und kräftig gebaut. Braun gebrannt, kurze blondierte Locken, er trug gern Gold. Ich mochte ihn sehr, sein Style war der einzig wahre: Achtzigerjahre-Schick. Mit ihm an meiner Seite fühlte ich mich wie *Modern Talking*. Blond und schwarz, Yin und Yang. Markus und ich besuchten eine Aufbau-Realschule. Eine Schulform für Gestrandete, die zu doof für das Gymnasium, aber zu smart für die Hauptschule oder die gewöhnliche Realschule waren. Hier sollten Typen wie er und ich mit einem neuen Anlauf für die akademische Rennstrecke fit gemacht werden. Dieses Unterfangen erwies sich als recht hoffnungslos, weil Markus und ich unsere eigenen Vorstellungen hatten: Wir wollten Frauen, Autos und Geld. Wie Dieter Bohlen und Thomas Anders eben. Der bloße Gedanke an ein piefiges Akademikerdasein löste in uns beiden Lachkrämpfe aus.

Markus war kein gewöhnlicher Deutscher. Die meisten Schwarzköpfe respektierten ihn. Und das hieß schon was. Auf einem Gymnasium buhlt man als Deutscher bestenfalls um den Respekt der Lehrer. Aber auf einer Schule mit einem hohen Anteil an Kindern mit Migrationshintergrund (Verzeihung, bitte gewöhnen Sie sich nicht an die politisch korrekte Formulierung – schon bald werde ich Sie in meine Sprache einführen) ist Respekt die einzig wahre Währung. Das begreifen nur Menschen, die *niedere* soziale Schichten kennen und verstehen. Markus war soziologisch betrachtet ein Connaisseur.

Als wir das erste Mal feiern gingen, sollte ich bei ihm übernachten. In den frühen Morgenstunden auf dem Weg ins Kölner Villenviertel Marienburg – hier residierten in der jungen Bonner Republik einst die meisten Botschaften – informierte er mich kurz und knapp: »Nur, dass du Bescheid weißt: Meine Eltern hassen Ausländer.«

Ich weiß noch genau, wie ich mir schulterzuckend dachte: »Okay, das kann ihnen nun wirklich keiner verübeln.« Und dabei hoffte ich, dass es zu keiner Begegnung kommen würde.

Es war das erste Mal, dass ich ein Haus in dieser Größenordnung betrat. Jugendstil, sehr gut erhalten, zwei Etagen, ein Pool. Alles war weiß, mit Gold veredelt, alles roch so sauber, frisch und gut. Es war exakt so, wie ich mir das Reichsein vorstellte. Der Kühlschrank war zwei Meter groß und es mangelte an nichts. Ein Porsche 930 zierte die Einfahrt und ich fragte, wer den Wagen fuhr.

»Mein Bruder. Er wird Anwalt werden.«

Ich war begeistert. Futur 1, und er fuhr schon Porsche. So viel Zuversicht und Selbstsicherheit lagen jenseits meiner Vorstellungskraft.

Markus' Mutter war bereits wach und bereitete das sonntägliche Frühstück vor. Wir setzten uns an den Tisch und warteten auf den Herrn des Hauses, der nach etwa zwanzig Minuten die Treppe herunterkam. Am Frühstückstisch angekommen, strich der Vater sein grau meliertes Haar mit seinen Arbeiterhänden zurecht, bevor er sich wortlos setzte. Seine runde Statur und die zusammengekniffenen Clint-Eastwood-Augen machten unmissverständlich klar, dass jetzt der Löwe da war. Das Rudel schwieg ehrfürchtig. Er trug einen dunkelblauen Merinopullover mit V-Ausschnitt und darunter ein weiß-blau gestreiftes Hemd.

Es dauerte nicht lange, bis er eine erste Frage an mich richtete und damit die etwas bedrückende Stille durchbrach, die entstanden war, nachdem er sich die erste Brotscheibe genommen und angefangen hatte, diese mit Butter zu beschmieren. Ohne mir in die Augen zu schauen, begann er zuerst ganz harmlos: »Ständig werden Deutsche von Ausländern verprügelt. Jetzt haben da ein paar Deutsche mal einem Ausländer eins auf die Mütze gegeben, und da machen die gleich so ein Theater daraus.« Dann raunzte er mich sichtlich erbost an: »Wie findest du das denn?«

Eine Begebenheit, die sich Ende der 1990er-Jahre ereignet hatte: Eine Handvoll Bundeswehrsoldaten hatten ordentlich getankt und dann einen Ausländer niedergemäht. Der Fall geriet an die Öffentlichkeit und die Presse stürzte sich darauf. Ich spürte die Animosität und Verärgerung im Raum. Markus und seine Mutter schauten gebannt in meine Richtung. Die Spannung war zum Greifen. Vor einem Löwen oder einem Elefantenbullen, der seinen Standpunkt klarmacht, kann man nicht mehr wegrennen. Dafür ist es dann zu spät. Also dachte ich kurz nach und erwiderte so entspannt wie möglich: »Das waren blöderweise Soldaten in Uniform. Das schadet dem Ansehen der Bundeswehr.«

Stille.

Markus stierte gebannt zu seinem Vater hinüber und dieser erwiderte lapidar: »Da hast du recht. Markus, reich mir mal bitte die Kaffeesahne.«

Von einem auf den anderen Moment atmete der Raum wieder, die Mutter begann zu plaudern, als wäre nie etwas gewesen, und alle sprachen freundlich miteinander.

Und ich? Ich war kein Fremdkörper mehr, sondern ein Gast, und ich wurde auch so behandelt. Respektvoll.

»Das habe ich noch nie zuvor erlebt. Meine Eltern können Ausländer und vor allem *Schwarzköppe* nicht leiden, aber dich mögen sie. Du kannst uns jederzeit wieder besuchen, hat meine Mama gesagt.«

Als ich das nächste Mal bei Markus zu Hause ankam, reichte die Mutter mir einen Becher mit Zahnbürste, Zahnpasta und weiteren Utensilien, wie man sie im Hotel bekommt. Meine Mutter arbeitete als Reinigungskraft in einem großen Hotel, von daher kannte ich diese Dinger. Ich fühlte mich respektiert und geehrt. Eigentlich hätten die Eltern von Markus mit ihren Vorurteilen und Voreinstellungen allen Grund gehabt, mich mit Argwohn zu behandeln, so als wollte ich sie ausrauben. Wenn ich an deren Stelle gewesen wäre, hätte ich mich nicht anders verhalten. Aber diese beiden Menschen taten schließlich das, was sie auch ihrem lieben Sohn Markus beibrachten: Menschen individuell zu beurteilen, mit gesunder Intuition und Bauchgefühl, und dann locker durch die Hose zu atmen.

Markus verriet mir später, dass die Nachbarschaft keinen sonderlich großen Respekt für seine Familie und ihre Anwesenheit hegte. Warum auch? Sie waren Aufsteiger. Sie waren umzingelt von Akademikern und *altem Geld*. Das heißt, sie wussten aus eigener Erfahrung, wie es sich anfühlt, diskriminiert zu werden.

KAPITEL 1
»WIR SIND AUSLÄNDER«

Ein stilles Baby

Es war pochend heiß. Zu heiß für den Mai in Teheran. Über den Straßen waberte die Hitze und Farah presste ihr neugeborenes Baby fest an ihren Körper, als könnte es sonst auf den glühenden Asphalt fallen. Sie hetzte durch die Straßen und wunderte sich weniger über die Hitze als über die ungewöhnliche Stille. Seit 1980 waren die mal fernen, mal nahen Bombenangriffe von Saddam Husseins Truppen zu hören. Doch nicht heute. Das machte Farah skeptisch. Sie beschlich ein mulmiges Gefühl, das tief von der Magengegend herrührte und langsam, aber sicher in ihren Brustkorb kroch. Ihr Herz schlug schneller. Sie verstand nicht, warum sie sich so fühlte. Sie hatte nur eine Ahnung und spürte jetzt das Kribbeln in den Händen. Die ersten Schweißperlen rollten ihr aus den Achselhöhlen.

Sie war erst einundzwanzig Jahre alt, äußerst empfindsam und stammte aus einfachen Verhältnissen. Die Gefühle und Absichten der Menschen erkannte sie meist, bevor diese zum Ausdruck kamen. Und sie hatte inzwischen einen sensibles Radar für den Tod. Drei Jahre zuvor hatte sie ihre erste große Liebe in den Wirren der Revolution von 1979 verloren. Schüsse fielen, er starb blutend auf der Straße in ihren Armen. Sie presste ihn fest an sich, wünschte sich eine andere Zeit, eine andere Welt, ein anderes Leben. Ein Leben in Freiheit, das nicht bezahlt werden musste.

»Komm Farah, steh auf! Er ist tot!«, ein bekanntes Gesicht schrie auf sie ein, es fiepte in ihren Ohren. Sie schaute ihn ungläubig an. Wild rannten Menschen umher, in alle Richtungen dem Tränengas weichend. Das Geschrei war ohrenbetäubend, weitere Schüsse fielen. Die Blutlache unter Farah wurde größer.

»Wir müssen weg! Jetzt!!!«, schrie die Stimme ein letztes Mal und riss sie weg. Der leblose Körper sackte auf den Boden, bevor andere Demonstranten die Leiche zu viert wegtrugen. Mit einem Schulterblick verabschiedete sie sich von ihm. Sie rannte. Dann war sie daheim. Stille.

Dieses Mal war es anders. Es war das Jahr 1982. Farah fürchtete keine Schüsse auf den Straßen oder nächtliche Entführungen, sondern staatlich regulierte, gesetzliche Maßnahmen. Verhaftungen und Verhöre nach islamischem Recht. Alles, was die neue Ordnung bedrohte, wurde rigoros bestraft. Nach außen wurde Saddam Hussein bekämpft, nach innen die letzten Querulanten, die sich der neuen Wirklichkeit verweigerten und noch immer glaubten, dass die Revolution mehr Freiheit gebracht haben müsste. So wie Farah.

Sie klopfte an die Tür ihres Elternhauses und ihre Mutter öffnete nur einen Spalt. »Du kannst nicht rein. Sie waren hier und haben das ganze Haus durchsucht. Sie haben *Dinge* beschlagnahmt.« Die Mutter zögerte. »Geh zu Babaks Haus, dort wartet jemand auf dich. Alles ist vorbereitet. Du wirst jetzt das Land verlassen.«

Farah hatte gewusst, dass es irgendwann so kommen würde. Theoretisch zumindest. »Lass mich bitte rein, damit ich ein paar Kleidungsstücke für uns einpacken kann.«

Die Mutter schnaufte erbost. »Was ist los mit dir? Die wollen dich und dein Baby! Verschwinde jetzt! Na los.« Sie knallte die Tür zu und Farah lief los. Die Mutter weinte hinter der Tür.

Das Kind schrie nicht. Es war ein ruhiges Baby.

Farah erreichte das Haus ihres Cousins Babak, es wurde bereits dunkel. Zwei weitere Freunde und ein Unbekannter empfingen sie. Jetzt wurde sie ängstlich.

»Hier sind deine Papiere, für die nächsten zwölf Stunden hörst du auf den Namen Aresu und bist neunzehn Jahre alt. Du bist die Cousine von Majid. Er wird dich in den kommenden Tagen heiraten. Ich werde euch fahren. Wenn wir unterwegs kontrolliert werden, sagst du nichts, ich werde für euch sprechen. Zieh dir deine Vollverschleierung über. Du bist jetzt strenggläubig, verhalte dich auch so.«

Sie wusste genau, was das hieß. Beschämt Augenkontakt vermeiden und sich unterwürfig verhalten. Alles, was sie nicht wollte und zu verhindern versuchte, sollte sie jetzt retten. Ihr Glaube an die Rettung war in Schwarz gehüllt, damit sie in der Finsternis der Nacht in eine unbekannte Zukunft verschwinden konnte.

Sie wechselte ihrem Kind im Nebenzimmer die Windeln. Die Männer murmelten nebenan.

»Aresu!«, rief der Unbekannte.

Farah reagierte nicht.

»Aresu, dein Mann hat dich gerufen. Antworte und schäme dich, Weib!«, witzelte ihr Cousin. Er versuchte, die Situation aufzulockern.

Farah lächelte müde und schaute ihrem kleinen Sohn in die Augen. Er quiekte, lachte sie glücklich an. Sie begann zu weinen.

Der Wagen war klein und unbequem. Zu viert stiegen sie ein, fuhren los in Richtung Aserbaidschan. Sieben Stunden würden sie unterwegs sein. Das Kind saß auf dem Schoß von Babak auf dem Beifahrersitz. Sie gerieten in eine Straßenkontrolle. Die Wächter waren alle Anfang zwanzig und sahen gelangweilt aus. Babak und der Fahrer atmeten auf.

»Wo wollt ihr hin und wem gehört das Baby?«, fragte einer der Wächter keck, während er sich am Wagen mit beiden Händen abstützte.

Babak sprach überzogen ehrfürchtig zum neuen Staatsdiener. »Die Eltern von dem Kleinen sind gestern bei einem Autounfall verstorben. Tragische Sache. Die beiden wollen heiraten und übernehmen das Kind. Man darf nie die Hoffnung verlieren, nicht wahr? Wir fahren zum Vater meiner Cousine, damit der Antrag persönlich und nach islamischem Recht stattfindet.«

Der Junge musterte skeptisch die hinteren Fahrgäste und sah zwei traurige Gestalten.

»Der Islam ist in Gefahr und wir brauchen Soldaten wie euch. Danke, dass ihr das macht! Der Kleine hier wird euch auch eines Tages unterstützen, nicht wahr?«, sagte Babak und grinste dabei das Baby an.

Der Wächter war sichtlich genervt und holte seine Zigaretten aus der Tasche. »Fahrt weiter!«

Es war kalt geworden. Weit in der Ferne blitzten gelegentlich Leuchtkörper auf. Der Iran-Irak-Krieg erzeugte wie jeder andere Krieg auch malerische Momente. Die Gebirgsketten im Nordwesten des Iran waren eine raue Naturlandschaft. Es gab ungenutzte, unbewohnbare Landstriche, wo für gewöhnlich kein Mensch vorbeikam. Es sei denn, er oder sie wollte in die Sowjetunion fliehen.

Sie erreichten das Ende einer Landstraße. Farah stieg aus und bekam ihr Baby zurück. Der Wind pfiff durch die

Nacht, es wurde eisig. Ein US-amerikanischer Pick-up rollte an und sie erkannte den Dienstwagen ihres Vaters, auf dem *Ambulance* stand. Sie wunderte sich, warum er sein Auto für eine solche Fahrt zur Verfügung stellte, dann traute sie ihren Augen nicht, als er selbst ausstieg. Wieder kamen ihr die Tränen, sie fiel ihm in die Arme.

»Hör auf zu weinen, mein Schatz, du beunruhigst sonst den Kleinen.«

»Papa, verzeih mir, bitte, verzeih mir! Ich dachte, ich sehe dich nie wieder. Es tut mir so leid.«

Sie liebte ihn. Ihr wurde klar, dass sie auch diese Liebe loslassen musste. Heute, in dieser Nacht.

Er beruhigte sie und brachte sie zum Beifahrersitz des Pick-ups. »Ich fahre euch zur letzten Station. Setz dich rein und dreh die Heizung auf.«

Er hielt ihr zwar die Tür des kolossalen Fahrzeugs auf, aber half ihr nicht beim Einsteigen. Er behandelte die Frauen auf Augenhöhe. Niemals wäre es ihm eingefallen, seine Tochter zu tadeln, weil sie sich *unmuslimisch* verhielt. Er war es, der ihre Flucht organisiert hatte. Sie hatte ja keine Ahnung gehabt, dass er im Geheimen selbst so aktiv war. Von seinen Parteiaktivitäten wusste sie nichts. Auch nicht, dass er für den Ernstfall Granaten und Anti-Panzer-Minen zu Hause versteckt hielt. Das waren die »Dinge«, die bei der Hausdurchsuchung beschlagnahmt wurden.

Während des Zweiten Weltkriegs hatten die Russen und Engländer Persien besetzt und einen 14-Jährigen auf dem Thron installiert. Dass der Schah über Jahrzehnte hinweg eine Marionette des Westens blieb, ärgerte nicht wenige im Land. Die Sympathie des Vaters galt aus pragmatischen Gründen den Russen. Er stammte aus Aserbaidschan, einem Teil der Sowjetunion, sprach fließend Russisch. »An einem

Scheideweg zwischen Wolf und Hund, entscheide dich für den Hund«, sagte er oft zu Farah. Das Sowjet-Regime war für ihn der Hund, der einen verletzen konnte, aber nicht bestialisch tötete.

Sie fuhren seit zwei Stunden über einen Weg, der sich nicht mehr Straße nennen ließ. Das Auto ruckelte, Farah war mit ihren Kräften am Ende, sie kämpfte gegen die Müdigkeit. Ihr Vater reichte ihr wortlos zwei Tabletten. Aufputschmittel. Als Sanitäter hatten ihn immer schon die Psychopharmaka interessiert. Während seines Militärdienstes lernte er, dass alle großen Kriege mit Hilfsmitteln bestritten werden. »Nimm eine jetzt und heb die andere für später auf. Denk daran, zu trinken.«

Das Baby meldete sich zu Wort. Es hatte das Gepolter satt und hörte nicht auf zu schreien. Farah verzweifelte, aber ihr Vater wusste auch in dieser Situation weiter. Er reichte ihr eine Valium. Aber der Kleine hörte nicht auf zu weinen. Nach zehn Minuten hatte der Vater das Gejaule satt und bremste ab. Er nahm das Balg auf den Schoß und stopfte ihm eine zweite Valium-Tablette in den Mund. »Jetzt reiß dich zusammen, mehr gibt es heute nicht!«

Das Baby fiel in den Schlaf.

Den letzten und gefährlichsten Teil der Flucht musste Farah in der Kälte der Nacht allein bewältigen. Eine Strecke von fünf Kilometern würde sie zu Fuß gehen müssen. Mit dem Baby im Arm. Es war dunkel. Der Wind pfiff, die Grenzregion war felsig und karg.

Der Vater verabschiedete sie mit den Worten: »Hab keine Angst. Es ist bereits geschehen, du bist schon drüben. Du musst nur noch deinen Körper und den deines Kindes dorthin bringen.«

Mitten in der Wüste stand nun dieses gigantische US-amerikanische Fahrzeug und die Scheinwerfer beleuchteten das Nichts, in das ein Vater seine Tochter entließ. Sie umarmten sich ein letztes Mal, ehe sie im Schatten der Nacht verschwand. Der Vater machte die Schweinwerfer aus und wartete geduldig eine weitere Stunde, ehe er aufbrach. Er wünschte sich eine andere Zeit, eine andere Welt, ein anderes Leben. Eines, in dem er seine Tochter und seinen Enkel sehen durfte. Sie floh in eine neue vergebliche Hoffnung, er verblieb im Glauben an ein Wiedersehen.

Ich war vier Monate alt, als meine Mutter mit mir den Iran verließ.

Reise ins gelobte Land

Wir betraten den Bahnhof in Minsk, und der Zug fuhr ein. Dampf trat aus und sprühte den Bahnsteig an. Imposant. Unfassbar groß. Russische Züge sahen so majestätisch aus. So prunkvoll. Es ratterte und polterte. Innen war es zum Teil dunkel, weil das Licht an manchen Stellen nicht funktionierte. Meine Eltern stritten sich kurz. Dann schwiegen sie wieder, sie wollten unter keinen Umständen auffallen. Es hatte eine Weile gedauert, bis die Familie in Weißrussland wieder zusammengefunden hatte. Ich hatte eine Zeit lang bei einem russischen »Onkel« und einer »Tante« gewohnt, dann hatte es eine Unterkunft gegeben, in der ich mit meinem Vater und meiner Mutter wohnte. Den Kindergarten hatte ich hinter mich gebracht und jetzt war es anscheinend an der Zeit, in das nächste Land zu ziehen.

Ich genoss das Abteil, die gemütliche Stoffverkleidung, und ich sah gern aus dem Fenster. Das leichte und gleichmäßige Klackern der monströsen Zugräder hatte etwas Musikalisches, auch das gefiel mir. Meine Ruhe wurde jäh unterbrochen, als der Schaffner die Tür zum Abteil aufriss und uns anraunzte: »Fahrscheine! Na los, herzeigen!«

Meine Eltern fürchteten sich. Sie waren verängstigt. Ich wandte mich für einen kurzen Augenblick wieder dem Fenster zu, bevor ich mich doch entschied, Zivilcourage zu zeigen. Ich fragte den Schaffner auf Russisch, denn das hatte ich in den vergangenen Jahren gelernt: »Warum sprechen Sie böse?«

Er verstummte und übergab beschämten Blickes meinen Eltern ihre Fahrscheine.

Nach etwa einem Tag kamen wir in Berlin an. Meine Eltern stritten sich am Bahngleis. Ich hielt mich an meiner Mutter fest. Die S-Bahn rollte heran. Meine Mutter stieg mit mir ein. Ich stellte fest, wie gleichmäßig hell beleuchtet alles war. So modern, so kalt und ruhig. Kein Klackern. Nichts. Die Bahn rollte los, nein, sie schwebte davon. Ich musste vor Begeisterung lachen, hielt mir aber unverzüglich aus Scham die Hand vor den Mund, weil Mama noch erbost war vom Streit. Ich konnte es nicht fassen, wie leichtfüßig die Bahn davonsauste.

Zwei Wochen verbrachten wir in Berlin, bevor das Amt uns in die Aufnahmeeinrichtung für Asylbewerber nach Bayern verlegte. Wir waren ständig unterwegs. Andauernd wurden wir von Polizisten und anderen fremden Menschen kontrolliert. Stets hatte ich das Gefühl, dass meine Eltern und ich etwas falsch machten. Ich vermisste Weißrussland. In Deutschland sprachen sie anders. Alles war zwar farbiger, lebendiger, bunter und lauter als in Russland. Aber ich mochte es nicht. Die Deutschen waren zu niemandem nett, außer zu ihren Hunden. Aber nicht zu Kindern. Auch nicht zu sich selbst.

»Mama, warum sind die Deutschen so böse?«, fragte ich sie auf Russisch, weil mir das lieber war als Persisch.

»Was habe ich dir gesagt?«

Ich schämte mich, schaute zu Boden und erwiderte: »Nicht mehr Russisch sprechen.«

In ihrer Hast und ihrem Stress verboten meine Eltern mir die russische Sprache, weil sie fürchteten, dass sie benachteiligt würden, wenn sie eine Nähe zu Russland oder dem Iran zur Schau stellten. Alle Spuren sollten verwischt werden.

Menschen handeln in vielerlei Hinsicht irrational – vor allem, wenn sie in Angst leben. Meine Eltern waren nach ihren traumatischen Erlebnissen in einen permanenten Zustand der Angst geraten. Man muss begreifen, wie Menschen, die zu derart irrationalem Verhalten neigen, täglich ihr Unglück schmieden und an ihre Kinder weitergeben. Das ist die deutsche Wirklichkeit für die allermeisten Ausländer; hinzu kommt die zum Teil archaische Kommunikationskultur, die linke Ideologen in Deutschland gern als bunte, lustige Multikulti-Party auslegen möchten.

Ausländer per se als Bereicherung für Deutschland zu bezeichnen, bekommt fast eine kriminelle Note, wenn man bedenkt, dass schwer traumatisierte Menschen, die wie unter Hypnose durch dieses Land torkeln, für sich und andere durchaus zur Gefahr werden können. Anstatt diese Menschen psychologisch aufzufangen, mental und emotional abzuholen und mittels vernünftiger Rahmenbedingungen einzugliedern, freut man sich, dass sie einfach da sind?

Diese naive und passive Haltung konnte ich lange Zeit nicht verstehen. Heute verstehe ich die politische, soziologische und gesellschaftliche Dimension des Phänomens. Ich verstehe auch die Radikalisierung von jungen Ausländern und Deutschen immer besser. Sie eint die Wut auf die kalte, menschenverachtende Bürokratie eines bevormundenden Staates, der vergessen hat, seinem Volk zu dienen, Hilfesuchende zu unterstützen und Feinde abzuwehren.

Das Paradoxon ist den meisten Ausländern bekannt: Nach außen wirbt der Staat mit gezielter Pressearbeit für mehr Gastfreundschaft, um den Tourismus zu fördern oder Arbeitskräfte anzulocken – nach innen wird eine eindimensionale und diskriminierende Politik aufrechterhalten. Ich nehme das nicht mehr persönlich. Ich weiß, dass diese Politik nicht nur mir, uns, »den Ausländern« gilt. Auch die Deutschen werden von dieser Haltung nicht verschont. Dazu später mehr.

Wir befanden uns nun im bayerischen Zirndorf, in der »Zentralen Aufnahmeeinrichtung für Asylbewerber«. Es waren sehr kleine Baracken, heute würde ich sagen: Es war eine alte, ehemalige Militärwohnanlage. Ausländer aus den verschiedensten Teilen der Welt lebten dort. Türken weniger, eher Araber aus dem Irak, dem Libanon und Palästina, ein paar Afrikaner, Polen, Russen, Sinti und Roma sowie Perser. Also die idealen Statisten für ein Parteifest der Grünen oder Linken, zusammengepfercht und umzäunt. Es stank, der Müll war allgegenwärtig. Es war ein Bild des Grauens, das ich noch nicht einmal aus dem Land kannte, das wir gerade verlassen hatten, aus jenem Staat also, der zu dieser Zeit gerade zerbrach – die Sowjetunion. Wie absurd war das? Sogar in seiner Armut und am Ende seiner Tage konnte das Sowjet-Regime seine Ausländer besser beisammenhalten als das reiche Deutschland. Wie konnte das sein? Als Kind spürte ich das Entsetzen der Erwachsenen, die das Elend scheinbar belustigt auf die leichte Schulter nahmen. Alle gaben sich trotz allem irgendwie happy. Ausländer halt.

Einmal wurden wir auf der Straße von drei Polizisten angehalten. Sie raunzten meine Eltern an, als wären sie stinksauer, dass wir dort waren. Sie sprachen in einem komischen Dialekt. Die Unfreundlichkeit dieser bayerischen Polizisten übertraf alles, was ich bisher kannte. Später fragte ich meine Mutter, ob die vielleicht sauer waren, weil wir unsere Wohnung in der Unterkunft verlassen hatten. Meine Frage blieb zähneknirschend unbeantwortet.

Die Zeit im bayerischen Asylantenheim war schrecklich. Selbst wir Kinder wussten nun, dass wir Menschen zweiter Klasse waren. Wir wussten, dass wir arm waren, wussten, dass wir immer still und brav sein mussten. Unsere Eltern auch. Wie in einer toxischen Beziehung reichte nichts aus. Egal was man tat, nichts war je genug. Dann kam der Tag X, der sich in meine Knochen einbrannte.

Ich saß in unserer 7m²-Küche, meine Eltern kochten gerade etwas, als ein furchtbares Geschrei losging. Ein kollektives Geschrei und Geheule von erwachsenen Menschen aus allen Baracken, wie man es sich kaum vorstellen kann. Es brach ein Chaos aus. Mein Vater packte mich und zerrte mich in das WC.

»Aber ich muss gar nicht«, protestierte ich, und er wurde richtig wütend.

»Halt's Maul! Du bleibst hier drin und kommst nicht raus, egal, was du hörst!«

Ich begriff den Ernst der Lage und dachte an das Geschrei und die panischen Blicke meiner Eltern. Kaum hatte ich es mir auf dem Topf gemütlich gemacht, hämmerte es an der Tür.

»Aufmachen!«

Es dauerte keine Sekunde und jemand riss die WC-Tür auf. Es standen zwei Polizisten in Uniform links und rechts im Türrahmen, in der Mitte ein Mann mit einem beigen Mantel, obwohl wir eine warme Jahreszeit hatten. Er war schlank und groß, hatte eine Halbglatze und musterte mich durch seine kreisrunde Brille. Ich fürchtete mich vor ihm, er wirkte kalt und unbeteiligt. Für einen Moment glaubte ich, dass er mir etwas Böses antun wollte. Wieso hätte sonst jemand die WC-Tür ohne Erlaubnis öffnen sollen?

Der Mann sagte etwas zu seinen beiden Freunden in Uniform und verschwand. Meine Neugierde trieb mich, entgegen der Anweisung meines Vaters und trotz meiner Angst, aus dem WC. In der Küche wurden meine Eltern von fünf breitschultrigen, riesigen Polizisten umzingelt. Sie sollten am Tisch sitzen bleiben, sich nicht bewegen. Ich hörte das Geschrei und Geheule der Erwachsenen draußen. Meine Eltern schwiegen und schauten mich entsetzt an, während ich wie eine unbeteiligte Katze den Raum verließ. Vor der Tür blieb ich fassungslos stehen. Überall Polizisten, auf dem gesamten Gelände, vor einigen Baracken sah ich Männer und Frauen, auf den Knien und in Handschellen. Kinder standen neben ihren Eltern und weinten. Väter schwiegen. Mütter weinten. Ich drehte mich um, rannte zu meiner Mutter, hielt sie fest. Sie hielt mich auch fest und ich nahm etwas bei ihr wahr, das ich nicht kannte: Panik.

»Werden diese Männer uns etwas tun?«

Meine Frage blieb unbeantwortet. Ich dachte, meine Eltern bekämen jetzt richtig Ärger, weil sie ohne Erlaubnis rausgegangen sind. Und deshalb stünde die Polizei hier, damit sie nicht nochmal unerlaubt ihre Wohnung verlassen. Ich nutzte die Gunst der Stunde und fragte meine Mutter, ob wir gebratene Wurst essen könnten. Sie weinte. Ich sagte ihr schnell, dass wir auch einfach Brot essen könnten. Aber sie hörte nicht auf zu weinen. Sie weinte ohne Geräusche. Mein Vater saß immer noch regungslos am Tisch. Ich fragte mich, warum es so schwer ist, in diesem Land eine gebratene Wurst zu bekommen.

Persische Gemütlichkeit und deutsche Präzision

Nach drei Monaten erhielten meine Eltern und ich schließlich die Aufenthaltserlaubnis im gelobten Land der Freiheit und Sicherheit. Meine Mutter reagierte vor lauter Schock zunächst gar nicht, als der freundliche Mann in der Behörde sie anschaute und sagte: »Es ist okay. Sie dürfen bleiben.«

Stattdessen stierte sie ihn fassungslos an. Dann begann sie zu weinen. Ich weinte mit.

Als Kind in Deutschland erlebte ich einen Kulturschock nach dem anderen. Insgesamt waren die traumatischen Erlebnisse damals eher ein aufregendes Abenteuer und keine empfundene, geschweige denn reflektierte Tragik. In puncto Resilienz sind Kinder wahre Meister und den Erwachsenen weit voraus. Ihre von Grund auf positive Geisteshaltung ist bemerkenswert.

Dazu kamen gewisse Eigenheiten der persischen Mentalität. Viele Perser haben sich eine Grundfröhlichkeit bewahrt, die der kindlichen sehr nahekommt und an den Besuchsabenden mit Freunden ausgetanzt werden muss. Tanzen gehört quasi zum Pflichtprogramm, genauso wie das Lachen und Klatschen, die Knabbereien, viel Obst und Tee. Es wird ausgiebig und festlich gespeist, so wie es Deutsche für gewöhnlich nur an Weihnachten tun. Perser sind also recht gemütliche Zeitgenossen. Das hat kulturhistorische und traditionelle Gründe. Gastfreundschaft ist fester Bestandteil der persischen DNA.

Das deutsche Leben kollidiert nun definitiv mit der persischen Gemütlichkeit. Es sind zwei gegensätzliche Pole – ein Klischee, das einfach stimmt. Wenn Deutsche Gemütlichkeit, Gesang, Tänze und ausgiebige Speisen wollen, dann fliegen sie nach Mallorca oder Italien. Davon hörte ich bereits damals, und ich konnte nicht verstehen, warum man nicht einfach an seinem Wohnort Spaß haben kann. Heute glaube ich, den Unterschied zu verstehen. Es ist wie mit dem Homeoffice – das funktioniert auch nicht für jeden. Einige Menschen verlieren die Kontrolle über ihr Leben, wenn sie die Möglichkeit haben, sich im Schlafanzug an den häuslichen Arbeitsplatz zu setzen. Es ist die glasklare Trennung, die Distinktion der Lebensbereiche, die die berühmte deutsche Ordnung schafft. Arbeit. Leben. Feiern. Alles zu seiner Zeit und bestimmt nicht nach Lust und Laune wild durcheinander.

Jetzt erklären Sie aber mal einem Perser, dass er seine Kultur und Lebensweise über Bord werfen oder zeitweise aussetzen soll, also, dass Arbeit, Leben und Feiern säuberlich voneinander getrennt werden müssen. Viel Spaß!

Ausnahmen bestätigen natürlich die Regel. Bekannte meiner Eltern lebten in der Nähe von Köln, weshalb deren Wohnung als unsere erste *feste* Anlaufstelle nach dem Asylbewerberlager mehr oder weniger gesetzt war. Allerdings endete deren Geduld und Gastfreundschaft bereits nach einer Woche und sie halfen uns, schleunigst eine eigene Wohnung zu finden. Ich mochte diese Menschen nicht und war gespannt auf die nächste Station unserer Reise. In der Rückschau erscheint es mir, als hätten unsere Bekannten die deutsche Ordnung und Präzision bereits verinnerlicht. Aber das ist natürlich Quatsch. Sie mochten uns einfach nicht mehr dahaben.

Schwarze Katze, weißer Hase

Über den Kölner Stadtteil Meschenich sind bereits diverse Dokumentationen gedreht worden. *Am Kölnberg* zum Beispiel, ein prämierter Film von Laurentia Genske und Robin Humboldt. Googlen Sie, Sie werden begeistert sein. Die ausgiebigen Reportagen von Spiegel TV entstanden allerdings erst, nachdem die Polizei sich überhaupt hintraute. Als wir dort lebten, war die Polizei selten bis gar nicht zu sehen. Es musste schon mindestens eine Schießerei stattfinden oder ein Mord geschehen, damit die Herren, damals noch in Grün, erschienen. Jahrzehnte nach unserem Auszug erfuhr ich, dass der berüchtigte Häuserblock weit weg von den Toren Kölns seine ureigene Polizeistation eröffnet hatte. Nach diversen Brandanschlägen auf die Station entschied die Staatsgewalt sich schließlich, dauerhaft Präsenz zu zeigen. Sie wurden sesshaft, um Spritkosten zu sparen.

Das sehr illustre Ghetto *Am Kölnberg* zierte inmitten von Agrarflächen drei große Häuserblöcke, von denen der größte in der Mitte stand. Es gab einen gigantischen Hof, der als Spielplatz diente. Auf diesem Spielplatz landete jede Menge Müll, mal eine Waschmaschine oder – mein kuriosester Fund – ein echter weißer Hase, der offenbar nicht fliegen konnte. Aber vielleicht starb dieser arme Albino auch nur eines natürlichen Todes und wurde zu meiner nachhaltigen Begeisterung kurzerhand über den Balkon entsorgt. Spielt es eine Rolle? Ein weißer Hase – wie bei *Alice im Wunderland.* Hätte ich die Geschichte von Lewis Carroll damals schon gekannt, hätte ich die Verbindung direkt hergestellt.

Ich steckte längst im Kaninchenbau. Es war ein gefährliches Abenteuer, dort zu spielen, weil unzählbare Nationalitäten und Kulturen aufeinandertrafen. Konflikte und Konfrontationen waren die Norm. Die meisten Kinder waren häusliche Gewalt gewohnt. Zu Hause wurden sie brutal verprügelt, draußen wurden die Karten neu gemischt. Also zog ich es als Knirps irgendwann vor, dieses hochgradig interessante Geschehen nur noch vom Fenster aus dem sechsten Stock zu studieren. Meine Bitte um ein Fernglas wurde mit großem Unverständnis abgelehnt. Mit der Zeit lernte ich aber, dass man nicht unbedingt seine Augen braucht, um Gefahren zu erkennen.

Ich entwickelte ein deutliches Gespür dafür, wann es wirklich etwas zu sehen gab und wann es sich nur um eine Kabbelei handelte, die schnell wieder enden würde. Das Geheimnis lag in der Frequenz. Man hörte sehr deutlich, wann sich eine echte Bedrohung auftat. Schließlich kannte ich mich mit Angst, Panik und den dazugehörigen Schreien mittlerweile gut aus. Ich konnte Fernsehen schauen oder mit meinem Bruder spielen und wusste trotzdem sofort, wenn auf dem »Spielfeld« etwas Ernsthaftes geschah.

Eines Tages hörte ich besonders schrille Schreie. Ich sprang auf zum Fenster und taxierte die Situation. Ein Tumult von dreißig Jungs, die wie verrückt hin und her sprangen. Es war eine chaotische Situation, ich konnte das Opfer zunächst nicht identifizieren. Wen jagten die da? Die Stimmung war bedrohlich, geradezu elektrisch aufgeladen. Die Körper bewegten sich aggressiv hin und her. Erst als sie einen Halbkreis an der Wand bildeten, konnte ich erkennen, was verfolgt wurde. Dort im Zentrum des Halbkreises, an die Wand gepfercht, stand eine schwarze Katze. Die Jungs begannen, Stöcke und Steine nach ihr zu werfen.

Das ging mir zu weit. Wie von der Tarantel gestochen sprang ich auf, zog mir die Schuhe an und rannte los, um die Katze zu retten. Unten angekommen sah ich jedoch nur noch, wie die Katze immer größere Steine an den Schädel bekam und schließlich blutend zusammenbrach. Völlig schockiert schaute ich mich um und entdeckte ein mir bekanntes Gesicht. Ich packte den Jungen am Kragen und schüttelte ihn: »Warum habt ihr das gemacht? Warum?«

Der Junge schaute mich entsetzt an und verteidigte sich damit, dass die Katze bereits mehrere Menschen gekratzt habe. Fassungslos ließ ich ihn stehen und lief weinend nach Hause. Ich war Zeuge eines Lynchmordes geworden. Ich beschloss, den Vorfall zu vergessen. Aber es gelang mir nicht. Ich fühlte mich schuldig.

Wie ich einmal den Nikolaus enttäuschte

Wie schön war dagegen die Schule. Sie war für mich ein Ort der Ordnung. Die Dinge ergaben dort einen Sinn und hatten eine Nachvollziehbarkeit, obwohl sie eigentlich langweilig waren im Vergleich zu meinem sonstigen Alltagsgeschehen. In der Schule war ich sicher, es war sauber, wir lernten viel. Es wurde geschrieben, gemalt, gerechnet. Es herrschte Ordnung, die Erwachsenen hatten alles im Griff. Sich selbst, aber auch diese Illusionen aus Zahlen und Wörtern, die ich als genauso faszinierend empfand wie andere die Hinrichtung einer Katze oder die Obduktion eines weißen Hasen. Vor allem mochte ich, dass in der Schule Menschen waren, die freundlich mit Kindern sprachen. Die liebevoll mit uns umgingen. Empathisch.

Eine Lehrerin war ganz besonders nett. Ihr verdanke ich sehr viel. Sie gab mir nie das Gefühl, ein Ausländer zu sein. Bei ihr fühlte ich mich wie ein Mensch. Ich dachte nicht an meine Herkunft oder meinen chaotischen Lebenslauf, wenn sie mit mir sprach. Sie eröffnete mir eine andere Welt, eine

Kultur des Herzens und des einfühlsamen Umgangs. Dieser Umgang, so nahm ich an, war der Standard unter Deutschen. Und ich wünschte mir, mehr von dieser Kultur zu lernen.

Zum Nikolaustag im dritten Schuljahr hatte eine andere Lehrerin, die ich nicht so sehr mochte, im dritten Schuljahr einen Ausflug geplant. Am Morgen strahlten etliche Jungs bis über beide Ohren – wegen der Spielkonsolen, die der Nikolaus ihnen gebracht hatte. Andere wiederum hatten die komplette Burg von He-Man bekommen. Ich kannte diese Spielzeuge aus dem Fernsehen und wunderte mich, dass der Nikolaus anscheinend jedem etwas gebracht hatte – nur mir nicht!

Also fing ich an zu grübeln, woran das wohl liegen mochte. Ich dachte gründlich nach. Sehr, sehr gründlich. Ich begann, mir ernsthafte Sorgen zu machen, warum der Nikolaus mich einfach überging. Für einen Moment dachte ich, dass ich vielleicht zur Rechenschaft gezogen worden war, weil ich nie den Fall des weißen Hasen gelöst hatte und auch die schwarze Katze nicht hatte retten konnte. Ich war sehr aufgewühlt.

In der Bahn saßen meine Lehrerin und eine Mitschülerin vor mir, neben mir ein deutscher Opa. Dunkle Schiebermütze, Lederjacke, Brille, rundliche Statur, dicker Bauch, verschlossen und in sich gekehrt. Er strahlte nicht so hell wie der Opa aus der Werther's-Echte-Werbung. Während der Fahrt zu unserem Ausflugsziel fiel es mir endlich ein: »Ich weiß es jetzt, Frau Krummer!«

Frau Krummer sah mich verdutzt an.

»Ich weiß jetzt, warum der Nikolaus mir kein Geschenk gebracht hat. Ich war ein böser Junge dieses Jahr.«

Meine Lehrerin beschwichtigte mich und versuchte, mich abzulenken. Als der Opa neben mir aussteigen wollte, kramte er noch seine Geldbörse heraus und drückte mir zwei Mark in die Hand. Ich nahm das Geld verdutzt an, sah aber offensichtlich sehr ratlos aus. Zwei Mark waren sehr viel Geld. Damit konnte man Pommes mit Ketchup und Mayo kaufen und bekam sogar noch Geld zurück. Mit zwei Mark konnte man als Kind über Investitionen nachdenken.

Ich wusste nicht, warum ich zwei Mark in der Hand hielt. Frau Krummer erklärte es mir, so gut sie konnte. Sie tat es sehr sachlich. Ich begriff schließlich, dass es Mitleid gewesen war, konnte abschließend aber nicht so recht nachvollziehen, wer nun eigentlich einen Fehler gemacht hatte. Der Nikolaus selbst? Oder hatten meine Eltern den Antrag nicht rechtzeitig für mich beim Nikolaus eingereicht? Wer wusste das schon.

»Mama, sind wir arm?«

Meine Mutter und ich verließen das Haus in unserem Wohnkomplex. Die Sonne schien so herrlich auf diese kolossalen Hochhäuser, dazwischen spielten die Kinder mit dem Sperrmüll. Die Mülltonnen waren bis zu einem halben Meter überladen. Vieles lag auf dem Boden herum. Ich musterte für einen Augenblick die Umgebung, sah den Müll, schaute zu Boden, stellte fest, dass ich kaputte, löchrige Schuhe trug, und fragte eingebungsvoll meine Mutter: »Mama, sind wir arm?«

Entsetzt und erbost blieb sie stehen, zerrte an meinem Arm und fragte zurück: »Wer hat das gesagt?«

»Ich nicht, ich nicht – keine Ahnung, niemand hat das gesagt!«

Empört und wütend ließ sie von mir ab und wir zogen weiter. Spätestens jetzt begriff auch ich, dass es nichts Gutes war, arm zu sein.

Für mich wurde klar, dass ich den Lebensstil der Deutschen in vielerlei Hinsicht schätzte und deswegen ihrer Kultur nacheifern wollte. Wie die »reichen« Menschen wollte auch ich in einem Einfamilienhaus leben, schöne Kleidung tragen, Bücher lesen, in Harmonie, Einklang und Liebe leben. Als Knirps wusste ich nicht, wie das geschehen sollte, aber ich wusste: So wie es jetzt war, wollte ich es nicht.

Mein Gehirn und das all jener, die *Am Kölnberg* lebten, war darauf programmiert, als Mensch zweiter oder dritter Klasse zu leben. Wenn man dort lebte, wusste man insgeheim, wie man enden würde. Die Polizisten, die dorthin kamen, wussten es, und auch die Politiker, die diese Form des *Social Engineering* bewusst betreiben. Gesellschaft wird gemacht. Die polizeiliche Kriminalstatistik muss mit ihren kriminellen Ausländern erst bespielt werden.

Mich von dieser Zuordnung als Mensch niederer Klasse geistig zu befreien, sollte für mich ein schmerzhafter und langer Weg werden, der gefühlt nie wirklich endet.

Der Ethnopharmakologe Terence McKenna sagte einmal: »Kultur ist nicht dein Freund.« Das kann ich bestätigen. Die deutsche *Kultur* ist für mich mit zahlreichen Schocks verbunden gewesen. Die größte Kulturschockwelle brachte mir die Flimmerkiste. He-Man und die *Masters of the Universe*, *Tom und Jerry*, die *Transformers* und die ganzen Spielzeuge aus Plastik. Ich war wie berauscht. Die Fernsehwerbung war mein neuer Liebling. Das Fernsehen eröffnete mir in rasanter Geschwindigkeit alle Details einer Kultur, die ich nun in meiner Fantasie erkundete. Die Fernsehbilder wurden für mich als Kind eine Wirklichkeit, in die ich mich verrannte.

Aber mit dem Fernsehen ist das so eine Sache. Es gibt vor, die Wirklichkeit abzubilden, verzerrt sie jedoch – nicht selten auch nur unfreiwillig. Dünne Menschen sehen dick aus, sympathische Menschen wirken wie Fieslinge. Informationen oder Fakten erscheinen in pervertierter Form und haben, sobald sie im Fernsehen sind, schon nichts mehr mit den komplexen, realen Zusammenhängen zu tun. Die einzig wahre Macht über eine Kultur oder ein Volk liegt in der Medienarbeit. Sendereigene Akademien, Trainer und ganze Studiengänge schulen die Medienmenschen darin, vor der Kamera korrekt, nahbar und kompetent zu erscheinen. Wo ist meine Schokoladenseite? Wie viele Worte benutze ich? Welche Farben ziehe ich an? Wie atme ich? Wie kann ich dem Informationsauftrag einer Interessensgruppe - sei es der Staat oder eine Lobby - bestmöglich gerecht werden, ohne dass es auffällt?

Eine solche Ausbildung haben wütende Demonstranten oder die ausländische Arbeiterklasse nicht. Ist ja nicht so, als würde man in der Schule den Kindern alles beibringen, was sie bräuchten, um das Leben zu bewältigen. Als Kind wusste ich das alles nicht, trotzdem war dies die beste Ausbildung, die ich bekommen konnte: vom Fernsehen selbst.

Als ich in Deutschland heimisch wurde und die Wunderkiste plötzlich in unserem Wohnzimmer stand, ahnte ich nicht, was mich erwartete. Für mich war es die Büchse der Pandora. Vollkommen schockiert erkundete ich all diese fröhlichen Menschen mit ihrem Gewinnerlächeln, verheißungsvollen Produkten, spannenden Serien, fesselnden Filmen und schockierenden Nachrichten. Mein absoluter Liebling war eben die Werbung: die Essenz von Emotion in maximal dreißig Sekunden. Das faszinierte mich dermaßen, dass ich mit meinen sieben Jahren beschloss, Werbespots auf VHS-Kassetten (für die jüngeren Leser: Das waren sehr große USB-Sticks, aber mit weniger Platz drauf) aufzunehmen, um sie immer und immer wieder anschauen zu können.

Ich hatte ja keine Ahnung gehabt, dass es so viel Spielzeug gab auf der Welt! Ich wusste auch nicht, dass Menschen mit so viel Freude Kaffee tranken oder rauchten, sich rasierten oder kochten. Ich wusste nicht, dass Familien voller Freude und Gelassenheit verreisten, ohne Angst und Panik. Ich wusste nicht, dass es Großväter gab, die liebevoll ihre Enkel zu sich winkten, um ihnen ein Karamellbonbon zu reichen. So viel Freude, Liebe, Gelassenheit, Positivität und Zuversicht.

Es war ein Kulturschock für mich und ich wusste sofort: Das möchte ich auch.

Ich würde erst viel später in Erfahrung bringen, dass es auch Opas gab, die einst an der Ostfront Russen abgeknallt und dann für Jahre in einem Arbeitslager gesteckt hatten. Dass auch in Deutschland nicht alles Gold war, was glänzte.

Am Kölnberg ist ein bizarres Konstrukt, das man gesehen haben muss. Ein Brennpunkt, nicht nur sozial, sondern auch wortwörtlich, und dieser Moloch befindet sich nur fünfzehn Kilometer von Köln entfernt. Die meisten Kölner wissen noch nicht einmal, dass so etwas in ihrer Nähe existiert. Wie absurd ist das? Wem kann man eigentlich unter diesen perfekten Brutbedingungen die Radikalisierung verübeln? Also, ich niemandem. Weder dem Ausländer, der vor lauter Frust in seiner gefühlten und realen Benachteiligung ertrinkt und kriminell wird, noch dem Deutschen, der erbost von so viel archaischem Verhalten in die Rechtsradikalisierung driftet. Beide Parteien bekommen von mir hundert Prozent Zustimmung. Sie haben das Recht, sich so zu fühlen, wie sie es tun. Leider spielt ihr jeweiliges Verhalten einem Gesellschaftskonstrukt in die Hände, das ich als perfide und empathielos empfinde.

Eines Tages lernte ich Huschang kennen. Huschang war fröhlich, humorvoll, intelligent. Er schien immer gut drauf. Ein alter, sehnlichst vermisster Freund meiner Eltern, der eine Zeit lang bei uns schlief. Ich freute mich sehr über ihn, weil er viel mit mir unternahm und mir vieles erklärte. Mit seinen freundlichen, immer lachenden Augen, seinen weißen Hemden und dem leichten Bauchansatz war er der Prototyp des Onkels, den man sich als Kind wünscht. Ein faszinierender Quell an Informationen aus allen Himmelsrichtungen.

Bei einem unserer Spaziergänge streichelte er ein Pferd. Ziemlich lange sogar. Irgendwann wurde es dem Tier zu bunt und es biss ihm ein kleines Stück Fleisch aus dem Unterarm. Huschang beschimpfte die süße Bestie mit einem lachenden »Hundesohn« und wandte sich ab, als wäre nichts Schlimmes geschehen. Ich hingegen erinnere mich bis heute an diese schreckliche Wunde. Es fehlte ein ganzes Stück aus seinem Arm!

Huschang erklärte mir, dass irgendetwas das Tier wahrscheinlich erschreckt habe. Da er ein illegaler Ausländer ohne Papiere war, begann er, sich selbst zu verarzten. Er reinigte die Wunde alle paar Stunden mit einer selbst gemachten Kräutertinktur und wechselte die Bandagen wie ein Arzt. Ich war verblüfft von diesem Kerl. Nach wenigen Wochen war die Wunde verheilt.

Ich wusste, solange er da ist, entkomme ich dem Stress meiner Eltern. Sie wagten es nicht, in seiner Anwesenheit mit mir zu schimpfen oder die Hand zu erheben. Mein Vater, mein kleiner Bruder, Huschang und ich spazierten eines Tages durch einen Park, und Huschang machte zu meiner großen Freude den Vorschlag, »vom Weg abzukommen«. Wir verließen den gewöhnlichen Spazierweg und betraten

»Waldgebiet«. Mein Herz trommelte wie bekloppt. Abenteuer! Natürlich war es kein Wald und wir hörten auch schon eine Straße, aber für mich war es eine aufregende Expedition. Und es kam, wie es kommen musste: Wir machten eine Entdeckung. Wir fanden eine Geldbörse. Behutsam und mit der Akribie eines Detektivs untersuchte Huschang die Ledertasche samt verbliebenem Inhalt. Natürlich war kein Geld mehr darin, aber ein Führerschein, der Personalausweis und zahlreiche andere Dokumente.

Huschang verwendete einen kleinen Stock bei der Inspektion und ich fragte, warum er nicht seine Finger benutzte. Seine Antwort war klug und einleuchtend wie immer: »Ich möchte keine Fingerabdrücke hinterlassen.«

Schon wieder verblüffte mich dieser Mensch. Ganz sachte legte er das Portemonnaie wieder zurück und ich protestierte entsetzt. Ich stellte mir schon vor, wie sehr sich die Frau freuen würde, wenn sie ihre Geldbörse zurückbekam.

»Das können wir nicht machen, Bahman – wir sind Ausländer!« Liebevoll legte er seinen Arm auf meine Schulter, geleitete mich zurück zum Weg und erklärte mir die Sachlage. »Schau, wir sind Gäste hier, und wir sind Ausländer. Wir wissen nicht, was mit dieser Frau passiert ist. Es könnte sein, dass sie tot ist, und wenn wir als Ausländer zur Polizei gehen, werden die uns mit dem Fall in Verbindung bringen. Sie werden denken, wir hätten dieser Frau vielleicht etwas angetan. Dieses Risiko können wir nicht eingehen.«

Ich war entsetzt und konnte mit dieser Erklärung plötzlich alle verbliebenen Puzzlestücke zusammenfügen. Ich begriff: Wir sind Ausländer. Wir sind automatisch kriminell. Man glaubt, dass wir verdächtig und böse sind. Selbst wenn wir etwas Gutes tun. Deshalb war es besser, nicht aufzufallen.

Ich begriff jetzt, warum wir so oft angehalten wurden und warum man zu uns so unfreundlich war.

Den Heimweg über schwieg ich und grübelte über den Fall nach. Mein kriminologischer Instinkt war geweckt und ich war schwer besorgt um die Gesundheit dieser Frau. Huschang bemerkte dies. Ich wollte, dass sie lebt.

»Du brauchst nicht traurig sein, Bahman.«

»Ich will, dass sie ihre Papiere erhält. Damit sie sie vorzeigen kann, wenn die Polizei sie anhält.«

Huschang lächelte warm und amüsiert: »Die Polizei hält diese Frau nicht an, das machen die nur mit Ausländern. Sie bekommt neue Papiere. Mach dir keine Sorgen.«

KAPITEL 2
EINE KINDHEIT IN DEUTSCHLAND

Meine Eltern schleppten mich sehr verunsichert zur Schule, um mich dort vorzustellen. Sie wussten nicht, was mich dort erwartete. Sie wussten auch nicht, was sie selbst erwartete. Die beiden waren aufgeregter als ich und erklärten mir immer wieder, dass ich mich benehmen müsste. Ich verstand die Anweisung nicht, tat aber so, als würde ich den Grund für ihre Strenge verstehen.

Im kleinen Büro des Direktors unterhielten sich die Erwachsenen und wie aus dem Nichts wurde ich in das Gespräch involviert. Eine anwesende Lehrkraft legte mir einen Kugelschreiber und ein Stück Papier hin: »Mal was!«

Ich erstarrte und war vollkommen überfordert, weil ich natürlich sofort fürchtete, das Falsche zu malen.

»Irgendwas! Was du möchtest!«, beteuerte die Lehrkraft.

Jetzt bekam ich erst recht Panik. Ich wusste überhaupt nicht, warum und wofür ich diese Aufgabe bewältigen sollte. Meine Mutter bemerkte meine Angst und sagte mir ruhig, dass ich einfach malen sollte.

Die Lehrkräfte und der Direktor glaubten, dass ich zögerte, weil ich ihre Anweisungen nicht verstand. »Er versteht nicht so gut«, bemerkte eine Lehrkraft.

Ich war erzürnt, weil ich sehr wohl verstand. Es war ein mieses Gefühl, nicht antworten zu können. Mein Vater forderte mich auf, endlich etwas zu malen. Meine Mutter lächelte amüsiert, weil sie wusste, dass ich alles verstand. Der Direktor, ein stämmiger Typ, der bis dahin vollkommen emotionslos gesprochen hatte, erhob seine Stimme und fordert mich ebenfalls auf, endlich etwas zu malen.

Affe sieht, Affe macht. Ich schaute mich um und entdeckte ein Bild an der Wand, auf dem drei Fische abgebildet waren. Also malte ich Fische. Ich weiß nicht mehr, ob es eine Lehrkraft oder der Direktor war, der mein Zeichnen unterbrach, aber alle brachen in schallendes Gelächter aus, als sie bemerkten, dass ich eine Kopie erstellte.

»Hm, das war wohl nicht richtig«, dachte ich mir.

Anschließend sollte ich einen Kreis, ein Viereck und ein Dreieck skizzieren. Es waren meine ersten Skizzen überhaupt, und sie überzeugten nicht ganz.

»Er muss noch viel üben«, belehrten die anwesenden Lehrkräfte meine Eltern. Meine Knie wurden weich. Diese Menschen wussten ja nicht, was sie da gerade anrichteten. Ich krakelte weiter vor mich hin und war nun beschämt, dass ich keine perfekten geometrischen Figuren zeichnen konnte. Mir war vorab klar gewesen, dass eine Bewertung stattfinden würde, aber ich hatte nicht gewusst, was genau mich erwartete. Ich wäre so gern vorbereitet gewesen.

Zu Hause angekommen, ging das Gepolter los: »Setz dich!«

Ich sollte sofort mit dem Zeichnen anfangen. Meine Eltern waren stinksauer und ich verstand nun, dass Kunst das Wichtigste im Leben war. Wer nicht zeichnen und malen konnte, war auf diesem Planeten verloren. Und dann geschah etwas Interessante: Meine Eltern bemühten sich, mich mit einer aufgebrachten Ernsthaftigkeit zu unterrichten. Ein neuer Wind wehte und ich hatte keine Jacke an. Dabei taten sie so, als müssten sie streng und mit viel Druck auf mich einwirken. Als würde ihr Privatunterricht sonst nichts bewirken.

Ich erhielt einen dicken Filzstift und einen gigantischen Zeitungsstapel. Mein Vater forderte mich auf Persisch auf, ganz links oben einen Kreis zu zeichnen. Ich gehorchte. »Weiter, das ist nicht gut genug. Die ganze Reihe. Immer weiter, bis das Blatt voll ist.«

Ich zeichnete die erste Reihe mit Kreisen voll.

»Fülle die Seite sauber und ordentlich, Reihe um Reihe mit Kreisen. Sie müssen rund, sauber und schön sein. Kein Gekrakel. Sonst denken die Lehrer, du wärst dumm!«

Die Handschrift ist in der persischen Kultur ein wichtiges Gut. Kalligrafie, also die Schönschrift, muss jeder können. Sie zählt zu den elementaren Tugenden, die ein Schüler beherrschen sollte.

Ich zeichnete wie ein Bekloppter, weil ich wusste, dass meine Zukunft von diesen Kreisen abhing. Was, wenn die Deutschen merkten, dass ich keine sauberen, perfekten Kreise zeichnete? Womöglich dachten sie dann tatsächlich, ich wäre dumm. Sie hatten ja schon gedacht, ich könnte kein Deutsch. Während mein Vater seine Marlboro-Zigaretten paffte und eine Kassette mit persischer Folklore hörte, malte ich weiter vor mich hin. Nach zehn Seiten sollte ich Reihe um Reihe ein Quadrat zeichnen, danach Dreiecke. Diese und andere geometrische Figuren, bis der dicke Zeitungsstapel voll war. Es war die sogenannte *Annonce*. Kleinanzeigen in Druckform, etwa doppelt so dick wie *Die Zeit* plus Werbebeilagen.

»Los, male, zeichne! Weiter! Schneller!«

Es waren viele Seiten und ich wollte geometrische Figuren perfekt zeichnen können. Wenn die Polizei uns noch einmal aufhielt, konnten die was erleben. Kreise, Quadrate und Dreiecke sollten denen um die Ohren fliegen, das würden die gar nicht glauben können. Ich verstand nicht, was der Quatsch sollte, aber ich erledigte meine Aufgabe gern. Wenn unser Leben davon abhing, dann wollte ich niemanden enttäuschen. Es machte Spaß. Fast war ich traurig, als der Stapel zu Ende war. Meine Eltern besorgten noch mehr Filzstifte, verschiedene Farben, und jetzt ging es richtig los. Blumen, Häuser, Sonne. Eine neue Welt eröffnete sich mir. Ich war sieben Jahre alt und beschloss, natürlich heimlich, Künstler zu werden.

Die Schulleitung und die Lehrer hatten entschieden, dass ich die Aufbauklasse besuchen sollte. Ausländerkinder mussten damals vor dem eigentlichen Schulbeginn vorbereitende Förderklassen besuchen, damit die sprachlichen Grundlagen für den Schulbesuch sicher angelegt waren. Ein Crashkurs für Farben und Formen, Zahlen und Buchstaben. Junge Lehrkräfte, vermutlich angehende Lehrer, übten mit uns spielerisch die Grundlagen der Sprache ein. Es war ermüdend, ich beantwortete sich ständig wiederholende Fragen, die mich irgendwann langweilten. Meine Laune wurde nur durch eine hübsche Brünette mit einem freundlichen, schmalen Gesicht aufrechterhalten, die eine viel zu große Brille trug. Sie hatte eine zarte, helle, dünne Haut, eine volle Oberlippe mit einer knuffigen Nase sowie nussbraune Augen, die noch dunkler waren als meine. Ihr Haar trug sie offen. Ich mochte sie. Sie fragte mich die Farben ab und ich beschloss, sie ein wenig zu fordern und bewegte meine Lippen lediglich pantomimisch.

»Wie heißt das?«, insistierte sie freundlich und unbeirrt. »Blau!«, wiederholte ich, ohne zu sprechen.

Sie lächelte. »Du musst es aussprechen!«

»Blau, blau, blau! Warum? Ich weiß das doch.«

Sie lächelte amüsiert, drehte sich zur Seite und bereitete die nächste Aufgabe vor.

Zur Einschulung drei Monate später erhielt ich eine Schultüte. Es interessierte mich kaum, was dieser Quatsch mit den Süßigkeiten sollte. Ich wunderte mich, warum nicht sofort der richtige Unterricht begann. Schließlich war ich diesmal vorbereitet. Ich konnte jetzt Kreise zeichnen. Wir versammelten uns in der Schulklasse, wurden begrüßt, es gab eine Einführungsansprache – und dann sollten wir wieder heim? Das konnte nicht richtig sein. Ich beschloss, meine Klassenlehrerin darauf anzusprechen. »Wann lernen wir schreiben und lesen?«

Sie schaute überrascht auf und musterte mich einen Augenblick, dann sagte sie: »Morgen fangen wir an.«

Sie lächelte. Ich mochte sie sofort.

Die Schule war nett, aber es ging nur langsam voran. Im Unterricht driftete ich ständig ab und bekam manche Sachen nicht mit. Vorzugsweise die Hausaufgaben. Ich mochte in den Pausen mit niemandem spielen und saß lieber mit meinem Pausenbrot auf der Bank und sah mir alles an. Das Geschrei hatte eine krasse Frequenz, die sich in meinen Ohren komisch anfühlte. Der Lärm war ohrenbetäubend und bemerkenswert zugleich. Alle Kinder hier waren laut und benahmen sich wie verrückt. Sie zerrten einander, schlugen sich, schrien wie am Spieß, liefen wild herum, bespuckten und schubsten sich. Ausländer und Deutsche waren nicht auseinanderzuhalten. Ich war schockiert, aber auch fasziniert. Bald hörte ich nur noch ein Surren, während ich auf meinem Pausenbrot kaute.

Manchmal blieb ich noch etwas länger sitzen, obwohl der Gong schon längst geläutet hatte. Ich genoss den kurzen Moment der Stille und verließ dann als Letzter den Schulhof. Die Lehrerin ermahnte mich. Aber ich tat es trotzdem wieder.

Eines Morgens war meine Mutter aufgebracht und forderte meinen Vater auf, sich endlich anzuziehen und mich zur Schule zu bringen. »Die Lehrerin hat etwas zu klären!«

Mein Vater steuerte auf die dreißig zu, trug nur ein ärmelloses Unterhemd und eine sehr kurze, sportliche Nylonhose und Adiletten. Er weigerte sich missmutig, die Garderobe zu wechseln, bevor wir losfuhren. Meine Lehrerin belehrte ihn sehr aufgebracht, dass meine Hausaufgaben nicht ordnungsgemäß gemacht wurden und ich die falschen Hefte benutzte. Manchmal hatte ich sie auch gar nicht dabei und sie wollte wissen, warum meine Eltern ihrer Sorgfaltspflicht nicht nachkamen. Sie bereute diese Belehrung später bitter, als sie erfuhr, dass die Sorgfaltspflicht bei uns zu Hause klassisch mit der flachen Hand umgesetzt wurde. Aber es funktionierte. Ich vergaß nie wieder die Hausaufgaben.

Torschusspanik – gescheiterte Integration durch Fußball

Irgendwann wurde es meiner Lehrerin zu viel. Immer saß ich nur stoisch auf der Bank und beobachtete meine Mitschüler, anstatt bei dem Gemetzel auf dem Pausenhof mitzumischen. Sie fragte mich, ob ich mit den anderen Kindern spielen wolle. Ich lehnte freundlich lächelnd und dankend ab. Sie schaute mich dermaßen irritiert an, dass mir das Lächeln für einen Moment verging, und ich begriff, dass es sich wohl nicht ziemte, auf der Bank zu sitzen. Ich befürchtete, schon wieder etwas Falsches getan zu haben.

Meine Lehrerin war eine sehr empathische und kompetente Pädagogin und bestellte dieses Mal vorsichtshalber meine Mutter in die Schule. Für mich war es trotzdem unangenehm, weil ich weder verstand, was ich falsch gemacht hatte, noch die Konsequenzen bei uns zu Hause vorhersehen konnte. Ich beschloss, geduldig abzuwarten, zuzuhören und gegebenenfalls die Dinge anders zu übersetzen, weil meine Mutter ja noch nicht alles zu hundert Prozent verstand. Aber sie war eine Meisterin im Lesen der Mimik. Sie erkannte sofort, dass meine Lehrerin einfach nur besorgt um mich war, weil ich anscheinend keinen Anschluss fand. Die Lehrerin erkundigte sich nach meinen Hobbys. Ich merkte mir das Wort. Das hörte sich sehr interessant an, ich beschloss, herausfinden, worum es sich dabei handelte, und mir dann ein solches Hobby zuzulegen. Sie fragte, ob ich in einem Sportverein sei oder mich für einen Sport interessiere. Ich sagte ihr schulterzuckend, dass ich keinen Verein und auch nicht sonderlich viele Sportarten kannte, woraufhin sie meiner Mutter kurzerhand den ortsansässigen Fußballclub empfahl.

Ich hasste einfach alles an diesem Sport. Das Gerangel und Gezanke ganz besonders, aber ich gab mir einen Ruck, denn ich wollte niemanden enttäuschen. Der Trainer bemerkte mein eingeschränktes Interesse für diesen Sport recht schnell und stellte mich kurzerhand als Torwart auf, auch weil er sah, dass ich dem eigentlichen Spiel, das mir vorkam wie das irrsinnige Verhalten auf dem Pausenhof, wenig bis gar nichts abgewinnen konnte. Ich stellte mich einfach nur dazu und schaute mir an, wie ein Haufen Jungs um den Ball rang.

Im Tor war es wesentlich spannender, da ich wieder beobachten konnte. Als ich versuchte, einen auf das Tor zufliegenden Ball abzufangen, landete ich mit meinem gesamten Körpergewicht auf meiner Hand. Es knackste kaum vernehmbar. Ich schrie umso lauter, wurde kurz getröstet und in die Umkleidekabine geschickt. Dort weinte ich, bis die gesamte Mannschaft eintraf und mir ein befreundeter Nachbarsjunge schließlich dabei half, mich wieder einzukleiden. Die anderen Kinder bemerkten, dass ich meine Hand nicht bewegen konnte, und meldeten das dem Trainer. Der schaute sich die leichte Rötung nur kurz an und sagte, dass ich die Hand mit Eis abkühlen solle und wir uns nächste Woche wiedersehen würden. Einige Wochen später traf ich ihn auf dem Nachhauseweg und er war schockiert, mich mit einem Gips zu sehen. »Ist das beim Training passiert?«, fragte er und hob ungläubig meinen Arm in die Luft.

Die von meiner Lehrerin nett gemeinte Integrationsrampe Fußball war für mich für immer verloren. Allerdings verschwand deshalb das Thema Fußball nicht ganz aus meinem Leben. Im Gegenteil. Zu meinem Leidwesen stellte ich fest, dass Fußball für die Menschen in diesem Land eine tiefreligiöse, nahezu fundamentalistische Bedeutung hatte. Die Schwarzköpfe waren davon nicht ausgenommen, bedeutete Fußball doch einen Weg zur gesellschaftlichen Anerkennung. Auch ohne ein Wort Deutsch zu sprechen, konnte man so die Gunst seines Gastgeberlandes erlangen. Die Durchsetzung des Aufenthaltsrechts oder gar die Einbürgerung war in der Ära Kohl – das ist vielleicht unnötig zu erwähnen – für die meisten Ausländer eine sehr mühselige Sache, zum Teil mühseliger als die ursprüngliche Flucht. Schwebende Verfahren, abgelehnte Duldungen oder ständig zu erneuernde Anträge zermürbten die Leute derart, dass die Probleme auch vor ihrem Nachwuchs nicht verborgen blieben. Das Wort »Abschiebung« gehörte selbst bei nur rudimentären Deutschkenntnissen zum Grundwortschatz fast aller Ausländerkinder. Umso größer wirkte die Schelle für alle Gebeutelten, als Law-and-Order-Minister Manfred Kanther dem südafrikanischen Fußballspieler Sean Dundee 1996 im Eilverfahren die Einbürgerung bescherte, um gesamtnationale Interessen zu wahren: Dundee war nun für die deutsche Nationalmannschaft spielberechtigt.

Vor der Bürokratie sind wir alle gleich wertlos

Sprachlich überholte ich meine Eltern im ersten Jahr, weshalb diese mich häufig zu Amtsgängen zwecks Simultanübersetzung mitnahmen. Zuerst machte es mir Spaß, weil ich dachte, dass ich den Behördenmitarbeitern einen Gefallen tat, die den Übersetzer nun einfach einsparen konnten. Aber ich merkte schnell, dass der Spaß nicht im Fokus lag. Meine Eltern waren angespannt, so wie immer bei derartigen Behördengängen, und die meisten Beamten dort verhielten sich grimmig bis unfreundlich.

Ich war mit meinem Vater und meiner Mutter im Arbeitsamt und ein Mann saß uns am Schreibtisch gegenüber. Er trug ein kurzärmeliges, beigefarbenes Hemd mit großem Kragen. Von seiner Halbglatze standen vereinzelte graue Haare seitlich ab und ich lächelte deshalb still vor mich hin. Seine große Nase war rund, dick und rötlich. Er schaute die ganze Zeit ernst, sprach, wenn er denn etwas sagte, aber freundlich. Es war so still, als ginge es um etwas ganz Wichtiges. Ich hörte seine Armbanduhr an seinem behaarten Unterarm ticken. Sorgfältig überprüfte der Mann die Unterlagen.

»Sie können nicht als Kfz-Mechaniker arbeiten«, murmelte er schließlich, ohne uns dabei anzuschauen.

»Warum nicht?«, fragte ich stellvertretend und ohne Anweisung.

»Nicht Sie, Ihr Vater!«, erklärte er mir, als wüsste ich das nicht selbst.

»Ich weiß. Meine Eltern können nicht so gut Deutsch. Ich bin hier, um zu helfen.«

Der Mann schaute verdutzt bis genervt, was mich beunruhigte. Meine Eltern fragten mich auf Persisch, warum mein Vater nicht als Mechaniker arbeiten konnte. Ich wiederholte meine Frage.

»Warum geht es nicht?«

Mein Vater war handwerklich hochbegabt und besaß eine intuitive Expertise für alles, was mit Maschinen und Mechanik zu tun hatte. Er gehörte zu jenen Männern, die einen Motorschaden via Gehör erkennen und mit wenigen Mitteln beheben konnten. Es gab kein Teil unter der Motorhaube oder dem Chassis, das er nicht kannte oder verstand. »Man kann alles reparieren«, trichterte er mir immer ein, wenn ich ihn bei einer Reparatur beobachtete. Autos und Motoren waren sein Element. Er war talentiert und den meisten seiner Kollegen, die am Kölnberg an ihren Autos herumdilettierten, haushoch überlegen. Wenn jemand an einer Sache verzweifelte, wurde er gerufen. Er hatte keine Ausbildung, er konnte es einfach.

Der Arbeitsamtsmitarbeiter schaute jetzt nur noch mich an und erklärte in bestimmtem Ton: »Weil Ihr Vater keinerlei Qualifikationen und Nachweise hat!«

»Was ist das?«, fragte ich und jetzt wurde der Mann ungemütlich. Er verzog keine Miene, aber seine Stimme wurde laut.

»Keine Papiere, keine Papiere!«, polterte er und schlug mit einer Hand auf einen Ordner, der auf dem Tisch lag. »Woher sollen wir wissen, dass Ihr Vater Autos reparieren kann? Das können wir nicht machen. Er kann kein Deutsch, das geht nicht. Gefährlich mit Auto, zu gefährlich!«

Meine Eltern hatten den Part mit den Papieren verstanden und baten mich zu fragen, was mein Vater denn überhaupt machen dürfe. Das wurde alles sehr ungemütlich und ich wollte nicht mehr übersetzen, wenn die sich stritten. Aber ich machte natürlich meine Arbeit.

»Welche Arbeit bekommt mein Vater?«

Der Mann holte tief Luft, machte dicke Backen, als wüsste er es noch nicht, schaute in seine Unterlagen und sagte: »Schweißer!«

Ich wusste nicht, was das war. Der Sachbearbeiter reichte meinem Vater die Unterlagen, wir standen auf und gingen. Ich begriff nicht, was passiert war, und wollte keinen Ärger machen, aber es war zu spät.

»Was hat der Mann genau gesagt, Bahman?«, fragten mich meine Eltern auf dem Heimweg.

»Dass Papa das nicht darf, weil er keine Papiere hat, und es ist zu gefährlich, wenn er Autos repariert, weil er kein Deutsch kann.«

Meine Mutter schimpfte mit mir, warum ich das nicht im Büro so erklärt hätte, und ich wusste es nicht. »Tut mir leid!«, sagte ich.

Mein Vater liebte fast alles mit Mechanik und Metall. Alles, außer Schweißen. Er hasste es so sehr wie sonst keine Arbeit auf der Welt. Aber der Sachbearbeiter hatte nun einmal eine Schweißerstelle zu besetzen.

Deutsch als Schlüsselqualifikation

Die Schlüsselfunktion von Sprache wurde mir durch solche Erlebnisse immer mehr bewusst. Wer die Sprache seiner Gastgeber nicht sprach, konnte auch nicht widersprechen.

Schlimmstenfalls dachten die Menschen, man wäre dumm. Aber wir waren nicht dumm. Und das wussten die Deutschen ja nicht, deshalb übte ich jeden Tag Schreiben und Lesen. Ich schrieb viel mehr, als ich musste, damit meine Schrift schön wurde. Sie war hässlich. Ich übte weiter, aber dann hatten wir keine Hefte mehr zu Hause, und meine Mutter gab mir Zeitungspapier. Später kaufte sie mehr Papier, aber es war das Falsche für mich. Sie gab mir nämlich karierte Bögen. Da sollte man schon unterscheiden können, fand ich. In der Grundschule hatten wir zum Schönschreiben drei Linien pro Zeile. Ich schrieb trotzdem auf den karierten Blättern und war froh, überhaupt Papier zu haben.

Im Schulbuch der ersten Klasse standen viele Gedichte. Unsere Klassenlehrerin gab uns als Hausaufgabe auf, ein Gedicht zu lesen, und ich schrieb den gesamten Text mehrmals ab, damit ich besser wurde. Ein deutscher Mitschüler sagte ein Gedicht auswendig auf, ohne einmal in das Buch zu schauen. Ich war begeistert und schrieb das nächste Hausaufgabengedicht zehnmal ab, konnte es aber trotzdem nicht auswendig. Ich verstand manche Sätze und Wörter nicht und das machte mich sehr wütend. Ich wollte nicht, dass die Deutschen dachten, meine Eltern und ich wären dumm.

Zu Hause bei uns wurde Persisch gesprochen und nach der Arbeit tranken mein Vater und ein Freund manchmal ein Bier. Er arbeitete jetzt auf der Baustelle. Die beiden freuten sich auf das kühle Blonde und sagten auf Persisch: »Das hat ja richtig geklebt.« – *Tschaspied.* Was bedeutet, dass es geschmeckt hatte und guttat. »Nach der Arbeit, das Beste! Ein Bier! Lecker!«, sagte der Kollege von der Baustelle.

Dass Kinder in der Regel ein großes Mitteilungsbedürfnis haben, ist ja kein Geheimnis. Ausländerkinder sind da nicht anders, nur mit dem Unterschied, dass bei ihnen eine natürliche sprachliche Hemmschwelle eingebaut ist. Ich hatte zum Beispiel ständig die Befürchtung, etwas zu sagen, was als *dumm* oder *falsch* angesehen werden konnte. Bloß keine Gemüter erregen, nicht unangenehm auffallen, weil man sonst Ärger mit den Behörden bekam!

Deutsch für Ausländer

Unser Direktor in der Schule wurde eines Tages Opa und zeigte uns als Vertretungslehrer Fotos von dem Baby und auch von dem Bett, das er für das Baby gebaut hatte. Ich war sehr beeindruckt, dass er nicht nur lesen und schreiben, sondern auch Dinge bauen konnte. So wie mein Vater! Ich dachte mir, dass die beiden sich bestimmt gut verstehen würden. Auf einem Foto entdeckten wir schließlich eine braune Getränkeflasche und lachten laut los und sagten: »Ah ein Bier, ein Bier!« Wir hatten ihn ertappt! So kamen wir uns jedenfalls vor. Unser Direktor schmunzelte amüsiert und verlegen. Er verteidigte sich, dass ein Bier eben dazugehörte, wenn man handwerklich arbeitete. Ich wusste ganz genau, wovon er sprach. Voller Stolz und Freude fragte ich ihn: »Das hat geklebt, nicht wahr?«

Natürlich wusste der Direktor überhaupt nicht, was ich meinte, und ignorierte meinen Einwurf. Ich war enttäuscht und begriff allmählich, dass Sprache nicht gleich Sprache war. Ich entdeckte – auch wenn ich das damals nicht in Worte fassen konnte –, wie wichtig kulturelle Unterschiede waren und dass die Poetik des Dazwischen darüber entschied, ob jemand sympathischer Ausländer war oder nicht.

Wenn Ausländer und Deutsche miteinander reden, schwingt nicht selten auf beiden Seiten eine Prise Frustration mit, die zu großem Unmut führen kann. Und daraus wiederum können ernsthafte Konflikte entstehen.

Mir war es lange Zeit schier unverständlich, warum Deutsche, die ihre Muttersprache ja eigentlich kannten, nicht auf Anhieb verstanden, was ein radebrechender Ausländer von ihnen wollte. Meiner abstrusen kindlichen Logik folgend, musste ein Muttersprachler die Wortfetzen eines Ausländers übersetzen und sich einen Reim darauf machen können, was gemeint war. Ich begriff erst spät, dass nicht Sprachkenntnisse darüber entscheiden, sondern Empathie der Schlüssel zum Verständnis ist.

Meine Mutter nahm mich eines Tages mit zu ihrer Sprachschule. Ich war vollkommen irritiert und wollte partout nicht verstehen, warum hier das Wort Schule verwendet wurde. »Wir lernen ja auch Deutsch! So wie du. In einer Schule«, erklärte mir meine Mutter.

Eine tiefe Unruhe stieg in mir auf. Was ist das bloß für eine Welt, dachte ich, in der man erwachsene Menschen auf eine *Schule* schickt wie Kinder. Die Stühle waren doch sicher viel zu klein. Warum sollten meine Eltern so wie ich zwischen den kindischen Malereien sitzen und Zahlen und Buchstaben lernen und kindische Geschichten lesen? Es fühlte sich falsch an, aber ich war zugleich aufgeregt und gespannt, die Schule meiner Eltern kennenzulernen.

Vor Ort angekommen, war ich zunächst überrascht. Die Stühle waren groß genug und die Stimmung war ausgelassen. Mit Persern an Bord wird eben jede noch so langweilige Veranstaltung zu einer Party. Meine Mutter stellte mich dem Lehrer vor. Dieser war amüsiert über meine profunden Kenntnisse der deutschen Sprache und lobte mich. Ich war erfreut, aber auch irritiert. Als wir endlich im Klassenraum saßen und der Unterricht begann, atmete ich auf. Es war kein normaler Deutschunterricht. Es handelte sich um »Deutsch für Ausländer«, so auch der Titel des Lehrbuchs, das auf dem Tisch vor mir lag.

Natürlich lernten meine Eltern und die anderen Ausländer wie wir Grundschüler zuerst die Grundlagen, allerdings in einer viel höheren Geschwindigkeit. Zu meiner Freude! Ich bemerkte nämlich, dass ich in der Schule meiner Eltern die besseren Chancen gehabt hätte, Klassenbester zu werden. Denn hier hatten die ganzen Ausländereltern schon erhebliche Schwierigkeiten, einfache Artikel zu bestimmen. Warum hieß es zum Beispiel »Ich liebe dich« und nicht »Ich liebe du«, wunderte sich manch einer.

Zahlen, Personalpronomen und morphologische Eigenheiten von Wörtern wie »Abhängigkeitsverhältnis« oder »Sicherheitsmaßnahmenregelung« flogen mir um die Ohren und ich war berauscht, daran erinnere ich mich genau. Aber heute, dreißig Jahre später, bin ich mal amüsiert, mal erzürnt, wenn ich mir die Unterlagen meiner Eltern von damals anschaue. Warum werden Menschen, die eine Sprache von Grund auf erlernen, mit derartigen Kompositionsmustern gedemütigt? Das ist doch so, als würde man einem Anfänger, der noch nicht einmal Noten beherrscht, im Rahmen des Musikunterrichts Beethovens Klaviersonate Nr. 29 B-Dur op. 106 vorspielen.

Stellen Sie sich vor, Sie hätten die erste Woche Klavierunterricht hinter sich und würden mir das Gelernte zeigen; und ich zückte mein Smartphone, zeigte Ihnen im Gegenzug einen siebenjährigen Chinesen, der mit Leichtigkeit Mendelsohn, Bach oder Mozart spielt, und sagte »Schau mal, was der kann!« Mir fällt gerade auf, dass ich genau das tun würde – vermutlich bin ich inzwischen sehr deutsch geworden.

Integration? – Alles Käse!

Meine Tante Shirin, die etwa ein halbes Jahr nach uns nach Deutschland gekommen war, half mir später sehr dabei, diese Zeit der Ankunft in Deutschland aufzuarbeiten und zu verstehen. Es gelang ihr, meinen Frust und meine Wut darüber abzufedern, dass die viel beschworene und hochgelobte Chancengleichheit irgendwie an meinen Eltern vorübergegangen war. Mit Tante Shirin sprach ich am liebsten über die kommunikativen Eigenheiten der Deutschen und Perser, weil sie, so wie ich, beide Seiten verstand und ich mich vor ihr nicht verstellen musste. Ihre Geschichten waren entlarvend, befreiend, entlastend und vor allem eines: lustig. Für uns zumindest.

»Warum sprechen die Deutschen eigentlich so böse, ruppig und laut mit uns?«, fragte ich sie einmal. Sie schwieg einen Moment, lächelte sanft und erzählte mir, statt direkt zu antworten, eine Anekdote.

Tante Shirin hatte nämlich eine Schwäche für ein besonderes Lebensmittel: Käse! Nun befand sie sich in Deutschland an einem paradiesischen Ort dafür. Die mangelnden Sprachkenntnisse allerdings zwangen auch sie erst einmal beim Einkauf, sich auf Körpersprache und wenige Worte zu beschränken. Also zeigte sie mit dem Finger an der Käsetheke auf die jeweilige Sorte und sagte höflich: »Das, bitte!«

Es beschämte sie sehr, so einkaufen zu müssen. Sie beherrschte ja neben Persisch bereits mehrere Sprachen, darunter Russisch, Englisch, Französisch und ein wenig Urdu, und es stand außer Zweifel, dass sie auch die deutsche Sprache lernen würde. Doch wie schnell? Das Käse-Dilemma beschleunigte das Verfahren und sie bereitete sich gewissenhaft vor, um wenigstens diese eine immer wiederkehrende Unannehmlichkeit zu eliminieren. Die Deutschen sollten schließlich nicht annehmen, dass wir Ausländer die Eingliederung verweigerten. Sie nahm ihren ganzen Mut zusammen, um an der Theke mit ihrer sanften Stimme zu fragen: »Könnte ich bitte hundert Gramm von dem Appenzeller haben?«

Der bullige Verkäufer an der Käsetheke hörte nicht besonders gut und bollerte unfreundlich und überdeutlich zu Shirin herüber: »Bitteee???« – was eher wie die Reaktion auf eine Drohung klang. Das verängstigte meine Tante dermaßen, dass sie im Stakkato völlig außer Atem mit dem Finger in Richtung des gewünschten Käses deutete und erwiderte:

»Das! Das! Das! Bitte!«

Meine Tante nahm solche Vorfälle mit Humor. Vielen Ausländern nahmen derartige Gesprächsverläufe jedoch die Lust, sich weiterhin einzubringen, und sie kapselten sich erst recht in Parallelgesellschaften ab. Das kann man finden, wie man will: Ursache – Wirkung.

Tante Shirin erinnerte mich stets daran, dass mein Glück nicht davon abhängen durfte, wie wir in Deutschland behandelt wurden.

»Du kannst es nicht ändern. In deren Augen bleiben wir Gäste und das ist auch nachvollziehbar.« Als sie mir das erzählte, war ich Ende zwanzig und verstand nicht, wie ich meinen Frust je abstreifen sollte. Die große Lüge der Leistungsgesellschaft hatte sich zudem tief in mein Hirn eingebrannt. Mir und vielen anderen war früh in der Schule eingetrichtert worden, dass Leistung belohnt würde und niemand benachteiligt werden dürfte. Diese illusorische Vorstellung durchschaute ich viel zu spät. Denn nicht Leistung, sondern ethnische, soziale und finanzielle Hintergründe entscheiden über den gesellschaftlichen Aufstieg. Das gilt nicht nur für Deutschland, sondern ist ein universelles menschliches Gesetz.

Einfach gesprochen versuchte mir Shirin zu zeigen, in welch erbärmlichem Zustand sich unsere Welt insgesamt befand und dass wir, also jeder einzelne Mensch, der hier in Deutschland lebte, trotzdem Glück hatten. Unverdientes, zufälliges, willkürliches Glück. Das galt für mich, für meine Eltern und für Shirin, die Krieg, Hunger und Folter kennengelernt hatten. Und das gilt natürlich auch für Politiker aller Couleur, die bei diesen Zeilen jetzt jubeln und sagen »Jawohl, hört auf ihn. Seid dankbar!«

Am Zaun der Gesellschaft

Wenn ich unser Hochhaus in Meschenich verließ, um zu spielen, dann entfernte ich mich so weit wie möglich von unserem Ghetto, um die umliegende Gegend zu erkunden. Ich suchte Kontakt zu Kindern, die nicht schlugen, schubsten und spuckten. Diese vermutete ich in den Reihenhäusern. Ich fragte mich, wie es wohl wäre, in einem dieser Häuser zu wohnen. Mit freundlichen, ruhigen deutschen Nachbarn. Heute amüsieren mich diese Kindheitsillusionen, aber damals war das nun einmal meine Wahrnehmung. Ich versuche bis heute, der *gute deutsche Nachbar* zu sein, den ich mir damals gewünscht habe. Dieser Versuch wird natürlich regelmäßig auf eine harte Probe gestellt, wenn die Nachbarn auf der gegenüberliegenden Straßenseite die Musik nach 22 Uhr aufdrehen.

Das deutsche Ordnungsrecht war mir als Kind fremd und ich suchte unermüdlich nach sozialen Kontakten außerhalb meines Biotops. So entdeckte ich eines Tages ein Gehege, in dem Pferde herumliefen, und ich erfreute mich daran, diese durch den Maschendrahtzaun zu beobachten. Ich ging oft zu diesem Gehege und irgendwann tauchte bei den Pferden ein Mädchen auf, das ein wenig älter war als ich, also etwa elf oder zwölf Jahre.

Julia entdeckte mich und sprach mich an, um zu erfahren, was ich dort tat.

»Ich schaue mir die Pferde an!«

Sie trat näher und wir kamen ins Gespräch, während ein Zaun uns trennte. »Du sprichst so gut Deutsch«, stellte sie überrascht fest, und ich war erleichtert, dass sie mich respektierte, und verschwieg ihr, wo ich wohnte.

Nach einer Weile verabschiedeten wir uns und ich freute mich darauf, Julia bald wiederzusehen. Als ich das nächste Mal zum Gehege kam, sah ich Sabrina, eine Klassenkameradin, die mich für gewöhnlich mied. Ich hing mit meinen Händen am Zaun und sie rief schnippisch zu mir herüber: »Was willst du hier?«

Ich antwortete nicht.

»Geh weg, mach schon!«

Dann hörte ich, wie sie zu unserer gemeinsamen Bekanntschaft sprach und das Band meiner prospektiven Freundschaft mit einem Satz durchschnitt: »Der ist doof. Der wohnt am Kölnberg.«

Die beiden gingen mit ihren Pferden weg und als ich das nächste Mal dorthin kam, ignorierte mich Julia.

Meine Eltern gaben sich die allergrößte Mühe, meinen Bildungsweg in Deutschland zu sichern. Der aufmerksame Leser wird mit Sicherheit bereits festgestellt haben: Sie waren damit heillos überfordert. Aber der Wille war da, und zwar eisern. Es gibt nämlich in der persischen Mentalität eine sehr einfache Denkschablone: Was den Bildungsweg der Nachkommen angeht, sind Kinder nur etwas wert, wenn sie Arzt oder Ingenieur werden. Alle Perserkinder wissen das.

Beide Berufsziele erreicht man mit drei Dingen: Lernen. Lernen. Lernen! Selbst in den prekärsten Familien ist Bildung für Perser nicht bloß eine Möglichkeit für den Aufstieg. Oh, nein! Sie ist so obligatorisch wie Bier und Korn in der deutschen Kneipe. Jeder andere Berufswunsch – also nicht Arzt oder Ingenieur – ist suspekt bis lächerlich. Mit allen anderen Berufen ist man dem Untergang geweiht. Deutsche würden heute sagen: Arzt und Ingenieur sind systemrelevante Berufe. Das Erreichen dieser Berufsziele wird in persischen Familien aber nicht selten mit psychischer oder physischer Gewalt »gefördert«. Bisweilen mit beidem. Ich kenne Familien, in denen die medizinische Karriere des Sohnes mit roher Gewalt herbeigeführt wurde. Während oder nach dem Abitur. Ja, richtig, das ist in etwa das Alter, in dem die Volljährigkeit erreicht wird. Zumindest vor zwanzig Jahren – heute machen anscheinend alle mit sechzehn Abitur und dürfen bereits kurze Zeit später Bauchdecken aufschneiden, wenn sie nicht gerade Tik-Tok-Videos drehen.

Perser nehmen jedenfalls Bildung sehr ernst. Es gibt für sie nichts Schlimmeres als Unbildung. Außer: finanzielle Armut. Man kann jedoch noch so wohlhabend sein, wenn man keinen Abschluss an der Universität gemacht hat, wird einem das ständig unter die Nase gerieben. Man kann also mit Fug und Recht behaupten, dass Perser die Deutschen in puncto Papiergläubigkeit noch in vielfacher Hinsicht übertrumpfen. Wer Abschlüsse und Geldscheine hat, ist A-Ware als Mensch. So viel wussten meine Eltern und deshalb sahen sie zu, dass ich nach der Schule – also ab 12 oder 13 Uhr – mindestens drei, besser weitere sechs Stunden mit Lernen verbrachte, ehe ich spielen oder fernsehen durfte. Sie wussten allerdings nicht wirklich, was ich tun sollte, und empfahlen mir immer wieder, die bevorstehenden Kapitel einfach abzuschreiben, damit ich schon einmal wüsste, was mich erwartete.

Als Ausländerkind weiß man, dass die Deutschen anders sind und ihre Kinder anders behandeln. Sie lassen es einen wissen. Früher war es einfacher, dies zu akzeptieren, wenn Kinder sich die ausgesprochenen Wahrheiten ihrer Eltern vom Vorabend am Spielplatz um die Ohren schlugen. Man wusste, woran man ist. Heute ist es viel schwieriger und undurchsichtiger. Man ahnt es, man fühlt es, aber hört es nicht mehr. Es ist ja verboten. Ausländer oder Zigeuner zu sagen, ist verpönt. Man muss politisch korrekt und tolerant sein. Das ist sehr frustrierend. Für Ausländer und Deutsche.

In Meschenich suchte ich vergeblich nach Balance und Anschluss an eine Gesellschaft, die mich bereits auf dem Abstellgleis geparkt hatte. Ich fuhr viel mit dem Fahrrad herum und entdeckte irgendwann einen Tennisplatz. Wieder stand ich am Zaun und beobachtete. Ein Klassenkamerad, Matthias, kam zu mir, um mich zu fragen, was ich denn dort suchte. Matthias war ein typischer Mobber. Er war für sein Alter leicht übergewichtig, trug einen Vokuhila und war Einzelkind. Das war alles, was ich über ihn wusste. Auf dem Pausenhof schubste Matthias, wen er wollte, er war laut und immer im Recht. Er schlug zu, würgte und machte all das, was deutsche privilegierte Kinder eben so tun, wenn sie emotional vernachlässigt werden. Mit ihm zu spielen, war sehr aufschlussreich. Wenn wir Batman und Verbrecher spielten, war er natürlich Batman und alle anderen waren die Verbrecher. Er hatte auf diese Weise die moralische Oberhand, uns nach Lust und Laune zu bewerfen, zu schubsen und zu Fall zu bringen. Wenn sich jemand wehtat, beschwerte er sich umgehend.

»Stell dich doch nicht so an! Ist doch nur ein Spiel!«

Tennis kannte ich aus dem Fernsehen. In den 1990ern war dieser Sport noch etwas sehr Besonderes. Ich mochte das Spiel auf Anhieb, wusste aber noch nichts vom Sozialprestige, das mit dem Tennis verbunden war. Das sollte sich im Gespräch mit Matthias nun natürlich ändern.

Ich fragte ihn am Zaun, was ich denn tun könne, um auch mal Tennis zu spielen. Matthias versicherte mir, dass ich als Ausländer niemals mitspielen dürfe, und selbst wenn: »Es ist zu teuer für Ausländer!«, belehrte er mich besserwisserisch. »Das kannst du dir nicht leisten. Ich muss jetzt wieder zurück.«

»Bis morgen.«

»Tschöö!«

Freunde sagen sich die Wahrheit, und ich dachte, dass wir so etwas wie Freunde sein könnten, wo er mich doch so ehrlich beraten hatte. Also fragte ich ihn bald, ob wir zusammenspielen könnten. Er fand die Idee zu meiner Überraschung ganz gut und wir verabredeten uns. Als ich loswollte, fragte mich meine Mutter, ob seine Eltern denn von unserer Verabredung wüssten. Ich scheiterte bei dem Versuch, zu erklären, dass Matthias im Gegensatz zu mir frei entscheiden konnte, wann, wo, wie und mit wem er spielen wollte. Das klang für meine Mutter alles eher unglaubwürdig. Also bat sie mich, mit Matthias erst einmal abzuklären, ob seine Eltern das denn auch in Ordnung fänden, wenn ich dort aufkreuzte.

Am nächsten Tag erklärte ich Matthias die Situation und er versicherte mir, dass es kein Problem gebe, und er schien sogar irritiert durch meine Frage. Ich bat Matthias zur Sicherheit um seine Telefonnummer für den Fall, dass meine Mutter erneut Faxen machte.

Zu Hause angekommen, erklärte ich, dass meine Anwesenheit bei Matthias kein Problem darstellte. Zu meinem Unmut war mein Vater an diesem Tage anwesend und er schaltete sich ein. »Du gehst nirgendwohin. Das geht gar nicht.« Also zog ich mein Ass aus dem Ärmel und verwies auf die Festnetznummer.

»Dann rufst du da jetzt an, kündigst dich an und fragst, ob du mit Matthias dort spielen darfst.«

Ich betätigte nervös die Wählscheibe und der Vater von Matthias nahm kauend und schmatzend den Hörer ab.

»Ja?!«

»Hallo, ich bin Bahman. Darf ich vorbeikommen und mit Matthias spielen?«

In einem sagenhaften kölschen Dialekt sagte der Vater: »Dat is me scheißejal, watt ihr macht!«

Erleichtert und fröhlich verabschiedete ich mich.

Voller Stolz und Freude schaute ich meinen Eltern in die Augen; meine Mutter fragte mich gespannt: »Und, was hat er gesagt?«

Lächelnd, mutig und selbstgewiss antwortete ich nichtsahnend: »Er hat gesagt, es ist ihm *scheißegal*!«

Meinen Eltern entglitt gleichzeitig das Gesicht. Sie waren erbost, empört und verboten mir den Ausgang. »So etwas Unverschämtes! Da gehst du nicht hin! *Scheißegal* – ich glaub es nicht. Was für ein Mensch!«

»Nein, nein – ihr versteht das nicht!«, versuchte ich das kulturelle Missverständnis zu klären. »Das ist nicht böse gemeint. Die Deutschen reden so, das ist normal. Das ist deren Art zu reden.«

»Nein, das ist nicht normal – was für ein schlechter Mensch. Da gehst du nicht hin.«

Meine Eltern waren empört. In der persischen Kultur zählt Gastfreundschaft zu den Kernwerten und Haupttugenden eines guten Menschen. Ein guter Charakter setzt diese Eigenschaft voraus. Eine derartige Aussage war somit unentschuldbar, ein Affront sondergleichen. Ich wusste zu diesem Zeitpunkt bereits, dass derlei ungehobelte und ruppige Äußerungen unter Deutschen, insbesondere unter Kölner Frohnaturen, durchaus geläufig waren. Aber für das persische Gemüt hört der Frohsinn auf, sobald Achtung, Freundlichkeit und Respekt fehlen. Erst recht, wenn man sich noch nicht kennt. Es durfte nicht *scheißegal* sein, ob ein Kind zu Besuch kam oder nicht.

Es zählt zu den großen Zwängen der persischen Kultur, alle Gäste so freundlich zu empfangen, als wäre der Gastgeber ein Concierge in einem 5-Sterne-Hotel. Dabei geht es weniger um ein luxuriöses Ambiente oder besonders edle und ausgefallene Speisen, sondern um eine achtsame Einstellung gegenüber dem Gast. Es geht darum, das Wohlbefinden des Gastes sicherzustellen und nach Möglichkeit zu steigern.

Zermürbt wandte ich mich ab und verkroch mich in mein Zimmer. Am nächsten Tag tischte ich Matthias irgendeine Geschichte auf und beschloss, meine nächste Verabredung meinen Eltern ganz einfach zu verschweigen.

»Männer weinen nicht!«

Unsere Wohnung Am Kölnberg war ganz nett. Als Kind ist man ja genügsam. Ein Luftballon wird zu einem engen Freund, so wie ein Volleyball für einen Schiffbrüchigen zum treuen Begleiter werden kann. Aber das Blöde an meinem Ausländerdasein war unter anderem, dass meine Eltern weder genug Geld noch den nötigen Weitblick dafür hatten, ihren Kindern überteuerte Markenspielzeuge aus Plastik zu kaufen. Matthias' Eltern waren da schon viel weiter. Gelegentlich brachte er etwas mit in die Schule, um seine Reichtümer vorzuführen. Ich konnte es kaum abwarten, bei ihm zu spielen und sein Reich an Spielzeugen zu erkunden.

Unsere Verabredung klappte endlich und ich kam bei der angegebenen Adresse an. Ein Haus mit zwei Etagen, einem Garten und zwei Garagen. Matthias hatte sein eigenes Zimmer, während ich meine elf Quadratmeter mit meinem kleinen Bruder teilen musste. Gefühlt war sein Zimmer fünfmal so groß, aber das erstaunte mich schon gar nicht mehr. Etwas anderes versetzte mich in eine Schockstarre. Fast alles, was ich aus der Werbung an Spielzeug kannte, lag bei Matthias lieblos verteilt überall im Zimmer herum. Autos, Monster, Drachen, Dinosaurier, Spielkonsolen, Brettspiele und, zu meiner größten Freude, alle bekannten He-Man-Figuren samt Burg. Ich wusste gar nicht, wo ich zuerst hinschauen sollte. Matthias hingegen machte einen recht gleichgültigen Eindruck. Ich bemerkte seine innere Unruhe. Er konnte und wollte nicht mit seinen Spielsachen über einen längeren Zeitraum spielen. Er wollte lieber raus und sich bewegen. Wir vereinbarten, mit der Burg und den He-Man-Figuren zu spielen, und dann rauszugehen.

Ich mochte He-Man. Kennen Sie He-Man? Wenn ja, dann gebe ich Ihnen jetzt ein gehöriges, imaginäres High-Five! 1990er-Jahre-Kids kennen He-Man und She-Ra, seine heiße Schwester. Für den ratlosen Leser hier eine knappe Erläuterung: *He-Man – Im Tal der Macht* (Originaltitel: *Masters of the Universe*) ist eine Fantasy-Zeichentrickserie, die vom Spielzeughersteller Mattel ins Leben gerufen wurde. Und wenn ein Spielzeughersteller eine Zeichentrickserie produziert, ist das Ergebnis an Genialität natürlich kaum zu übertreffen. Vor allem wenn man bedenkt, dass die Hauptzielgruppe Jungs waren und man diesen Puppen verkaufen wollte. Man sprach dann auch von Actionfiguren und nicht von Puppen, da Jungs ja nicht mit Puppen spielen. Nicht wahr?

Dieses Geschäftsmodell funktionierte einwandfrei und deshalb landete ich bei Matthias. Wir begannen also zu spielen. Nach kurzer Zeit entdeckte ich, dass er eine Figur zweimal besaß: Prinz Adam in der Kriegerversion, der das eiserne Kreuz auf der Brust trägt. Die Burg und alle dazugehörigen Figuren gleichzeitig zu bedienen, versetzte mich in Wallung. Ich flippte aus vor Freude und es war mir auch vollkommen egal, dass Matthias natürlich die »guten Figuren« spielte und ich die Evil Warriors. Zu meiner Enttäuschung gewann er die Schlacht sehr schnell, indem er meine Truppe einmal quer durch den Raum warf. Seine Lustlosigkeit war überdeutlich und er fragte mich, ob wir jetzt rausgehen wollen. Wir fuhren ein wenig herum und er zeigte mir seine Gegend, die wesentlich mehr weitläufige natürliche Flächen aufwies als unser Viertel. Pferdehöfe, Bäume, Baggerseen waren direkt um die Ecke. Es war schön bei ihm.

»Komm, lass uns ein paar Steine in den Baggersee werfen«, sagte er.

Ich verstand zwar nicht, warum, ließ mich aber darauf ein. Dabei stellte ich fest, mit was für einer Inbrunst und Ernsthaftigkeit er die Steine warf. Er lief rot an und nach ein paar Steinen fing er an, schwer zu atmen.

»Alles okay?«, fragte ich ihn.

Er schubste mich zu Boden und rannte davon, als wäre ich ein Schurke aus einem Cartoon, den wir beide kannten. Bis ich aufstehen und realisieren konnte, was passiert war, raste er mit seinem Fahrrad los, und ich nahm die Verfolgungsjagd auf.

»Warum hast du das gemacht?«, fragte ich ihn, während wir gemeinsam heimfuhren.

»Das war doch nur Spaß«, erklärte er mir.

Die Sonne hing schon tief und dieser wohlig temperierte Sommertag neigte sich dem Ende zu. Bei ihm zu Hause angekommen, sahen wir seinen Opa an der Garage, der gerade seinen Opel Senator herausfuhr und wieder ausstieg, um hinter sich das Garagentor zu schließen. Er musterte uns desinteressiert mit einem Seitenblick, bis Matthias ihm wie ein kleiner Löwe in den Rücken sprang. Opa gefiel das gar nicht und er schüttelte den quirligen Enkel gekonnt ab, ohne eine Miene zu verziehen. Er stieg wieder in sein Fahrzeug und Matthias und ich befanden uns hinter dem Auto. Mit einem Satz sprang Matthias auf die Fläche des Kofferraums und hielt sich daran fest. »Komm, spring auch auf!«, forderte er mich auf.

Ich zögerte zwar, aber tat es dann doch. Opa drückte aufs Gaspedal, als wäre er ein Formel-1-Fahrer. Matthias sprang rechtzeitig ab, weil er das Spiel kannte. Er wusste nämlich, dass Opa nicht anhielt. Die Straße, die er runterfuhr, hatte ein Gefälle, und er wurde immer schneller, bis ich mich nicht mehr halten konnte und mit dem Gesicht auf den Boden fiel. Opa fuhr weiter.

Ich raffte mich langsam auf und weinte wie ein geprügelter Köter. Ich humpelte zurück und wir setzten uns auf die Stufen vor den wunderschönen Hauseingang. Trotz der Schmerzen roch ich den Duft des frisch gemähten Rasens, der mit einer sanften Brise vom Garten herüberwehte. Es war ein wunderschöner Sommerabend. Ich weinte immer noch, weil mein Gesicht so furchtbar schmerzte. Bis auf ein paar leichte Schürfwunden gab es aber wohl nicht viel Blut. Matthias schwieg, bis ich mich beruhigte: »Weißt du, es gibt da eine Regel: Männer weinen nicht!«

Ich fürchtete mich sehr davor, zu Hause die Wahrheit zu erzählen, da meine Eltern mir ohnehin verboten hatten, mit Matthias zu spielen. Sie hatten mich gewarnt, dass der Vater kein guter Mensch sei. Ich erzählte deshalb eine sehr nachvollziehbare Geschichte von einem Fahrradsturz auf dem Nachhauseweg. Leider glaubten mir meine Eltern nicht so recht, weil meine rechte Gesichtshälfte mittlerweile lila bis blau-gelb angelaufen war und mein Auge verschloss. »Es war ein Gefälle, ich bin sehr schnell gefahren«, log ich schluchzend.

Meine Mutter schwieg ungläubig einen Moment lang und erklärte mir dann: »Wenn dir das jemand angetan hat, sag es uns besser. Wir können die Polizei verständigen.«

Aber die fürchtete ich noch viel mehr als Matthias' Opa, deshalb entschied ich mich, an der Lüge festzuhalten.

Nach einer Woche Krankschreibung und Ruhe ging die Schwellung zurück, nur die Farben blieben. Im Klassenraum angekommen, sahen die anderen Kinder die Zeichen des Unfalls, und lediglich die Ausländer fragten mich neugierig, was passiert sei. Also ein Gespräch zwischen Fachleuten und Kennern. »Nichts, ich bin vom Fahrrad gefallen.« Sie nickten mir respektvoll und ehrfürchtig zu.

In der Pause kam Matthias zu mir und setzte sich wortlos auf die Bank neben mich. Ich schaute nicht zu ihm hinüber und er auch nicht zu mir. Stattdessen kramte er in seiner Tasche herum und holte etwas heraus. »Hier, das ist für dich.«

Er legte mir eine seiner He-Man-Figuren hin und ging dann weg.

KAPITEL 3
»SIE WERDEN DER KLÜGSTE SEIN!« – BILDUNG IN DEUTSCHLAND

Nach vier Jahren schafften meine Eltern den Absprung und verließen das Ghetto am Kölnberg. Über Bekannte hatten sie eine ansehnliche Dreizimmerwohnung in einem Wohngebiet gefunden, das genau neben einem Industrieviertel lag. Köln Poll direkt neben Gremberg und Vingst. Wir wohnten nicht mehr zwischen Müllbergen, Sperrmüll und entsorgten Haustieren, inmitten von Brandschatzung und fortgeschrittenem Vandalismus. Ein Traum wurde wahr. Wir lebten nun in gewöhnlichen prekären Zuständen, die der Kölner Normalbürger zumindest theoretisch kennen konnte. Es war ein einfaches Arbeiterviertel. Das Verhältnis von Ausländern und Deutschen schien ausgewogen zu sein, wobei auch hier so einiges glomm. Ich spürte, dass die Spaltung zwischen Deutschen und Ausländern weniger eine rassistische als vielmehr eine generische Note aufwies. Es ging nur darum, wer stärker, schöner und vermeintlich klüger war.

Wo sind meine Erdbeeren?

Im vierten Schuljahr wechselte ich also die Grundschule. Auch hier gab es ein paar Ausländer, aber von Diversität konnte keine Rede mehr sein. Dafür fehlten zu viele Farben, die ich aus Meschenich gewohnt war. Übrig blieben ein paar Polen, Türken und ich. Der Rest war deutsch.

Ich liebte Michael Jackson. Niemand mochte Michael Jackson damals nicht. Jeder liebte ihn. Also tanzte ich die Choreografien nach. Immer und immer wieder übte ich die Tanzmoves, bis mir der Schweiß die Stirn herunterlief. *BAD* war das erste Musikvideo, das mich bereits in Meschenich gepackt hatte: »Du weißt, ich bin böse. Ich bin böse. Richtig, richtig böse!« Dieses Mantra passte herrlich zu meiner dortigen Umgebung und gab mir eine Illusion von Zugehörigkeit.

In der neuen Schule wurde mir mein Vorname zum ersten Mal bewusst zum Verhängnis. Die meisten Kinder amüsierten sich über ihn und machten Witze und ich bekam immer mehr und mehr das Gefühl, dass etwas mit mir nicht stimmte. Eine Mädchengruppe begann sich über meine Augen lustig zu machen. »Was für Krokodilsaugen!«, gackerten sie wie eine Horde Hyänen.

Sie lachten immer lauter über mich und ich verstand den Witz nicht. Allerdings handelte es sich um keine ethnische Diskriminierung, sondern um ein ganz gewöhnliches Mobbing. Also genau jene Art von Gewalt, die, wenn sie bis zum Exzess getrieben wird, bisweilen zu Amokläufen an Schulen führt. Sofern man einen Opa hat, der unachtsamerweise vergisst, seinen Waffenschrank abzuschließen.

Ich vermisste meine ehemalige Klassenlehrerin und bemerkte, dass mir der dörfliche Charakter meiner alten Grundschule fehlte. Hier waren auf einmal alle so cool und frech. Untereinander, aber auch zu den Lehrern. Auch war der Ton nun wesentlich schroffer, lauter und aggressiver.

Die Lehrer waren abgebrühter und wirkten souveräner im Umgang mit Ausländern. Ein notorischer Sitzenbleiber, Schulschwänzer, Teilzeitganove und Schläger zum Beispiel erhielt Arrest und sollte zur Strafe für ein mir nicht bekanntes Vergehen während der Pause im Klassenraum verbleiben. Dummerweise hatte unser türkischer Klassenkamerad großen Hunger und war sehr neugierig. Also durchsuchte er unsere Taschen und aß unsere verbliebenen Pausenbrote und Früchte weg. Das war Diebstahl. In Russland hatten mir meine Eltern während eines Krankenhausaufenthalts einmal eine Schale Erdbeeren gebracht. Sie verabschiedeten sich und ich verließ kurz mein Krankenbett, um zur Toilette zu gehen. Als ich zurückkam, war die Schüssel leer, und ich hörte flüchtendes Kichern vom Flur. Das tat weh, weil das die ersten Erdbeeren gewesen waren, die ich jemals zu Gesicht bekommen hatte.

In meiner neuen Schule fehlten mir erneut meine Erdbeeren und diesmal forderte ich Gerechtigkeit. Aber unser Klassenlehrer schwieg. Es passierte zwei weitere Male und ich beschloss, mich erneut zu beschweren. Unser Klassenlehrer sprach mit mir, als wäre ich ein vernünftiger Erwachsener, und versuchte, mich davon zu überzeugen, dass es nichts bringen würde, den Klassenkameraden zu bestrafen. Er werde mich angreifen und schlagen, wenn er meinetwegen bestraft würde. Ich überlegte mir, ob ich den größeren Gegner nicht mit irgendwelchen Hilfsmitteln vermöbeln könnte, um das Gleichgewicht der Kräfte zu wahren. Er hatte längere Arme und war einen ganzen Kopf größer als ich, kampferprobt und hochaggressiv.

»Aber warum können Sie denn nichts machen, warum muss er denn in der Klasse bleiben? Er wird uns doch immer wieder beklauen!«, insistierte ich.

Unser Klassenlehrer gestand ein, dass ihm die Hände gebunden waren, und appellierte erneut an meine Nachsicht. »Schau mal, der Junge hat eh keine Zukunft und landet sehr bald schon im Gefängnis. Vergiss das Ganze. Nimm deine Pausenbrote mit auf den Hof und behalte deine Geldbörse bei dir, wenn du den Raum verlässt.«

Ich empfand keine Genugtuung, aber ich begriff, dass ich lernen musste, pragmatischer zu sein. Was ich auch tat. Da ich ohnehin nicht gern in der Schule aß, verzichtete ich darauf, Essbares mitzunehmen, und ließ meine paar Pfennige samt Geldbörse zu Hause. Ich legte stattdessen einen großen, sichtbaren Zettel in meinen Rucksack, auf dem sein Name stand mit der Botschaft: »Du hast keine Zukunft! Du landest im Gefängnis!«

Er schubste mich bei der nächsten Gelegenheit auf dem Pausenhof, ich landete auf dem Hinterkopf und verlor für einen kurzen Augenblick das Bewusstsein. Er flog von der Schule. Meine Eltern erfuhren nie etwas davon.

Sanskrit-Studien mit ungeahnten Konsequenzen

Mittlerweile war ich elf Jahre alt und entwickelte zahlreiche weiterführende Interessen. Dinosaurier, Tiere im Allgemeinen, fremde Kulturen und ihre Symbole und Riten, aber auch Filme. Dokumentarfilme und Spielfilme. Bereits in Menschenich hatte ich mich für Filme und Serien begeistert, die vor allem eins gemeinsam hatten: einfache, harte Gewalt. *Terminator* oder *Conan, der Barbar* mochte ich als logische Konsequenz aus meiner He-Man-Begeisterung besonders gern. *Terminator, Karate Tiger* und *Bloodsport* zeichnete ich auf VHS auf und studierte sorgfältig die Inhalte.

Ein Bekannter meiner Eltern, ein studierter Indologe, arbeitete als Krankenpfleger. Bei ihm zu Besuch lernte ich die indische Kultur kennen. Ein Symbol, das an mehreren Stellen in seiner Wohnung in wundervollen Farben immer wieder auftauchte, zog meine Aufmerksamkeit auf sich. Sie ahnen es vielleicht: Es war die Swastika, hierzulande besser bekannt als das Hakenkreuz. Ich war so fasziniert von diesem Symbol, dass ich es nachzuzeichnen begann. Ich kannte es in keinem anderen Kontext, also schmierte ich es bedenkenlos überall hin.

Irgendwann kam ich auf die Idee, so wie alle anderen Kinder mein Mäppchen zu personalisieren, und platzierte auch dort meine mittlerweile gut gezeichneten Hakenkreuze. Ich hatte ein furchtbar schlechtes Gewissen und große Angst, weil ich diese Form des Vandalismus an den persönlichen Eigentümern noch nie praktiziert hatte. Ich nahm mir diese Freiheit wie alle anderen Kinder heraus, obwohl ich wusste, dass meine Eltern diese dekadente Verwahrlosung niemals billigen würden. Deshalb versteckte ich mein Mäppchen sorgfältig, sobald ich zu Hause war, aber in der Schule konnte ich frei sein.

Unser Klassenlehrer schlug mit seiner flachen Hand auf den Tisch, sodass ich für einen Moment glaubte, er werde mich gleich schlagen. Sogar die Sitznachbarn erschraken. Die ganze Klasse war mäuschenstill. Er schrie mich an, fragte, ob ich noch alle Tassen im Schrank hätte, und riss mir mein Mäppchen weg. Er drohte, mit meinen Eltern zu sprechen und sie über die Sache zu informieren. Auf dem Nachhauseweg fürchtete ich Schläge, weil ich mein schönes Mäppchen ruiniert hatte. Irgendwann nachmittags rief unser Lehrer tatsächlich an und offerierte mir eine Lösung: »Ich bringe morgen einen Edding mit, dann kannst du die Zeichen übermalen. Ich werde deinen Eltern nichts erzählen, es bleibt unter uns.«

Ich war entsetzt über die Wirkung dieses Symbols und rätselte noch eine Weile vor mich hin, was es damit auf sich hatte. Während ich glaubte, dass mein Lehrer sich stellvertretend für meine Eltern über die Verunstaltung meines Mäppchens aufregte, dachte er, ich hätte mit meinen elf Jahren eine Sympathie für die jüngere Geschichte meines Gastlandes entwickelt.

Et situs vilate inisse tabernit – auf dem Gymnasium

Dieses letzte Jahr auf der Grundschule vermittelte mir ein vollkommen verzerrtes Bild von Schule und Bildung sowie der Sozialdynamik, die mich anschließend erwarten würde. Meine Noten ließen es dummerweise zu, dass ich ein Gymnasium besuchen durfte, und so landete ich durch einen bizarren Zufall auf einem humanistischen Elitegymnasium im Kölner Zentrum, das seit seiner Gründung im Jahre 1825 reihenweise bekannte Zöglinge in die Welt entlassen hatte: Theologen, Philosophen, Ärzte, Politiker, aber auch Schachgroßmeister oder die notorischen Samwer-Brüder. Kurz: die beste Schulbildung, die man in Köln im nichtprivaten Sektor bekommen konnte.

Der Direktor war recht alt und stand kurz vor der Pensionierung. Klein, schneeweißes Haar, schon zig Hüftoperationen hinter sich und immer klassisch im dreiteiligen Anzug. Seine einzige Zierde war eine Taschenuhr mit Kette, die vielleicht schon sein Vater in den Schützengräben von Verdun getragen hatte. In den Vertretungsstunden erzählte er uns von seinem Vater und wie dieser an jedem Geburtstag des letzten deutschen Kaisers Wilhelm II. zu dessen Ehren auf- und abmarschiert war. Er wirkte zwar amüsiert, als er dies gestisch illustrierte, doch seine Anekdote klang auch ein wenig wie ein Mahnmal, das uns in Erinnerung rufen sollte, dass es noch viel disziplinierter und loyaler zugehen könnte, als wir uns das vorzustellen vermochten. Diese Schule erinnerte uns Zöglinge jeden Morgen bereits am Eingang mit einer Statue des Ikarus daran, dass wir fliegen lernen sollten. Aber bloß nicht zu hoch.

Hier, so dachten sich meine Eltern wohl, würde ich vielleicht nicht glücklich werden, aber zumindest systemrelevant. Wer ihnen diesen heißen Tipp gegeben hatte, weiß ich bis heute nicht. Ich saß nun im selben Boot mit den Kindern der Kölner Oberschicht, denn auch deren Eltern hatten den dringenden Wunsch, dem Staat und der Gesellschaft bedeutsame Zöglinge zu schenken.

Während ich also bisher meinen Fokus darauf gelegt hatte, nicht zum Opfer tätlicher Angriffe zu werden, saß ich plötzlich mit den Kindern von Unternehmern, Ärzten, Richtern und Staatsanwälten in einem Klassenzimmer und bekam zum ersten Mal bewusst Minderwertigkeitsgefühle.

Im Kampfsport ist es möglich zu erkennen, wann ein Kämpfer von der Angst ergriffen und den Kampf verlieren wird. Ich wusste schon am ersten Tag, dass ich an dieser Schule den Kampf bereits verloren hatte, bevor er überhaupt begann. Als wir die Lateinbücher aufschlugen, kannten meine Klassenkameraden bereits die ersten Vokabeln. Ich hatte bis vor einigen Tagen noch nicht einmal gewusst, dass Latein überhaupt existierte.

»Woher kanntest du diese Wörter?«, fragte ich einen Klassenkameraden später in der Pause.

»Meine Eltern haben mit mir geübt.«

Heimvorteil. Angesichts dieser ausweglosen Situation entschied ich mich, die Zeit wenigstens mit so viel Spaß und Action wie nur möglich zu gestalten. Ich wurde zum Drehbuchautor, Schauspieler und Regisseur, um mir die Welt so zu gestalten, wie sie mir gefiel. Sehr zum Leidwesen jener Lehrer, die das dringende Bedürfnis hatten, den Lehrplan ohne störende Kaspereien durchzuziehen.

Bevor es Facebook gab, liebe Millennials, spionierten Eltern ihre Kinder analog aus. Es gab sogenannte *Freundebücher*, die Seite um Seite einen Steckbrief aller Klassenkameraden aufwiesen. Diese Freundebücher füllten wir mit einer ähnlichen Naivität aus, wie ihr heute eure Social-Media-Profile bespielt. Ich erinnere mich noch, wie ich mit Stolz bei einem Mädchen, dem ich imponieren wollte, unter Berufswunsch *Auftragskiller* eintrug. Während alle Langweiler brav den Berufen ihrer Eltern nacheiferten, sah ich mich schon in einem maßgeschneiderten Brioni-Anzug und enganliegenden, feinsten Lederhandschuhen den Schalldämpfer auf meine 9mm-Beretta drehen. Inspiriert durch die *Paten*-Trilogie hielt ich dies für eine passable Berufswahl.

Vera, mein Herz, hatte türkisblaue Augen und einen blonden Bob. Ich mochte ihr reines, vorurteilsfreies Lächeln, und wir verabredeten uns bei ihr zu Hause. Daraus wurde natürlich nichts, weil ihre Eltern meine Berufsabsichten im Freundebuch rechtzeitig entdeckten und überhaupt nicht begeistert waren, dass ein zukünftiger Auftragsmörder mit ihrer werten Tochter im Kinderzimmer *Mensch ärgere dich nicht* spielen wollte.

Die Schmähungen und Beleidigungen wegen meines Namens im letzten Grundschuljahr brachten mich auf die Idee, meine Marketing- und Branding-Strategie zu wechseln. Da ich meine Bildung hauptsächlich aus dem Fernsehen bezogen hatte, war Marken- und Werbekommunikation intuitiv mein Steckenpferd. Ich suchte einen Namen, der für die Deutschen angenehm, wiedererkennbar und aussprechbar war, aber eben cooler als ein gewöhnlicher deutscher Name. Also entschied ich mich für eine Abkürzung von Michael Jackson oder Michael Knight und nannte mich nun Mike. Neben dem *King of Pop* inspirierte mich ein Geschäft im näheren Umfeld der Schule, das den Namen *Mike Hunter* trug. Dass es sich dabei um einen Erotik-Shop handelte, störte mich nicht im Geringsten. Im Gegenteil.

Also stellte ich mich nun Schülern und Lehrern mit Mike vor und alle nahmen den Wechsel dankbar an. Keine Hänseleien mehr, plötzlich war ich cool. So cool wie die Action-Helden, die man sonst nur im RTL-Abendprogramm sah. So cool wie Michael Knight aus *Knight Rider*. Jetzt war ich nicht mehr Bahman, das benachteiligte Ausländerkind, sondern ein cooler Gesetzloser, für den andere Regeln galten. Mike war cool und scherte sich nicht um Konventionen. Mike war abseits der Gesellschaft unterwegs.

Beim allerersten Elternabend saßen meine Eltern nichtsahnend in diesem Raum mit Ärzten, Anwälten und Architekten und begannen langsam zu begreifen, was für einen folgenschweren Fehler sie begangen hatten, mich und sich selbst in diese Situation zu manövrieren. Ich würde es als den zweitgrößten Fehler bezeichnen, den meine Eltern je begangen haben. Gleich nach dem Sturz des Schahs von Persien, an dem sie naiverweise mitgewirkt hatten. Wie dem auch sei, irgendwann fiel der Name Mike, und alle Eltern und Lehrer fragten sich, wer wohl Mikes Eltern waren.

»Was sind Sie für Eltern, dass Sie nicht wissen, dass Ihr Kind sich umbenennt?«

Es war das erste und letzte Mal, dass meine beiden Eltern einen Elternabend für mich besuchten, und es war auch das erste und letzte Mal, dass ich die beiden gemeinsam in einem derart resignativen Zustand erlebt habe. Völlig geknickt und zermürbt, nahezu verständnisvoll fragten sie mich: »Warum hast du uns nicht gesagt, dass du dich Mike nennst?«

»Ich wollte euch nicht enttäuschen, weil ich meinen Namen nicht benutze.«

»Warum benutzt du ihn nicht?«

»Niemand kann den Namen richtig aussprechen und sie machen sich darüber lustig.«

Das fünfte und sechste Schuljahr flogen an mir einfach nur so vorbei, ich musste die sechste Klasse wiederholen. Meine Eltern trennten sich und verloren mich endgültig aus dem Fokus. Was mich freute, denn nur so konnte ich in Ruhe der gesetzlose Mike sein. Ich fühlte mich an dieser Schule so deplatziert wie eine NVA-Granate in einer Kita. Es gab auch andere Ausländerkinder, aber in meiner Klasse waren das nur wenige. Und jene, mit denen ich zurechtkam, stammten ebenfalls aus bedenklichen Familienstrukturen und verließen sehr bald die Schule oder wurden gegangen.

Ach so, eine kleine Begriffsunterscheidung an dieser Stelle. Ich weiß, dass die meisten (intellektuellen) Deutschen unter Ausländern auch Italiener oder Franzosen verstehen. Aber Hand aufs Herz: Wenn wir über Kanaken, Ölaugen oder eben Ausländer sprechen, dann sind in der Regel nichteuropäische, nichtkaukasische Seelen gemeint. Also Türken, Perser, Afghanen und Bewohner des arabisch-nordafrikanischen Raums. Alle anderen Ethnien werden beim Namen genannt, diese jedoch wurden und werden als Ausländer oder Flüchtlinge bezeichnet. Integrierte Ausländer, die der deutschen Sprache mächtig sind, wissen das. Das war damals jedenfalls so und ist es auch eigentlich heute noch, auch wenn das kaum jemand zugeben möchte.

Politiker aller Couleur von rechts bis links behaupten felsenfest, dass, wer in dieser Gesellschaft brav seine Hausaufgaben macht, auch belohnt wird. Das ist eine der größten und furchtbarsten Lügen, die verbreitet werden. *Fake News* sondergleichen. Denn die Wirklichkeit sieht so aus, dass die Hausaufgaben von Murat mitnichten genauso viel wert sind wie die von Tobias. Das zeigt sich schon, wenn über das Fehlen der Hausaufgaben gesprochen wird. Dann hat nämlich Thorsten zum Beispiel emotionale Schwierigkeiten, Ahmet aber Anpassungsschwierigkeiten. Daniel braucht Zuwendung, aber Yunus hat die Regeln dieser Gesellschaft nicht verstanden. Deutsche Hände sind zudem nicht dasselbe wie ausländische Hände, wie Sie gleich feststellen werden.

Ich saß in der ersten Reihe und mein deutscher Sitznachbar und ich freuten uns über die Verkündung eines bevorstehenden Klassenausflugs nach Xanten. Wir klatschten uns vor Freude mit beiden Händen ab.

»Mike! Raus, sofort!« Unsere Lateinlehrerin warf mich wegen Ruhestörung aus der Klasse.

Nach Ende der Stunde fragte ich sie, warum ich aus dem Unterricht entfernt worden war.

»Weil du den Unterricht gestört hast«, erläuterte sie mir, während sie mich lächelnd fixierte.

Frau Lateinlehrerin hatte kurzes gelocktes Haar und nur an einer Sache im Leben wahrhaftige Freude. Sie ahnen es bereits: Latein. Römer waren für sie die Krone der Zivilisationsgeschichte. Die alten Griechen, Babylonier oder gar Perser kamen in dieser Matrix nicht vor. Um ihre Perspektive zu untermauern, hatte sie den Ausflug nach Xanten angeleiert, damit wir die alten römischen Stätten bewundern konnten.

»Außerdem wirst du an diesem Klassenausflug nicht teilnehmen.«

»Warum nicht?«

»Na ja, schau ...« Sie lächelte immer noch, sah dabei durch mich durch, als müsste sie einem teutonischen Bauern gerade das überlegene römische Recht erklären. »Da ich bei diesem Tagesausflug die Verantwortung trage, kann ich nur Kinder mitnehmen, auf die ich mich auch wirklich verlassen kann. Das ist bei dir leider nicht der Fall.«

»Aber ich habe doch mit dem Karsten ein Doppel-High-Five gemacht, weil wir uns beide so gefreut haben. Seine Hände haben doch auch geklatscht. Warum darf er mit?«

»Tja, Mike ... Ich habe leider nur deine Hände gesehen. Es tut mir wirklich leid.«

Damals mochte ich sie einfach nur nicht. Aber Jahre später begriff ich, was für eine perfide psychopathische Persönlichkeit getarnt als Lehrerin da ihr Unwesen an unserer Schule trieb. Auch wenn ich im Grunde meines Herzens wie jeder vernünftige Zwölfjährige ein Gesetzloser war, lernte ich gelegentlich meine Latein-Vokabeln und machte Hausaufgaben. Ich mochte die Sprache. So meldete ich mich auch immer wieder einmal, aber kam nie dran. Man könnte jetzt meinen, dass die gute Frau einfach nur ein Problem mit Ausländern hatte. Aber bitte glauben Sie mir, Rassismus ist nie das eigentliche Problem. Soziopathie und Psychopathie sind es hingegen oft.

Die liebe Frau Lateinlehrerin wusste nämlich sehr genau, dass Ausländereltern ihre Kinder mit preußischen Methoden erziehen. Das ließ ihr Herz höherschlagen und ich erinnere mich besonders an einen Fall, der mich das Fürchten lehrte und mein Interesse für die menschlichen Abgründe vollends weckte.

Meine Eltern befanden sich zu dieser Zeit in derselben Verfassung wie die Sowjetunion in ihren letzten Tagen. Ein Elternsprechtag nahte und ich hatte nichts zu befürchten, obwohl meine Noten sich lediglich im soliden 4er-Schnitt bewegten. Aber mein damaliger Weggefährte türkischer Abstammung, den ich aus praktischen Gründen von nun an als *den Türken* bezeichne, kam gehörig ins Schwitzen. Für gewöhnlich war er genauso fidel und munter wie ich. Nicht jedoch an diesem Tag. Er wurde immer stiller, nervöser.

Unsere Lateinlehrerin sprach in einer feierlichen Art und Weise über den bevorstehenden Elternsprechtag und kündigte an, was sie alles abends anzusprechen gedachte. Abschließend wandte sie sich schadenfroh dem Türken zu, setze erneut ihr Lächeln auf und sagte: »Ich werde auch mit deinen Eltern sprechen!«

Mich widerte das Lächeln, das ich zu diesem Zeitpunkt noch nicht einordnen konnte, einfach nur an. Ich begriff aber nicht, warum. In der Pause stellte ich fest, dass der Türke sich entspannt hatte, als hätte ihm jemand alle Sorgen abgenommen. Das war auch der Fall. Anstelle der Panik über die Ungewissheit trat nun die absolute Gewissheit der bevorstehenden reinen Gewalt.

»Sie kennt meine Eltern. Wenn sie mit denen über mich redet, bekomm ich auf jeden Fall Schläge.«

Wir spielten Tischtennis und am nächsten Tag erschien der Türke mit einer kleinen Einbuchtung in seiner Stirn. So als hätte ihm jemand einen spitzen Gegenstand hineingerammt.

»Wie ist das passiert?«

»Mein Vater hat mir dermaßen eine geklatscht, dass ich mit der Stirn an die Tischkante gestoßen bin. Zum Glück ist viel Blut geflossen, sonst hätte er weitergemacht.«

Wir kletterten auf einen Baum im Hof und aßen Kirschpflaumen, die wir dort frisch pflückten. Die deutschen Kinder lachten uns aus und hielten sie für Vogelbeeren. Sie verpetzten uns bei den Lehrern.

Wenn also die Exklusion – aufgrund sozialer Defizite wohlgemerkt – so groß ist, dann kommt im Kindesalter bisweilen Langeweile auf. In den frühen 1990er-Jahren hatten wir noch nicht einmal Handys geschweige denn Smartphones. Wir schoben uns handschriftliche Zettel zu. Ein Tischnachbar aus ähnlichen Familienverhältnissen und ich wurden in den Lateinstunden besonders kreativ. Die Ideen, die wir austauschten, lagen zwar fernab vom Lateinunterricht, aber im Geiste nahe bei der römischen Kommunikation. Wir entschieden uns, Kurznachrichten mit ausgefallenen Beschimpfungen hin- und herzuwerfen. Die Kunst bestand darin, keine simplen, sondern erfundene Schimpfwörter zu verwenden, damit der Empfänger sein Lachen unterdrücken musste. Im Prinzip Spökes, wie der Kölner sagt, auf dem Niveau von Joko und Klaas.

So geschah es, dass ich meinem Klassenkameraden einen Zettel zuwarf, auf dem stand: »Du Tampon von Frau Lateinlehrerin.« Ich fand die Beschimpfung so lustig, dass ich mich selbst zusammenreißen musste, um nicht laut loszulachen. Dummerweise bemerkte unsere Lateinlehrerin die Wurfsendung und kassierte die Kurznachricht ein. Mir war das Briefgeheimnis bereits zu jenem Zeitpunkt bekannt und folglich protestierte ich. Diesen Protest erstickte die Lateinlehrerin im Keim und fuhr mit dem Unterricht fort. Sie legte den Zettel auf ihrem Tisch ab.

Mein Herz pochte, weil mir die Sache sehr unangenehm war. Gleichzeitig war ich auch belustigt. Ein widerlicher Gefühlscocktail. Mir kam die rettende Idee. Der Zettel lag geöffnet und flach auf ihrem Schreibtisch. Da ich in der ersten Reihe saß, nutzte ich mein jugendliches Lungenvolumen und pustete leise, aber kraftvoll den Zettel vom Pult. Ich wollte ihn wortwörtlich unter den Tisch kehren.

Geschafft! Er landete auf dem Boden, fiel unter den Tisch. Sie näherte sich, sodass ich das Beweisstück nicht mehr aufheben konnte. Ihre Neugierde zwickte sie und sie begann zu suchen. Mein Herz pochte wieder, mein Tischnachbar fieberte mit wie bei einem Weltmeisterschaftsturnier. Sie fand ihn wieder. Sie schaute drauf. Ich musste die sechste Klasse wiederholen.

Urlaub? Dominikanische Republik? Ich wusste noch nicht einmal, wo das sein sollte. Florian, ein quirliger deutscher Klassenkamerad klärte mich auf.

»Da gibt es Palmen und Strand, und die Nutten kommen einfach zu einem.«

Florians Eltern waren beide Ärzte.

»Für nur 5 Dollar spielen sie an dir rum.«

»Woher hattest du das Geld?«

»Meine Eltern geben mir immer genug Geld, egal, wo wir sind.«

Er war das Epizentrum unserer Klassengemeinschaft, obwohl oder gerade, weil er sich wie ein affektiertes Äffchen benahm. In einem Moment unterhielt er sich mit mir wie ein interessierter Freund, dann plötzlich machte er sich über mich lustig. Fast alle Schüler schienen in Königsforst zu wohnen, einem Kölner Stadtteil weitab vom Zentrum. Es lag so weit außerhalb der Stadt wie Meschenich. Nur war Königsforst ein Ghetto im Grünen für die besseren Menschen der Gesellschaft. Hier wohnen die Besten der Besten, die Elite, die sich Reihenhäuser leisten konnte, aber größere, geräumigere und schönere als jene in Meschenich. Meine Sehnsucht nach dieser Idylle, diesem Heimatverständnis zerriss mich, und dafür hasste ich die Menschen immer mehr. Es zermürbte mich, dass ich all das nicht hatte. Nicht den Status, nicht das Haus, nicht die Heimat, die ich mir so dringend wünschte. Ich wusste noch nicht einmal, was Heimat war. Diese Unwissenheit blieb lange Zeit erhalten. Bis vor Kurzem eigentlich, aber jetzt habe ich eine Heimat. Keine Sorge, es ist kein Land.

Was macht dein Papa?

Ein Vertretungslehrer stellte sich vor und wollte die Klasse kennenlernen.

»Ich möchte, dass ihr mir erzählt, was eure Eltern beruflich machen.«

Mehr musste dieser gewiefte Typ nicht wissen. Die ersten Antworten begannen bei A wie Anwalt, Architekt oder Arzt, und dann sprang das Alphabet gelegentlich zu C wie Chirurg. Ich war an der Reihe und brachte ein B ein, indem ich erklärte, dass mein Vater auf der Baustelle arbeitete. Eine spontane Explosion voller Gelächter erheiterte die gesamte Klasse. Ich zuckte zusammen und begriff endgültig, wie wertlos meine Eltern und ich für diese Gesellschaft waren. Der Lehrer ging davon aus, dass ich zur Erheiterung der Klasse scherzte, forderte die anderen auf, sich zu beruhigen, und fragte, was meine Eltern denn *wirklich* machten. Ich wiederholte im selben, ernsthaften Ton meine Antwort.

»Meine Mutter arbeitet als Friseurin und mein Vater auf der Baustelle.«

Und wieder ging das Gelächter und Gepolter los. Zum ersten Mal hatte ich einen dicken Kloß im Hals und ballte meine Fäuste zusammen. In mir brodelte es, mir wurde heiß, und ich hasste es, ich zu sein, was auch immer das sein sollte. Auf dem Heimweg dachte ich darüber nach, mir das Leben zu nehmen.

Einige Lehrer machten an dieser Schule ihre Arbeit richtig gut. Sie tadelten törichtes Verhalten und nicht den sozialen Hintergrund. Sie lobten Leistung anstatt Gefälligkeit. Während der Religionsunterrichtsstunden durften alle Heiden ersatzweise eine Zeit lang mit einem Lehrer die Grundlagen des Schauspiels erlernen. In der Aula unterwies dieser Mann uns in der Darstellung von Emotionen, er machte mit uns kleine nachvollziehbare Fingerübungen und vermittelte die Grundlagen der Bioenergetik. Herr Spelman führte nämlich ein Doppelleben. Wenn er nicht als Lehrer Elitekindern und Quotenausländern zur deutschen Sprache verhalf, wirkte er am Theater Bonn als designierter Schauspieler. Sein Haupt zierte weißes Haar, er war schlank und in seiner Art sachlich wie ein Lexikon. Er trug gern eine rote Hose und pflegte bei dümmlichen Antworten zu rufen: »Ich krieg 'nen Föhn.«

Natürlich musste ich nachschauen, um zu begreifen, dass er den warmen trockenen Fallwind und nicht das Gerät meinte. Bei ihm spürte ich weder Rassismus geschweige denn Diskriminierung, obwohl ich ihm mit Sicherheit genug Anlass dafür gab. Er war jemand, der mit seiner Umgebung und den Menschen in Resonanz ging, anstatt immer dieselbe Denkrille abzulaufen. Er verstand es, auf die unterschiedlichsten Charaktere einzugehen. So bewarf er auch schon mal einen Schüler für sein freches Gebaren mit einem Kreidestück. Mir gefiel es, wenn er das tat, aber einige Schüler beschwerten sich deswegen, und die Beschwerden drangen schließlich zu ihm durch. Dieses Denunziantentum sprach er mit einem Grinsen an und ließ durchklingen, dass anstelle der Kreidestücke nun offizielle und zumutbare Strafen wie erweiterte

Hausaufgaben in Erwägung zu ziehen seien. Die meisten Lehrer richteten eher Schaden an, als ihre Schüler zu mündigen und charakterstarken Bürgern zu erziehen. Bei Herrn Spelman war das anders, er hatte Rückgrat und vermittelte dies auch seinen Schülern.

Meine Eltern waren inzwischen geschieden. Wir durchliefen turbulente Zeiten des Mangels und der Entbehrungen. Mein Vater zog aus, meine Mutter schuftete als Zimmermädchen in einem damals renommierten Hotel und schob jeden Tag eine zusätzliche Schicht als Kellnerin, um Schulden abzubezahlen und uns durchzufüttern. Sie war selten zu Hause, sodass ich fernsehen konnte, solange ich wollte. Dummerweise wählten die Öffentlich-Rechtlichen als Sendezeit für die wirklich interessanten Filme Zeiten wie 01:38 Uhr. Also viel zu spät für einen Dreizehnjährigen.

Ich erschien schweigend, wie durch ein Wunder pünktlich, mit tiefliegender Mütze im Gesicht, völlig übermüdet, und mein Tischnachbar fragte mich mit großen Augen in freudiger Erwartung: »Hast du wieder einen Film geschaut?«

Ich nickte erschöpft: »Ja, und was für einen!«

Herr Spelman betrat den Raum und begann mit dem Unterricht. Während ich meine Jacke auszog, begann ich, Axel zu erzählen, was für ein abgedrehter Streifen das war. Ich verwies auf die komplexen Beziehungen der schrulligen Charaktere und beschrieb, wie das Ende und die surrealistischen Szenen mich tief bewegt hatten und vollkommen ratlos hinterließen.

Plötzlich unterbrach Herr Spelman meine Erzählung und nannte den Titel des Films. »*Arizona Dream*?«, fragt er mich, während er seinen Zeigefinger wie eine Pistole auf mich richtete.

Stille. Alle hörten uns jetzt zu.

»Ja, genau. Haben Sie den gestern auch geschaut?«, fragte ich verwundert.

Er senkte seine Hand und lächelte. »Nein, aber ich habe ihn schon gesehen. Tolle Schauspieler, toller Film. Gute Wahl.«

Die Schüler begannen zu tuscheln und Herr Spelman fuhr mit seinem Unterricht fort.

Für einen Moment dachte ich, er würde mich für meine Unhöflichkeit tadeln, als er seine Fingerpistole auf mich richtete. Aber er war in diesem Moment lediglich ein Mensch, der sich austauschen wollte. Von Cineast zu Cineast.

Fördern und Fordern

Meine Erleichterung in schulischer Hinsicht fand ich nach dem grundsoliden Rauswurf aus dem Gymnasium. Auf dem Zeugnis hatte ich eine Zwei in Kunst, zweimal Ausreichend und sonst nur Fünfer, hie und da eine Sechs. So fand ich meinen Weg in eine liebevolle, »durchrasste« und pädagogisch höher entwickelte Förderrealschule. Hier wurden Ausländer und Deutsche gleich behandelt. Ein Auffanglager für alle gesellschaftlichen Milieus. Betuchte, weniger betuchte und natürlich die ganz Armen gaben sich die Klinke in die Hand.

Hier lernte ich auch Goldkettchen-Markus kennen, der Ihnen im Prolog bereits begegnet ist. Wir sprachen über Geschäftsmöglichkeiten, die unsere Kompetenzen und Kapazitäten bei Weitem übertrafen. Handel mit Kosmetikartikeln, der Betrieb von Edelbordellen und sogar der Handel mit Golfartikeln für die sportaffine Schickeria kamen uns in den Sinn. Dass sich die romantische Vorstellung von einer kriminellen Karriere bald von selbst erledigt, wenn man legalen Geschäften nachgeht, wussten wir ja nicht. Wir waren Kinder.

Zwischen den Weihnachtstagen gingen Markus und ich zu einem seiner Freunde. Ein schmächtiger Jugoslawe mit einem rechten Haken, den man seinem ärgsten Feind nicht wünscht. An sich ein lieber Kerl, aber der Balkankrieg hatte bei ihm deutliche Spuren hinterlassen. Als er sah, wie irgendein Trottel einen halben Döner respektlos in die Büsche warf, brach er ihm mit einem Schlag den Kiefer. Als Kind zu sehen, wie Menschen in Kriegsnot verhungerten und dann hier im vermeintlich reichen Deutschland den pervertierten Überfluss erleben zu müssen, das ließ bei ihm die Sicherung durchbrennen. Derartige Dinge bedenken sogenannte *Gutmenschen* nicht, wenn sie heute Ausländer aus Kriegsgebieten frenetisch am Bahnhof empfangen und bejubeln.

Unser Freund hatte bereits diverse Anzeigen eingesammelt und wurde eines Nachts unfreiwillig Zeuge eines Unfalls, bei dem die Fahrzeuginsassen unversehrt davonkamen, jedoch die Autos ruiniert waren. Er verständigte sofort den Notruf und versuchte, den Beteiligten zu helfen. Aber diese wussten sich selbst zu helfen und behaupteten einstimmig bei Ankunft der Polizei, dass der Ausländer blindlinks auf die Straße gerannt sei und den Unfall verursacht habe. Er rastete natürlich aus, begann die niederträchtigen Lügner zu beschimpfen und wurde festgenommen. Danach schwor er sich, nie wieder die Polizei zu rufen. Auch nicht im Notfall.

Auf dieser Förderschule hatte ich von Anfang an das Gefühl, sehr unbefangen und unbeeindruckt von meinem sozialen und ethnischen Hintergrund empfangen zu werden. Hier gab es kein soziales Ungleichgewicht wie auf dem Elitegymnasium. Fast alle, die hier landeten, waren gleichermaßen Sozialfälle, unabhängig von ihrem ethnischen Hintergrund. Respekt wurde mit Respekt vergolten, ganz ohne pseudoautoritäre Haltung. Was aber nicht hieß, dass sich die Lehrer alles gefallen ließen. Ganz im Gegenteil. Diese Lehrer verstanden nämlich, dass man eine Klasse voll Dschungelkinder weder mit stumpfer Autorität noch gänzlich ohne Leine handhaben konnte. Der pädagogische Königsweg erfordert menschliches Fein- und Taktgefühl. Eine Lehrerin schrie uns bei der allerersten Begegnung an: »Ich kenne Leute bei der Regierung ... ich sorg' dafür, dass ihr abgeschoben werdet, wenn ihr mir krummkommt!«

Das funktionierte. Niemand traute sich, Faxen zu machen. Wir waren entspannt, und die Pädagogin ebenfalls.

Manche Lehrer mochte ich, manche nicht. Dies beruhte auf Gegenseitigkeit. Was ich an dieser Schule aber am deutlichsten spürte und zum ersten Mal begriff, war, dass es in Deutschland auch Lehrer gab, die ihrer gesellschaftlichen Verantwortung mental und emotional gerecht wurden, unabhängig davon, welche Leitplanken das Kultusministerium für sie aufstellte. Nach zwei Jahren erwarb ich mit einem passablen Notenschnitt die Eintrittskarte für die Rückkehr an eine höhere Schule. Ich würde erneut mein Glück versuchen.

»Ausländer sagen wir hier nicht« – Geschichten aus der Psychiatrie

Ein persischer Witz geht folgendermaßen: Ein Neuzugang in einer psychiatrischen Anstalt betritt den Gemeinschaftsraum und sieht, wie alle in einer Schlange stehen. Er registriert, dass die Mitpatienten darauf warten, durch ein Loch in der Wand zu spinksen. Neugierig fragt er jemanden, was denn da zu sehen sei. Ein empörter Blick und die Empfehlung, sich doch bitteschön in der Schlange anzustellen, um die

Erfahrung selbst zu machen, motiviert ihn, eben dies zu tun. Nach geschlagenen vier Stunden bückt er sich und schaut endlich durch das Loch in der Wand, das zum Raum nebenan führt. Er sieht nichts als einen leeren Raum und eine weitere Wand. Erbost ruft er in die Runde: »Hier ist doch gar nichts! Was ist denn mit euch allen los? So verrückt kann doch keiner sein!«

Ein Insasse spricht beruhigend auf ihn ein: »Wir sind seit vielen, vielen Jahren hier und schauen durch dieses Loch, und du willst uns nach nur vier Stunden Aufenthalt sagen, dass dort nichts ist? Und wagst es, uns als verrückt zu bezeichnen? Schäm dich und übe dich in Geduld.«

Berlin ist alles, nur keine deutsche Stadt. Was in dieser Enklave passiert, ist in Deutschland beispiellos. Es hat schlicht nichts mit Deutschland zu tun. Die Beispiellosigkeit des Gebarens in dieser Stadt hat Weltformat. Aus diesem Biotop mit den unterschiedlichsten Kreaturen und Kulturen aus aller Welt, die man auch nur dort entdecken kann, lassen sich bis zum Ende der Menschheit Geschichten erzählen. Diese Geschichten sind zum Lachen und sie sind zum Weinen. So wie die Menschheit selbst zum Lachen und zum Weinen ist, und deshalb ist meine erste Assoziation mit Berlin weniger »deutsche Stadt« als »Psychiatrie«.

Und wie in jeder Anstalt passen die Menschen sich auch dort auf ihre Art und Weise dem Habitat an. Problematisch wird es nun, wenn Charaktere aus Deutschland und allen anderen Teilen der Welt sich freiwillig einweisen lassen. Vorzugsweise mit der Begründung: »Es ist sooo schöööön hier!«

Was würden Sie antworten, wenn in einer Anstalt ein Patient hinter Panzerglas Sie beseelt anschaut und glaubhaft behauptet: »Hier ist es wunderschön!« Wie erreicht man Menschen in desolaten Zuständen? Nun, eine Zauberformel lautet: affirmative Empathie! Lächeln Sie beseelt zurück und sagen Sie einfach: »Ja, du hast recht – hier ist es wunderbar!«

Meine Mutter hatte mich ab dem Grundschulalter regelmäßig in den Ferien in einen Zug nach Berlin gesetzt, damit ich dort meine Tante Shirin und ihren Sohn besuchen konnte. Diese Ausflüge in die Psychiatrie mochte ich so sehr, dass ich schließlich eine tiefe Hassliebe zu dieser Stadt entwickelte. Nach dem erfolgreichen Abschluss der Förderrealschule beschloss ich, dorthin zu ziehen, um mein Abitur zu machen.

In Berlin fragte niemand, aber auch wirklich niemand, woher ich denn EIGENTLICH komme. Niemand, wirklich niemand sagt: »Boah, Sie sprechen aber gut Deutsch!« Wenn ich Menschen traf, die sogar mir als Schwarzkopf exotisch vorkamen, fragte ich ungeniert nach deren »Ursprung« und erhielt entnervte, schnippische Antworten. Ich verstand nicht, warum das so war, bis mich meine Deutschlehrerin eines Tages aufklärte, weil ich zum wiederholten Male das Wort »Ausländer« verwendet hatte.

»*Ausländer* sagen wir hier nicht!«, wies sie mich zurecht.

Ich verstand diesen Hinweis und den präskriptiven Impetus nicht, in dem er vorgetragen wurde, und widersetzte mich intuitiv: »Warum?«

Sie war eine sehr gute, geduldige Lehrerin. Sie gehörte nicht zu den zahlreichen resignierten Geschöpfen, die ihren Dienst nach Vorschrift nur wegen der vermeintlich sicheren Bezahlung und der privaten Krankenversicherung halbherzig ausüben und heimlich eine Strichliste der Tage bis zur Rente führen. Sie war wortgewandt, witzig und füllte ihre Arbeit als Lehrerin mit Respekt und Würde aus, ohne sich dabei allzu ernst zu nehmen.

Langsam setzte sie ihre Brille ab, faltete ihre Hände und wandte sich mir mit bedeutungsvoller Miene zu. Die gesamte

Klasse schaute gebannt. Ein Déjà-vu. Die Luft blieb förmlich stehen. Ich atmete tief ein und blieb ruhig.

»Warum benutzt du das Wort Ausländer?«

»Weil das in Köln ein gängiger Begriff ist.«

Sie erwiderte: »Okay, hier in Berlin sagen wir nicht Ausländer. Das Wort Ausländer impliziert, dass ein Mensch nicht in dieses Land gehört, obwohl er hier lebt, die Schule besucht und die Sprache spricht. Das ist diskriminierend und schränkt gesellschaftlich ein.«

Ich dachte kurz nach und fragte: »Was soll man denn sonst sagen?«

Freundlich, aber bestimmt klärte sie mich auf: »Mitbürger mit Migrationshintergrund.«

Ich dachte erneut nach und protestierte: »Das ist doch viel zu lang!«

Sie setzte ihre Brille wieder auf, atmete resignativ aus und wandte sich von mir ab, um mit dem Unterricht fortzufahren.

Heute weiß ich, dass sie als Lehrerin ihre Pflicht zur Bildung und Aufklärung bestens erfüllte, um die ideologischen und soziolinguistischen Vorgaben zur Integration nach bestem Wissen und Gewissen zu verteidigen. Zugleich ließ sie mich nach freiheitlich-demokratischem Prinzip den unbelehrbaren Idioten sein, der ich sein wollte. Mehr kann man nun wirklich nicht verlangen. Schließlich ist das staatliche Schmerzensgeld auch nicht wirklich ausreichend, um sich mit einem sturen persischstämmigen Holzkopf zu streiten, der sich weigert, eine Selbstbeleidigung als solche zu erkennen. Allerdings weist der Versuch, tiefliegenden, menschlichen Rassismus oder Diskriminierungen sprachlich abzustreifen, gleichwohl Ähnlichkeiten mit einem Juckreiz auf, der mit Kratzen beantwortet wird, obwohl man weiß, dass es davon schlimmer und nicht besser wird.

Schon bald nach dem oben geschilderten Intermezzo kam meine neue Berliner Schule, die nun wirklich hochgradig linksliberal und alles andere als rechts gesinnt war, mit einer wunderbaren Botschaft um die Ecke: Der Senat habe in einem Topf noch ein paar Kröten gefunden und wolle damit einen Förderunterricht finanzieren, damit alle, die entsprechenden Bedarf hätten, zusätzlichen Deutschunterricht erhalten könnten, um das elfte Schuljahr bestehen können. Hört sich knorke an, nicht wahr?

Falls Sie aus einem akademischen Haushalt stammen, sollten Sie bedenken, dass das Abitur für Menschen aus bildungsfernen oder finanziell ärmeren Verhältnissen eine Aufstiegschance darstellt, die mit einem immensen Leistungsdruck verbunden ist, der möglichen Versagensängsten eine existenzielle Dimension verleiht. Schließlich ist man als auserwähltes Familienmitglied vielleicht ebenjene ersehnte Person, die den gesellschaftlichen Aufstieg schafft und damit den Bann der Armut bricht und Anerkennung für die gesamte Familie erlangt. Deshalb ist die Aufregung ohnehin schon groß und solche Maßnahmen wie Förderunterricht, so paradox das klingt, schüren keine Hoffnung, sondern bewirken eher das Gegenteil.

Auch wenn ich das nicht direkt verbalisieren konnte, kam mir dieses Projekt suspekt vor. Ich dachte mir, dass man doch eine tödliche Schusswunde nicht mit einem Pflaster behandeln könne. Warum Deutschförderunterricht in der elften Klasse? War es da nicht ein wenig zu spät? Ich behielt meine Gedanken für mich und es kam tatsächlich dicke. Denn die Teilnahme war natürlich nicht freiwillig. Unversehens saß ich zu meinem Erstaunen mit zahlreichen Schwarzköpfen in einem Raum, in dem der Einstufungstest stattfinden sollte. Die Ergebnisse dieses Tests entschieden, wer am Förderunterricht teilnehmen würde. Ich sah nach rechts und sah Ausländer und sah nach links, nach vorn und hinter mich – überall Ausländer. Die anwesenden Lehrer und der stellvertretende Direktor erklärten und verteilten die Bögen.

»Gibt es noch Fragen?« Ich zeigte auf.

»Ja?«

»Ich kenne unzählige Deutsche, die ihre eigene Sprache nicht beherrschen. Warum sitzen die nicht auch hier, um getestet zu werden? Warum sitzen hier nur Ausländer?«

Unvermittelt brachen ein Gepolter und Gegröle los und die ersten Schüler mit Migrationshintergrund warfen ihre Bögen in die Luft. Ich kam mir vor, als hätte ich einen Aufstand im Gefängnis angezettelt, bei dem gleich brennende Klopapierrollen herumflögen.

»Das ist nicht der richtige Ort und die richtige Zeit, um das zu besprechen! Kommen Sie bitte nach dem Test zu mir ins Büro!«

Blankes Entsetzen und enttäuschte Gesichter machten sich breit, die Ausländer senkten ihre Häupter und konzentrierten sich auf den Test.

»Warum hast du nichts mehr gesagt?«, wurde ich gefragt.

»Warum seid ihr nicht aufgestanden und gegangen?«

Dass meine Mitschüler ihren Einsatz bei dieser kleinen Revolte verpassten, war die eine Sache. Die andere war, dass unsere vermeintlich ausländerfreundliche Hauptstadt an dieser Stelle ihren blinden Fleck erkennen ließ. Man dichtete sich die fehlenden Informationen über die gefühlte Wirklichkeit von Ausländern zusammen und spaltete die Schulgemeinschaft mit einer wirklich nett gemeinten Geste in Form eines Deutschtests, der »uns Ausländer«, aber auch die Deutschen diskriminierte. Es gab ja genug deutsche Schüler, die keinen Satz fehlerfrei zusammenbrachten, was an sich keine Schande war. Aber dies zu leugnen, schon. Hier entstand der Eindruck, dass nur Ausländer Nachhilfe in Deutsch bräuchten. Und auf diese Idee waren nicht die Lehrer selbst gekommen, sondern der Senat, womit wir wieder beim Ursprung so manchen Übels wären.

Berlin gleicht in gewisser Weise einer Psychiatrie, in der illegale Experimente gemacht werden. Hier wird im geschlossenen Kreis ideologisches Gift verabreicht, um zu schauen, was passiert. Aber ein Blick in die Geschichtsbücher verrät, dass von dieser Stadt schon immer eine besonders kreative Form der Zerstörung ausging. In der Enklave namens Berlin ist Ideologie so deutlich spürbar wie in keinem anderen Bundesland, und die entsprechenden Stereotypisierungen haben sich auch unter den vielen Akademikern, die im Alltag penibel auf sprachliche Gender-Neutralisierung achten, fest etabliert. Im Osten, da sind die Nazis. Wir im Westen sind die Guten. Und so wurde ich sehr bald nach meiner Ankunft von allen Seiten darauf hingewiesen, wie *blöde* doch *die Ossis* seien. Dumm, ungebildet, rassistisch.

Komischerweise zeigten sich mir *die Ossis* nie aus dieser Perspektive. Die Menschen aus dem Osten nahm ich als die freundlicheren, höflicheren Menschen wahr, und zum Teil strahlten diese auch stärker mit ihrer inneren Schönheit, von der man im Westen damals schon wenig und heute noch weniger entdecken kann. Dass man *die deutschen Ossis* dermaßen verächtlich behandelte, empfand ich als verstörend. Sowohl »reine« Deutsche als auch solche mit Migrationshintergrund ließen mich wissen: Im Osten sind die Rassisten – wir im Westen sind die Guten.

Ich freundete mich mit einem Schüler an, der halb Deutscher und halb Iraker war. Eine Mischung, die ich mir in meinen kühnsten Träumen nicht hatte vorstellen können. Berlin macht's möglich. Wir gingen zu ihm nach Hause, um Seitenpläne für unsere Schülerzeitschrift zu besprechen. Ich war weit weg von zu Hause und daher schon länger nicht mehr Zeuge von Herzenswärme in einer familiären Atmosphäre gewesen. Das Essen riecht bei Familien einfach leckerer, als wenn man nur für sich allein kocht. Da Iran und Irak (nein, die sprechen nicht dieselbe Sprache) Nachbarstaaten sind und ich von ähnlichen kulturellen Gepflogenheiten ausging wie im Iran, freute ich mich heimlich, gleich mitessen zu dürfen. Bis der große, bärtige Vater grimmig ins Zimmer trat und mit seinem Sohn *Ausländisch* sprach. Er schloss die Tür wieder und mein erhoffter Mahlzeit-Sponsor sagte mir den deutschesten Satz überhaupt: »Du musst nach Hause gehen. Wir essen jetzt.«

Sehen Sie? Verschonen Sie mich bitte mit Stereotypen vom rassistischen, bösen weißen Mann. Es geht nicht um Ethnien oder Rassen. Es geht auch nicht um die Guten und die Dummen. Menschen sind Menschen, und wir projizieren. Wir vermögen nur uns selbst in anderen zu erkennen. Unsere Anteile werden in ihnen sichtbar. Denken Sie daran, wenn Sie das nächste Mal in Kontakt mit jemanden treten. Mit Ausländern, Junkies oder sogenannten Nazis. In Deutschland müssen keine Nazis raus. Wohin eigentlich? Keiner kann mir das beantworten. In Deutschland müssen wir uns alle mal mit der Hand an die eigene Nase fassen, anstatt auf vermeintliche Schuldige zu zeigen, die rechts sein sollen. Was für ein erbärmliches Feindbild, hinter dem man sich verstecken kann, um als besserer Mensch dazustehen. Es gibt unter den vielen lächerlichen Parolen gegen rechts und Nazis eine, die mir besonders sauer aufstößt: »Kein Kölsch« beziehungsweise »Keine Liebe für Nazis«. Sie, als intellektueller und empathischer Mensch, möchten mir also sagen, dass

Sie den beklagenswerten Nazis ausgerechnet das einzige Mittel zur Heilung aller Bollwerke der dunklen Mächte endgültig entziehen möchten? Also die Liebe, nicht das Kölsch. Pfui. Wohin soll das führen? Schauen Sie sich bitte den dänischen Spielfilm *Adams Äpfel* an, wenn sie nicht so recht nachvollziehen können, was ich meine.

Nachtflugverbot

Meine schönen Tage in Berlin blieben rar. Ein fast doppelt so alter Mitbewohner pflegte sich nachts zu mir zu schleichen, um meine pubertären Erhebungen in den Morgenstunden zu streicheln. Er tat dies häufiger und ich dachte zunächst, dass ich es mir einbilde. Ich rätselte weiter, bis ich eines morgens während seines Spiels erwachte. Die Konfrontation watschte er im Berliner Slang ab: »Dit haste jeträumt.«

Aber die Flecken neben mir waren real und ich brach meine Zelte in der Psychiatrie überstürzt ab.

Zurück in Köln, erwarb ich 2002, zu meinem eigenen Erstaunen, das Abitur an einem Gymnasium mit hohem Ausländeranteil. Für Deutsche wie für Perser ist das Abitur das Zeugnis, das den Esel vom Menschen unterscheidet. Es ist jedoch längst kein Geheimnis mehr, dass auch Esel die Fähigkeit zum Erwerb der allgemeinen Hochschulreife besitzen. Also schaffte ich es auch. Nicht zuletzt, weil ich in den letzten Wochen vor den Prüfungen eisern lernte und meine Lehrer mich mochten.

Die meisten Klassenkameraden wussten, dass oder sogar was sie studieren wollten. Ich wusste nicht, was ich mit meinem Leben, geschweige denn dieser Zulassung zur höheren Bildung anfangen sollte. An die Universität dachte ich erst einmal nicht. Das Abitur war mir trotzdem wichtig, weil ich an die Leistungslüge glaubte und annahm, dass die bestandene Prüfung ein wichtiger Schritt in meiner Persönlichkeitsentwicklung sein würde. Aber auch, um an die begehrten Arbeitsplätze zu kommen, die eben sonst nur an Tobias, Daniel und Martin gehen würden.

In meiner werbedurchtränkten Film-Fantasiewelt hatte ich immer die Vision eines fulminanten, unvergesslichen Abschlussballs gehabt. Ein Abschlussball, bei dem alle Schüler in Abendgarderobe erschienen und ihre bewältigten Mühen feierten. Ein würdiger Abschied, der heutzutage von zig Eventfirmen hochprofessionell umgesetzt werden würde. Also mit Tanzsaal, einer Band, DJ, Büfett, leckeren Drinks und großen Emotionen. Ein unvergesslicher, ausgelassener Abend eben. Es wurde auch ein unvergesslicher Abend, allerdings aufgrund niederträchtiger Ereignisse.

Drei Mitschülerinnen, allesamt gutaussehende, junge Frauen, hatten über drei Jahre hinweg monatliche Beiträge eingesammelt, um dieses Event der Extraklasse zu stemmen. Das Ergebnis war eine Katastrophe. Statt eines Saals, wurden die Klassenräume genutzt. Etliche Schüler, Lehrer und Eltern standen vor leeren Büfetttabletts. Getränke gab es erst recht nicht genug. Schüler und Eltern waren stinksauer. Die Damen vom Organisationskomitee kamen ins Schwitzen, weil sie Einnahmen und Ausgaben nicht nachweisen konnten oder wollten. Eine dieser Grazien ist heute Staatsanwältin, eine andere landete in einer PR-Agentur und die Letzte war smart genug, unsichtbar zu bleiben.

Knapp ein Jahr später saß ich bei einem Freund, der gerade sein Abitur abgelegt hatte, und als das Thema des Abschlussballs aufkam, gab ich meine Erlebnisse zum Besten. Völlig schockiert und fassungslos nahmen seine Eltern die Geschichte zur Kenntnis. Ihr Sohn hatte diese prekären Schwierigkeiten nicht. Alles wurde an seinem Gymnasium ordnungsgemäß und korrekt umgesetzt. Im Maritim Hotel am Neumarkt wurde ein Ballsaal angemietet; das Büfett, Getränke und ein Programm wurden gestellt. Eine Karte kostete entsprechend, mein Freund zückte eine und reichte sie mir.

»Meine Eltern waren derart empört über den Diebstahl und darüber, dass du deines Traums beraubt wurdest, dass sie dir dies gern schenken möchten.«

Ich fiel aus allen Wolken. Dieses tiefgreifende Vermögen an Empathie überwältigte mich. Ich wusste nicht, was ich sagen sollte, außer: »Danke!«

Wir aßen und feierten im Ballsaal. In Abendgarderobe. Ich saß bei meinem Kumpel und seinen Eltern. Es war ja nicht meine Stufe. Aber es war wirklich ein schöner Trostpreis, der mir quasi ein Jahr nach dem Desaster geschenkt wurde. Die großzügige Geste seiner Eltern war für mich das Beste an der ganzen Sache. Nach der Veranstaltung kam Aufbruchsstimmung auf.

»Wo geht es hin?«

»In den Club *Nachtflug*.«

Ich bedankte mich bei seinen Eltern für den schönen Abend und wollte mich dann von meinem Freund und seinen Klassenkameraden verabschieden. Irritiert hakte er nach und bestand darauf, dass ich mitkomme.

»Der Laden ist nicht bekannt dafür, dass er Ausländer reinlässt.«

Ich wollte mir die Demütigung ersparen und den bisher fantastischen Abend in Erinnerung behalten. Aber mein Freund argumentierte logisch. »Was redest du? Wir sind eine Schulklasse und du gehörst dazu; das wissen die doch nicht.«

Stimmt, dachte ich. Das war plausibel.

Vor dem Club allerdings streckte der zwei Meter große, blonde Türsteher seinen Arm vor meine Brust und verweigerte trocken und bestimmt den Einlass, ohne mich dabei anzuschauen.

»Alle, nur er nicht.«

Ich wich bereits einen Schritt zurück und wollte vor Scham und Schmerz im Boden versinken.

»Was soll der Quatsch? Der ist mit uns hier! Wir sind eine Abiturklasse«, feilschte noch mein Kompagnon, aber der Türsteher bliebt standhaft. »Nein, das ist egal. Der war schon mal hier und hat nur Ärger gemacht.«

Ich bewahrte meine Contenance und wusste, dass das nicht mein Abend war.

»Bitte, lass es sein. Das sind die Hausregeln, er hat entschieden, und ich wollte vorhin schon nach Hause. Geh jetzt da rein und lass die anderen nicht warten.«

Ich stand zum allerersten Mal vor der Tür dieses Lokals und wurde verurteilt wie Äsops Schaf. Danach ging ich in den Park und weinte unter klarem Sternenhimmel. Der schmerzhafte Kloß im Hals wurde größer und versuchte, die Nächstenliebe zu zerfressen, die die Eltern meines Freundes praktiziert hatten. Aber das begriff ich damals nicht und fiel in eine Depression, aus der ich mich nur schwer befreien konnte.

Ich versank. Sehr tief.

Wieder könnte man das durch die ideologische Brille betrachten und Rassismus unterstellen, wo gar keiner war. Die Wirklichkeit ist meist wesentlich komplexer als unsere Wahrnehmung suggeriert. Der Geschäftsführer des Lokals, in dem mir der Einlass verwehrt wurde, war nämlich selbst Ausländer und hatte seine deutschen Türsteher angewiesen, wenig bis keine Ausländer reinzulassen, weil die hauptsächlich deutsche Klientel sich dadurch gestört fühlen könne. Was sagen Sie dazu?

Grämen Sie sich nicht. Lassen Sie mich die Last von Ihren Schultern nehmen. Es geht nicht um Rassismus, sondern darum, wie wir die Wirklichkeit betrachten und gestalten. Mit Worten, Gesten und Gefühlen. Der Mann an der Tür hatte gelogen und geringe bis gar keine Menschenkenntnis. Er hatte auch sein Herz nicht (Achtung Wortwitz!) am rechten Fleck.

Ganz im Gegensatz zu seiner Kollegin, die mich Jahre später an derselben Tür mit einem freundlichen, strahlenden, herzlichen Lächeln empfing. Sie fragte mich, wie ich von dieser Veranstaltung erfahren hätte, und ließ mich auf freundlichste Art und Weise wissen, dass ich an diesem Abend vor Ort nicht glücklich werden würde, weil die anderen Gäste überhaupt nicht zu mir passen würden.

»Oh, verstehe«, gab ich überrascht zurück und hatte aus freien Stücken nicht mehr das Bedürfnis, länger zu verweilen, geschweige denn, zu diskutieren.

Sie lächelte beherzt und wünschte mir und meiner Begleitung einen wundervollen Abend, und ich bedankte mich bei ihr für diesen würdevollen Umgang. Ich fühlte mich nicht gedemütigt, sondern informiert. Das war die herzlichste und positivste Eintrittsverweigerung, die ich jemals erlebt hatte. Es war für mich eine Lebenslektion darüber, wie wichtig Worte sind und welche nachhaltigen Energien diese bei Menschen hinterlassen. (Würde FRONTEX mit dieser Einstellung an der adriatischen Küste arbeiten wie diese Türsteherin in Köln, würde es dort humaner zugehen und die Flüchtenden würden sich freiwillig dankend abwenden.)

»Schreib uns, warum du hier arbeiten willst.«

Bereits während meiner Oberstufenzeit hatte ich fleißig Zeitschriften und Hochglanzmagazine studiert. In der *GQ* fand ich Inspiration pur, las Artikel über den Begriff des neuen Helden oder über die Sportmarketing-Ikone Willi Weber, dem Manager von Michael Schumacher. Autos, Yachten, Villen, Uhren. Mehr wollte ich nicht. Zum Nacheifern gründete ich mit 17 Jahren meine erste eigene Schülerzeitschrift für Anzeigengeschäfte sowie eine Agentur für Sponsoring-Geschäfte und Werbekooperationen. Dies tat ich im Wesentlichen mithilfe eines Briefkopfs. Ich begann, Firmen anzuschreiben. Es funktionierte. Plötzlich saß ich bei Unternehmern oder telefonierte mit Werbefachleuten. Ich konnte selbst nicht fassen, dass das funktionierte. In den Pausen entfernte ich mich regelmäßig vom Lärm des Schulhofs, um in diesen 15 bis 30 Minuten mögliche Anrufe mit meinem Handy zu empfangen. Und tatsächlich, es bimmelte.

»Shah Promotion, Bahman Shahozaini – wie kann ich Ihnen helfen?«, strahlte ich triumphierend durch den Hörer.

Der Marketing-Manager der zweitgrößten Kinokette Deutschlands rief an, um sich zu bedanken. »Wir haben Ihr Konzept gelesen und finden es gut, aber leider passt es überhaupt nicht zu unserer Strategie, deshalb lehnen wir dankend ab.«

Ich war irritiert. Er rief an, um abzulehnen? Mein Verkaufsinstinkt war stimuliert.

»Oh, das ist freundlich, vielen Dank für Ihren Anruf. Wie müsste denn unser Konzept ausschauen, damit wir eine Zusammenarbeit entwickeln könnten?«

»Hören Sie, Ihr Konzept ist super, wie es ist. Wir verfolgen eine andere Werbepolitik.«

Aha, neues Wort gelernt, notiert. Ich verabschiedete mich beherzt: »Danke für Ihren Anruf und haben Sie einen wundervollen Tag!«

Ich wusste sofort: Marketing und Verkauf waren mein Ding. Anfang 2000 lagen überall SMS-Rabattcodes herum und ich begleitete einen Freund, der für eine Gutschrift in der Agentur persönlich vorbeischauen sollte. Vor Ort fragte ich, ob sie nicht noch Praktikanten suchten.

»Ja, unbedingt. Gib gern deine Bewerbung ab und ich lege sie unserem Chef vor.«

»Aber ich bin doch persönlich hier, reicht nicht ein Lebenslauf? Was soll ich denn in die Bewerbung noch reinschreiben?«

»Schreib uns, warum du hier arbeiten willst.«

Was ich dann auch tat, wobei ich die Gelegenheit nutzte, direkt das Humorverständnis der Truppe abzutasten:

»Um der proletarischen Arbeitswelt zu entfliehen, gedenke ich, in wenigen Monaten mein Abitur, meine Eintrittskarte in eine bessere Welt, entgegenzunehmen, damit auch ich privilegierten Tätigkeiten nachgehen kann.

Die Werbung hat mein Herz erobert und ich glaube, mich bei Ihnen derart sinnvoll einbringen zu können, dass ich sicher schon bald zu einem wichtigen Mitglied Ihres Teams werde. Ich freue mich bereits auf das Praktikum und sende in freudiger Erwartung eines positiven Bescheids einen freundlichen Gruß.«

Keine Antwort. Nach vier Wochen schaute ich wieder persönlich vorbei. Seltsamerweise war der Praktikumsplatz bereits anderweitig vergeben.

Sinus B3 entlarvt Statistiklüge

Bei der Suche nach einem adäquaten Beruf stieß ich auf den Film *Studio 54* und entdeckte das Eventmarketing. Ich beschloss, als Veranstalter diesen legendären Club aus dem New York der späten 1970ern wiederzubeleben. Allerdings muss ich, um überhaupt etwas von Clubs und Party zu verstehen, erst einmal in ein solches Etablissement hineinkommen, und das erwies sich als sehr, sehr schwierig.

»Kein Eintritt!«

»Verpiss dich!«

»Du kommst hier nicht rein, und komm nie wieder!«

Ich wollte, ich musste einen Weg finden, dieses Schloss zu knacken. Andere Ölaugen schafften es doch auch, warum also ich nicht?

Eine Privatschule in Köln bot Ausbildungsgänge im Bereich Eventmarketing an. Der Freund, der mich zu seinem Abschlussball mitgenommen hatte, ließ sich von Freunden ein Praktikum bescheinigen und wurde dort aufgenommen. Ich bewarb mich ebenfalls und führte in meiner Bewerbung alle bisherigen Initiativen auf. Meine Motivation begründete ich damit, kaufmännische und rechtliche Grundlagen für die Eventbranche erlernen zu wollen. Nach acht Wochen rief ich an und fragte nach, ob meine Bewerbung denn überhaupt angekommen sei.

»Es gibt da ein Problem mit Ihrer Bewerbung. Der Direktor möchte mit Ihnen darüber persönlich sprechen. Können Sie vorbeischauen?«, haspelte die Sekretärin sichtlich nervös.

Der Direktor dieser anerkannten Einrichtung empfing mich mit den Worten: »Was kann ich für Sie tun?«

»Mir wurde mitgeteilt, dass Ihnen meine Bewerbung Probleme bereitet und ich vorbeischauen sollte, um diese zu klären – demnach obliegt es mir zu fragen: Was kann ich für Sie tun?«

»Ja, genau.« Er kramte meine Unterlagen hervor. »Ohne eine Bescheinigung für einen Praktikumsplatz ist die Aufnahme an dieser Schule nicht möglich. Sie erfüllen die Bedingungen nicht.«

Ich legte fünf Flyer und Broschüren auf seinen Tisch und präsentierte die Veranstaltungen, die ich bisher eigenständig umgesetzt hatte. Er musterte die Werbeunterlagen.

»Wer waren denn Ihre Auftraggeber?«, hakte er nach.

»Ich kann Ihnen nicht folgen. Das sind Veranstaltungen, die aus meiner Eigeninitiative heraus entstanden sind. Ich möchte mich in diesem Berufsfeld entwickeln, deshalb möchte ich auf Ihre Schule.«

Der Direktor wiederholte unbeeindruckt: »Ohne eine Praktikumsbescheinigung kann ich Sie an dieser Schule nicht zulassen.«

Durch einen Zufall erfuhr ich von einer Bekannten, dass sie ebenfalls die Schule besuchte.

»Ach so, klar. Der hasst Ausländer. Jeder weiß das. Es gab immer wieder Schüler, die den Unterricht stören und deshalb kommt er mit denen nicht klar.«

Trotz meiner fidelen Zuversicht fiel ich immer tiefer. Der Hass auf andere, mein Selbsthass und meine transzendentale Obdachlosigkeit expandierten mit rasanter Geschwindigkeit. Unterdrückte Wut hat viele Gesichter, und die Depression ist noch das schönste unter den hässlichen. Es ist die Gegenantwort zur Aggression, zum Anschlag, zum Attentat. Der Schauspieler Jim Carrey sagt, dass die Depression die Antwort der Seele ist, wenn wir einen Charakter im Leben spielen, der nicht zu uns passt. Und bei mir passte so einiges nicht. Meine emotionale Verwahrlosung trieb mich mit vierundzwanzig Jahren zum Jobcenter. Ich beantragte Hartz IV.

»Sie werden der Klügste sein«, versicherte mir der Sachbearbeiter. »Sie kommen in ein Programm, das sich U25 nennt. Andernfalls müsste ich Sie vermitteln.«

In der Broschüre fand ich zahlreiche Fächer – von EDV bis Excel – und viele weitere spannende Inhalte. Das Programm umfasste den Besuch einer semiprivatwirtschaftlich geführten Einrichtung, die Fort- und Weiterbildungsmaßnahmen durchführte. Ein verlängerter Arm des Staates, der auf raffinierte Art und Weise die realen Arbeitslosenzahlen verfälschte. Genial, oder? Hier landeten gestrandete Jugendliche, die nicht einmal irgendeinen Abschluss hatten, und Langzeitarbeitslose, die als unvermittelbar galten. Und ich war mittendrin statt nur dabei.

Meine naive Begeisterung und meine Vorfreude auf die Kurse wurden noch am selben Tag zermalmt. »EDV« bedeutete, dass sich alle Teilnehmer an den Rechner setzen durften, um zu surfen. Manche spielten, einige hingen im Chat, und nur wenige suchten wirklich nach einem Ausbildungsplatz. Ganz wenige schrieben sogar Bewerbungen. Zwei von dreiundvierzig, um genau zu sein.

Die eigentlich lebensfrohen Gestalten in dieser recht großen Gruppe waren deutsch, ausländisch und hauptsächlich aus dem sogenannten prekären Milieu (Sinus B3, falls Sie es genau wissen möchten). Der »Unterricht«, sofern man diesen so bezeichnen konnte, war an die Präsenzpflicht gebunden, und wenn man unentschuldigt fehlte, konnte das zu Kürzungen der Sozialleistungen führen. Gott bewahre, das Pack würde zu Hause vor dem Rechner hocken, um Internetspiele zu zocken.

Und genau hier, wo ich angeblich der Klügste sein sollte, schloss ich schnell diverse Freundschaften mit äußert aufgeweckten Geistern. Ich fühlte mich pudelwohl. Dumme Menschen fand ich hier nicht, aber eine hochgradig desolate und deprimierte Belegschaft, die feinfühlige, kreative ADHS-bescheinigte Grashüpfer für dumm verkaufen wollte. Nicht, weil die Angestellten böse waren, sondern weil ihre Vorgesetzten sie täglich darum baten.

Wir wurden zusammengetrommelt für eine ganz besondere Nachricht. Alle waren total gespannt. Die Direktorin baute mit einer theatralischen Pause Spannung auf und teilte mit, dass der Staat wie durch ein Wunder einen Zaubertopf gefunden hatte, mit dem er es der Fortbildungseinrichtung ermöglichte, Arbeitsverträge für ganze sechs Monate auszustellen. Stille. Verdutzte Gesichter. Wie in einer billigen deutschen Schülerkomödie grölte einer im Slang: »Und was hamm wa davon?«

»Na, euer Status. Ihr seid dann sechs Monate lange nicht arbeitslos im Lebenslauf«, beteuerte sie in fast schon flehentlichem Ton.

Zwei Leute verließen schlagartig den Raum.

Eine weitere Stimme ertönte:

»So ein Quatsch. Nur damit die ein paar Arbeitslose weniger in der Statistik haben.«

Diese angeblich ungebildeten und dummen, aber in Wirklichkeit abgehängten Geister verstanden, welches dreckige Spiel hier gespielt wurde, und wandten sich resigniert und empört ab.

Die Wissenschaft von der Kommunikation

Als ich dachte, ich könne nicht tiefer fallen, erhielt ich die Zulassung für das Studium der Kommunikationswissenschaften. Raus aus Hartz IV, rein in die Universität. Ich erschien dort nichtsahnend pünktlich zur bundesweiten Einführung des Bachelor-Studiums.

Die meisten, die hier, in Bonn, studierten, wollten »in die Medien«. In meiner damaligen Naivität nahm ich an, dass ich mehr wissen müsste und spezielle Fähigkeiten benötigte, um bei einem Stadt- oder Lifestylemagazin Karriere zu machen.

In den folgenden Monaten machte ich theoretische Bekanntschaft mit den Größen aus den Medienwissenschaften der letzten 120 Jahre. Es war zwar nicht das, was ich wollte, aber wo ich schon mal da war, so dachte ich, nahm ich das Angebot einfach mal mit. Im bulimischen Eilverfahren lernten wir also von Paul Watzlawick bis Roland Barthes und Ferdinand de Saussure, was Kommunikation sein könnte und warum nur diese wirklich kommuniziert.

»Seien Sie so freundlich und ersparen Sie uns bitte Ihre Definition«, bat uns ein sehr kluger Professor zu Beginn des Studiums. »Wir haben schon 192 Definitionen. Ihre wird keinen Unterschied mehr machen.«

Seine resignative Haltung erheiterte mich und machte mir Mut. Was wohl nicht direkt seine Absicht war. Mit dem Bologna-Prozess sah er das Ende der klassischen Bildung ganz deutlich vor Augen.

An der Universität ging es nicht mehr um die Entwicklung eines kritischen, denkenden Geistes und der Erziehung zur Mündigkeit, sondern um die gehorsame, konformistische Gleichschaltung von Quiz-Spielern, die ihr selektives Mitgefühl nur noch im Multiple-Choice-Feld mit einem Kreuz zum Ausdruck bringen können. Und das hatte bereits der hochgeschätzte Soziologe Theodor W. Adorno vorausgesagt. Er sprach von der Universität als einer »Fabrik der Bildung«, die Wissen nur noch maschinell aneignen lässt, damit die Industrien geeignete und willfährige Arbeitssoldaten erhalten. Ich begriff nicht, wie diese Bankrotterklärung hatte wahr werden können und warum wir paradoxerweise genau diese Prophezeiung auch noch zur Lektüre vorgesetzt bekamen. Hatten die denn keine Angst, dass wir ausrasten, alle Scheiben einschlagen und diese Unverschämtheit vergelten?

Ein Kommilitone stammte aus dem Nahen Osten und sprach sieben Sprachen fließend. Darunter Deutsch. Er bildete weitgehend grammatikalisch einwandfreie Sätze und verstand fast alles, wenn man nicht gerade in der Geschwindigkeit eines Heckler & Koch Sturmgewehrs zu ihm sprach. Auch er nutzte einen für die Deutschen wohlklingenden Namen, doch aus pragmatischen Gründen nenne ich ihn den Sultan. Sein mysteriöses Gesicht zierten hellblaue Augen, die ihm einen geheimnisvollen Touch verliehen. Darüber hinaus verfügte er über einen sehr ungewöhnlichen Akzent und strahlte die Sanftmut eines weisen Prinzen aus. Sein Blick war so wie sein Geist – sehr wach und aufmerksam. Wie das jedoch bei Ausländern mit Akzent so ist, sprechen sie manchmal unfreiwillig Wörter komisch aus. Darf man dann lachen? Oder wäre das rassistisch?

Die Bonner Universität verteilte sich über die gesamte Stadt. Vom Hauptgebäude steuerten ein paar deutsche Kommilitonen mit deutschen Namen, außerdem der Sultan und ich das nächste Institut an. Wir unterhielten uns während des schnellen Gehens angeregt über das Gelernte. Also eher die Deutschen und der Sultan, während ich angeregt zuhörte. Der Sultan nahm an der Unterhaltung aktiv teil und sprach ein Wort lustig aus, ohne es zu bemerken. Er bemerkte es auch dann nicht, als die Deutschen ihn kurz nachahmten und herzhaft über seinen Patzer lachten. Dann führten sie ihre Unterhaltung fort, als wäre er gar nicht da. Als wäre auch ich nicht da.

Ich zog den Sultan an seiner Jacke und klärte ihn auf: »Hör auf, die interessieren sich einen Scheiß für das, was wir gerade gelernt haben, und außerdem haben die sich gerade über dich lustig gemacht.«

Er wirkte wenig bis gar nicht überrascht.

»Weißt du, Bahman«, setzte er bedeutungsschwanger an, »viele hier an der Universität sind Rassisten und merken das selbst nicht. Aber einige Professoren sind ganz deutlich und absichtsvoll rassistisch, und die Studenten merken auch das nicht.«

Ich befand mich in meiner depressiven Hochphase und wollte davon nichts wissen. Also fragte ich den Sultan, ob wir uns nicht noch schnell Falafel holen sollten.

Was meine naiven Kommilitonen nicht wussten, war, dass sie aufgrund ihrer Hautfarbe bereits privilegiert waren und durchs Leben kommen würden, selbst wenn sie die Studieninhalte nur halb so ernst nehmen wie der Sultan oder ich. Anstatt mit einem Funken Respekt den ausländischen Gast, von dem sie überhaupt nichts wussten und der ihre Sprache fließend sprach, in ihre Kommunikationskultur einzuweihen und gemeinschaftlich *mit ihm über ihn* zu lachen, entschieden sie sich wie privilegierte, ignorante Volltrottel im wahrsten Sinne des Wortes, an uns vorbeizuziehen und uns zu vergessen. Das könnte man leichtsinnigerweise mit Rassismus verwechseln. Es handelt sich jedoch bestenfalls um strukturellen Rassismus. Denn im Grunde ist es nur die selbstzentrierte Ignoranz junger Menschen, die sich in diesem Land genauso aufführen, wie es alle jungen Menschen tun, die einer privilegierten Gesellschaftsschicht angehören und dies im Umgang mit anderen Menschen partout nicht bemerken. Diese Erscheinung ist in meinen Augen kein deutsches Problem, sondern ein globales. Es ist ein neozivilisatorisches Problem der mangelnden Achtsamkeit, eines, das Bewusstheit voraussetzt. Aber dazu später mehr.

KAPITEL 4
DEUTSCHLAND, DEINE ARBEITSWELT

Bevor 1995 die EU-Grenzen geöffnet wurden, gab es noch Grenzkontrollen zwischen Deutschland und Holland. Wir besuchten gelegentlich Freunde dort – und immer wurden wir herausgewinkt. Wir hatten ja schon blaue Pässe, also die unbefristete Aufenthaltserlaubnis, einen blauen VW Passat, aber es reichte nicht. Die Haarfarbe blieb. Eines Nachts wurde mein Vater bei der Überfahrtskontrolle von einem Wachtmeister gebeten, auszusteigen und den Kofferraum zu öffnen. Er tat, wie ihm geheißen, und wenige Sekunden später saß er schon wieder auf dem Fahrersitz. Doch anstatt loszufahren, starrte er nur vor sich hin. »Was ist?«, fragte meine Mutter. »Du Scheißschwarzkopf, hat er gesagt.« Mein kleiner Bruder, zum damaligen Zeitpunkt vier Jahre alt, wiederholte das Schimpfwort, und ich lache und er lacht. Meine Eltern schweigen versteinert und wir fahren los.

Die erfolglose Abwendung niederer Tätigkeiten

Am Ende des Tages ahmen Kinder häufiger ihre Eltern nach, als auf sie zu hören. Meine Eltern glaubten, dass man nur mit Fleiß und Arbeit etwas erreichen könnte. Doch irgendwo hatte ich mal aufgeschnappt, dass das schon allein deshalb nicht stimmte, weil die meisten Wohlhabenden nicht arbeiteten und trotzdem alles hatten und bekamen.

»Du musst in der Schule viel lernen, wenn du nicht so niedere Arbeiten verrichten willst wie wir«, mahnte mich mein Vater.

Schulbildung war für ihn der Schlüssel zum Glück und seine Überzeugungsmethoden hatten, wie bereits erwähnt, bisweilen durchaus filmreifen Charakter.

Haben Sie sich jemals gefragt, wie, wann und unter welchen Umständen Ihre Zeitung morgens zu Ihnen kommt? Für mich war das bereits eine Manifestation des Wohlstands, sich seine Zeitung liefern lassen zu können. Ich fragte mich, warum die Menschen diese Zeitung lasen. Was stand da wohl drin? Und warum lasen wir so etwas nicht? Mein Vater trug den *Kölner Stadt-Anzeiger* aus.

»Geh jetzt besser schlafen. Morgen früh kommst du mit«, überraschte er mich eines Tages in den Winterferien, lange vor meiner Zeit an der Universität.

Mit »morgen früh« meinte er, dass ich um 03:40 Uhr aufstehen sollte, damit wir um 04:30 Uhr die Zeitungsstapel einsammeln und verteilen konnten. Anfang der Neunziger erlebte Deutschland noch gelegentlich sibirische Minusgrade. Es gab viel Schnee und Frost. Vereiste Böden waren keine Seltenheit. Mein Vater war ohnehin kein Trödler und nun peitschte er mich in Konkurrenz zum eiskalten Wind mit militärischem Drill durch die morgendlichen Stunden. Es ging alles wahnsinnig schnell.

»Bewegung, Bewegung ... los, los ...Tempo, Tempo!«

Er hielt einen gigantisch schweren Bund mit unzähligen Schlüsseln in der Hand. Was hier geschah, war vollkommen unwirklich. Wir gingen von Haus zu Haus, ich reichte ihm die Ausgaben für die Empfänger, er machte die Türen auf und legte die Ausgaben in die Briefkästen. Wir sprachen nicht, um die Bewohner nicht zu stören, aber auch, weil es einfach zu kalt war.

Um die Zeitung zu greifen, musste ich meine Stoffhandschuhe ständig ablegen und wieder anziehen. Es war bestialisch kalt. Irgendwann versteiften sich meine Hände zum ersten Mal, sodass ich sie nicht mehr bewegen konnte. Mein Vater bemerkte dies wortlos und tauschte mit mir.

»Nimm du die Schlüssel und ich trage aus.«

Aber auch das ging maximal zehn Minuten gut, bis meine Finger vor Kälteschmerz erneut krampften und meine mittlerweile spröde Haut blutig aufplatzte, wobei das Blut aber nicht floss, weil es so kalt war. Er sah meine steifen Finger, legte seine Hände ganz behutsam auf seinen Oberschenkel ab und beugte sich zu mir: »Diese Arbeit ist anstrengend, nicht wahr? Möchtest du später solche Jobs machen?«

Ich schüttelte zitternd und wortlos den Kopf.

»Gut, dann lerne fleißig und sei gut in der Schule.«

Aber wie eingangs erwähnt, hören Kinder nicht auf ihre Eltern, sondern tun es ihnen gleich. Falls Sie noch nicht selbst draufgekommen sind: Mein Umfeld war genau das, was in akademischen Kreisen als bildungsferner Haushalt bezeichnet wird. Aber was heißt das eigentlich? Sind Ausländer am Ende doch dumm? So wie es die blutrünstigen Nazis aus dem Osten behaupten?

Mein Vater schraubte zwar schon lange nicht mehr an Autos herum, doch meine Faszination dafür war geblieben. Die romantische Vorstellung, ein Auto in einem Hinterhof eigenhändig und ölverschmiert zu reparieren in der Hoffnung, einer attraktiven Kundin in knallroten hochhackigen Schuhen eine Freude zu bereiten, brannte sich in meinen Schädel ein. So arbeitete ich gelegentlich während meiner Ferien in einer Werkstatt, um mich auf meinen jugendlichen Wunschberuf vorzubereiten.

Bei einem Berufsfindungstag der Förderrealschule besuchten wir ein sogenanntes Berufsinformationszentrum. Wir durften uns frei bewegen und zu allen möglichen Ausbildungsberufen informieren. Ich rannte zur Werkstatt. Was ich allerdings dort vorfand, zerschmetterte meinen Traum, als muskelbepackter, verschwitzter Kfz-Mechaniker den deutschen Frauen die Schrauben am Motor und den Kopf zu verdrehen

Vor mir stand ein hagerer Rolf mit Schnurrbart in einem Kittel, wie ihn eigentlich Chirurgen tragen. Neben ihm stand der neueste BMW 725er und von seinem Laptop aus führten Kabel in den Motorraum. So ein Auto kannte ich nur aus der Werbung. Als ich es nun in der Realität sah, wurde mir klar, dass ich erneut keine Chance hatte. Aus der Traum! Ich hatte bis dahin Laptops nur in Zeitschriften und Filmen gesehen. Wir konnten uns keinen leisten. Der Kfz-Mechaniker unterhielt sich angeregt mit einem Mädchen und die beiden wandten sich zu mir, als würde ich sie stören. Ich fragte, was hier passierte, und bekam eine entnervte, verschachtelte Antwort in einem seltsamen Kauderwelsch, mit dem ich nichts anfangen konnte.

»Ich verstehe nicht.«

Das Mädchen rollte mit den Augen und wandte mir den Rücken zu. Kittel-Rolf wiederholte einfach das bereits

Gesagte, als wäre ich schwerhörig. Ich wandte mich ab und begriff, dass mein Traum gerade von der Wirklichkeit überholt worden war.

Struktureller Rassismus

Die Netflix-Serie *Masters of None* mit dem Comedian Aziz Ansari in der Hauptrolle, beschreibt in einer Szene, was Minderheiten sind. In einer Rückblende ins Kindesalter des Protagonisten, bei der dieser zu Besuch bei seiner besten schwarzen Freundin ist, stellen die beiden Kinder ihrer Mutter ebendiese Frage: »Was ist eine Minderheit?« Sie denkt nach und sagt sinngemäß: »Eine Minderheit ist eine Gruppe von Menschen, die doppelt so hart arbeiten muss, um nur halb so weit wie die anderen zu kommen.«

An dieser Stelle musste ich laut lachen, weil die Beschreibung sich durchaus mit meinen Erfahrungen deckt. Privilegien sind für die meisten Privilegierten selbst unsichtbar. Privilegien zu haben, heißt nicht, dass man weniger im Leben leidet. Es bedeutet nur, dass man davon profitiert, dass nicht alle Menschen in einer Gesellschaft gleich behandelt werden. Wenn Ihr Name einen deutschen Klang hat und Ihr Gesicht und Ihre Haarfarbe deutsch beziehungsweise (nord-) europäisch anmuten, macht das Ihr Leben automatisch weniger schwer. Sie haben es einfacher im Leben, ohne dies zu bemerken, werden bevorzugt behandelt, ohne dies augenscheinlich wahrzunehmen. Das nennt sich struktureller Rassismus beziehungsweise strukturelle Diskriminierung.

Da ich kein Taschengeld erhielt, arbeitete ich ab meinem elften Lebensjahr nebenbei, um mir ab und an mal eine Portion Pommes leisten zu können. Anfangs trug ich Pizzaflyer aus. Ich traute mich jedoch nie, von meinem Geld Spielzeug zu kaufen, weil ich es als Verrat empfand, das Geld nur für mich auszugeben und nichts davon der Familie abzugeben. Diese Logik taucht bei vielen Ausländerkindern auf. Es sind diese kleinen, aber feinen Dinge, die unsere Gesellschaft so profund trennen und uns sehr früh eine sozialdynamische Spaltung in die Wiege legen.

Im Reich der lüsternen Omis

Friseure sind so dumm wie der Wasserstoff in ihrem blondierten Haar, nicht wahr? Denken Sie das nicht? Nein? Komisch. So viele Menschen denken so und verhalten sich abwertend gegenüber Haarkünstlern, aber niemand will es gewesen sein. Es gibt Berufsgruppen, die in dieser Gesellschaft kaum bis gar keine Anerkennung erhalten. Friseure sind so ein Beispiel.

Meine Mutter arbeitete im Iran und auch in Deutschland als Friseurin. Wenn sie sich die Haare machte, half ich ihr dabei, den Föhn zu halten oder die Bürste einzudrehen. Deshalb entschied ich mich, ebenfalls in diesen Beruf reinzuschnuppern, und machte im Rahmen der Berufserkundung während des 9. Schuljahrs mein Praktikum in einem Friseursalon. Außerdem, dachte ich mir, wäre das der einfachste Weg, der Frauenwelt nahezukommen und so ihre Gewohnheiten sowie Vorstellungen besser kennenzulernen. Mein Plan ging auf, aber natürlich nicht so, wie ich es mir vorgestellt hatte. Anstatt der jungen Mädchen und Frauen meiner Fantasie machte ich Bekanntschaft mit rüstigen kölschen Omis, die voller Neugierde, Schmiss und Verve ein Auge auf den »exotisch Jung« warfen.

»Hach, watt haste mir 'ne Augenweide bestellt, Gisela!«, rief eine Seniorin in den Salon, während ich ihr den Filterkaffee servierte. »Wäre ich nur dreißig Jahre jünger!«, warf eine andere diabolisch in den Raum – Kundinnen und Friseure fingen an zu gackern.

Ich war sechzehn Jahre alt und lief hochrot an, ich wusste nicht, was ich mit dem, was sich heute juristisch dank Gender-, Quoten- und Gleichberechtigungsbestrebungen als sexuelle Belästigung ahnden ließe, anfangen sollte. Irritiert lief ich nach hinten, um die volle Kaffeekanne wegzuschütten und neuen aufzusetzen.

»Sach bloß, haben wir den jungen Hirschen verschreckt!«, hörte ich es noch hinter mir. Ich musste schmunzeln, aber ich hatte vor Scham Schweißperlen auf der Stirn. »Du musst bestimmt die Mädels mit dem Stock wegschlagen – hast du eine Freundin?«

»Nein, die meisten Mädels wollen keinen Ausländer als Freund.«

»Hab Geduld, die überlegen sich das noch anders.«

Wieder kicherte der ganze Salon und ich sah nickende Köpfe mit bedeutungsschwangeren Blicken.

Wieder einmal verschob sich meine Perspektive. Ich lernte in diesen drei Wochen professionelle Haarwäsche, Kopfmassage und Locken einzudrehen, aber auch, dass beim Figaro Menschen glücklich gemacht werden. In diesem Berufsstand wird nicht nur eine simple Dienstleistung vollbracht, sondern nachhaltige, natürliche Stimmungsaufhellung betrieben. Umso mehr wundert es mich, wenn mir heute Friseure berichten, wie respektlos sie teilweise behandelt werden und dass das finanzielle Äquivalent der Wertschätzung in Form von Trinkgeld gar nicht oder nur miserabel fließt. Gerade von Kunden, die sich das leisten können und regelmäßig zum Friseur gehen: die bildungsbürgerliche Mittelschicht.

Gutmenschen und gut Gemeintes

Unsere Klassenlehrerin war eine interessante Erscheinung. Wir nannten sie Verona, weil sie eine optisch frappierende Ähnlichkeit zur Moderatorin Verona Feldbusch (heute: Pooth) aufwies. Aber nicht nur optisch. Sie posaunte Noten laut hinaus, bis ich sie darauf hinwies, dass dies bestimmten Schülern unangenehm sei und das Recht auf Datenschutz verletzt werde. Entnervt stellte sie ihre Praktik ein. Ich machte mich unbeliebt. Sie war unsere Deutsch- und Biologielehrerin und erklärte uns, dass Spinnen zu ihrer Beute laufen, sobald sich das Netz *bewegt*.

»Das ist nicht korrekt«, korrigierte ich sie. »Spinnen kommen nur raus, wenn es *vibriert.*«

Sie lächelte empört und schüttelte fassungslos den Kopf. »Habe ich doch gesagt.«

»Nein. Sie haben gesagt *bewegt*. Spinnen unterscheiden zwischen Bewegung und Vibration.«

Den Fernsehdokumentationen zum Dank wusste ich bestens Bescheid und kritisierte meine Lehrerin in beiden Fachgebieten, die sie unterrichtete. Also hatten wir nicht das beste Verhältnis, wie Sie bereits erahnen. Was auch immer sie sagte, sie musste meinen Widerstand und meine Kritik befürchten. Mal diskutierte sie mit mir, mal verbot sie mir den Mund.

»Bei einigen von euch habe ich mich sehr über die Wahl des Praktikums gewundert!« Sie drehte sich zu mir um und fragte mich fast vorwurfsvoll: »Warum hast du zum Beispiel keinen schlaueren Beruf ausgewählt? Warum willst du Friseur werden?«

Völlig vor den Kopf gestoßen, antwortete ich verdattert: »Ich wollte etwas mit den Händen machen.«

Sie bemerkte nicht das Ausmaß der sozialen Diskriminierung und pädagogisch fragwürdigen Vergleichsgrundlage, die ihre Frage implizierte. Mir war es zudem unangenehm, dass sie damit vor der gesamten Klasse insinuierte, dass ich schlau sei und die anderen somit etwas dümmer.

Heute weiß ich, dass sie es eigentlich gut meinte. Aber gut gemeint ist das Gegenteil von gut und ein Gutmensch ist auch kein guter Mensch, sondern jemand, der dringend bis verzweifelt gut sein will und Gedanken naiv, unkritisch und unreflektiert ausplaudert und damit *Gegenteiliges* bewirkt. Dieses Thema ist ein Sprengstoffgürtel, ich weiß. Gestatten Sie mir bitte, diesen Gürtel in einem späteren Kapitel zu zünden. Ich wollte Sie nur schon einmal vorwarnen.

Thekenpsychologische Gutachten

Die Kölner Bar- und Kneipenkultur hatte einmal Weltformat. Als Thekenkraft erlebte ich noch die letzten Atemzüge einer legendären Barkneipe, die genau an der Grenze zwischen Sülz und Klettenberg lag. Diese beiden Viertel in Köln, herrjemine, wo soll ich nur anfangen, werden statistisch als die geburtenstärksten Gebiete Deutschlands bezeichnet. Dem Augenschein nach kann ich dies bestätigen, ebenso die Überpräsenz von psychotherapeutischen Praxen, Bio-Geschäften und der idyllischen Ruhe, die getragen wird von gut erhaltenen Altbauten, was für Kölner Verhältnisse einem Wunder gleicht.

Sie erinnern sich? Die Stadt war 1945 plattgebombt. Liebe Millennials, unsere verehrten Freunde und Verbündeten haben im Zweiten Weltkrieg diese Stadt mit einem flächendeckenden Abwurf von 1.455 Tonnen Bomben dem Erdboden gleichgemacht. Ironischerweise unter dem Titel »Operation Millennium« flogen 1.047 Bomber los, um über Köln Ballast abzuwerfen. Der Kölner sagt dazu: »Et hätt noch immer jot jejange«, was so viel bedeutet wie »Wird schon gut gehen«. Und es ist gut gegangen. Hier flaniert heute die bildungsbürgerliche Mittelschicht und labt sich an diesen exklusiven Vierteln, die vor allem durch ihre ethnische und demografische Homogenität auffallen. Oder, mit den legendären Worten Edmund Stoibers gesprochen: Es ist kaum bis gar nicht »durchmischt und durchrasst«.

Ich war dreiundzwanzig Jahre alt, schlug mir die Nächte um die Ohren und bediente die Sülz-Klettenberger Schickeria sowie einen fulminanten Querschnitt der Gesellschaft, der sich noch in dieser Barkneipe zusammenfand. Menschen aus ganz Köln und aus anderen Städten kamen, weil hier früher sieben Tage die Woche die abgefahrensten Dragshows stattfanden. Kabarett, Musical, Dragqueens machten dieses kleine piefige Akademikerviertel zu einem Hotspot und Schmelztiegel für Kunst, Kultur und Partylaune. Es war laut übereinstimmender Erzählungen immer rappelvoll. Montags bis sonntags. Inzwischen frequentierten nur noch Sülzer und Klettenberger das Lokal und ließen mich wissen, dass drüben in Zollstock die Assis und Proleten lebten. Gemeint war das angrenzende Arbeiterviertel mit seiner hohen Senioren- und Arbeitslosendichte. Was geblieben war von der ehemals mondänen Weltoffenheit, war lediglich eine schwindende Patina.

Um halb vier, kurz vor Dienstschluss, ich wischte schon die Theke, betrat ein Mittdreißiger in einem hellgrauen

Anzug, mit weißem Hemd ohne Schlips die Bar. Sein Körper wirkte noch stramm und seine erschöpften, aber unruhigen Augen fragten, ob ich ihn noch bedienen würde. Bevor er mich fragen konnte, bat ich ihn an die Theke. »Wie Sie sehen, räume ich auf, um in etwa vierzig Minuten zu schließen, aber ein Gast wird mich nicht aufhalten, wenn er keinen ausgefallenen Cocktail wünscht«, sagte ich freundlich.

Er lächelte und ließ den Blick zielgerichtet über die Spirituosen schweifen, während er an seinem Ärmel zupfte. Seine Manschettenknöpfe waren edel. Er entdeckte meine Flasche hinter der Theke. »Wie schön – Hendricks Gin!«, bestellte er bestimmt und sichtlich erfreut.

Ein befreundeter Gast hatte mir die Flasche als Mitbringsel aus Übersee an ebenjenem Abend dagelassen. Ich verstand nichts von Gin und wollte dem Gast natürlich nichts verwehren. »Gern. Wann waren Sie das letzte Mal in den Staaten?«, fragte ich ihn, und er sah mich verdutzt an.

»Vor knapp vier Wochen, wie kommen Sie darauf?«, lächelte er irritiert.

»Die Flasche war ein Geschenk und niemand konnte heute damit etwas anfangen. Den kann man wohl grad nur drüben kaufen!«, erklärte ich ihm meinen Reim.

Seine offensichtliche Begeisterung kaschierte er und belehrte mich: »Dieser Gin wird in Schottland hergestellt und ist in Deutschland recht unbekannt. Ich bin Investor und hatte dieses Brand im Visier.«

Währenddessen holte ich trotz gewischter Arbeitsflächen noch einmal Brett, Messer und Gurken heraus, um einige Scheiben zu schneiden. So, wie es der Spirituosen-Hersteller in Familienbesitz empfahl. Er wusste das natürlich.

»Sie arbeiten gründlich«, stellte er in einem überraschten Ton fest, »haben Sie eine gastronomische Ausbildung?«

»Nein! Ich vertreibe mir nur die Zeit, um ehrlich zu sein, weil ich noch nicht weiß, was ich aus meinem Leben machen möchte. So wie Sie nicht wissen, was Sie die nächsten zehn Stunden machen sollen!«

Seine Pupillen weiteten sich ein wenig.

»Ihre Augäpfel springen rasch hin und her. Nahezu nicht sichtbar. Etwas beschäftigt Sie enorm. Beruflich sind Sie bestens aufgestellt, also ist es wahrscheinlich etwas Persönliches. Sie sehen den Wald vor lauter Bäumen nicht.«

Überrascht und voller Vertrauen fragte er mich, als sei ich sein bester Freund: »Was kann ich jetzt machen?«

Während ich die letzten Barinstrumente wieder zurückstellte, sagte ich: »Sie tun es bereits. Den Wald verlassen, entspannen, sich an etwas freuen und dann wieder zurückkehren. Das Erste, was Ihnen auffällt, wenn Sie wieder hinschauen, ist die richtige Lösung. Das, was Ihr Bauch Ihnen sagt, fühlt sich gut, stark und befreiend an.«

Die Zeit war um, meine Arbeit getan, das Glas leer. Er zahlte seinen Drink und verließ erleichtert und nachdenklich die Bar.

Einige Wochen später kehrte er in Begleitung von Arbeitskollegen zurück. Ich war freundlich und tat so, als hätten wir uns nie gesehen. Die Bar war voll. Er wirkte ausgelassen. Bevor er die Bar verließ, drückte er mir hundert Euro Trinkgeld in die Hand, lächelte mich an und sagte: »Was auch immer Sie machen wollen, am Ende sollten Sie als Coach arbeiten.«

Ich recherchierte in den frühen Morgenstunden nach meiner Schicht, was so ein Coach eigentlich tat, und war begeistert, was für Honorare diese Berufsgruppe abkassierte.

Es waren die Gespräche hinter der Theke, die mir deutlich gemacht hatten, dass unsere Gesellschaft in einem weiteren Sport einen Weltmeistertitel besitzt: mit dem Finger auf andere zeigen. Denn Schuld sind immer die anderen. Für die Rechtsradikalen sind es *die Ausländer*, und für alle anderen sind es *die Rechten*, womit heutzutage nicht nur Rechtsradikale und AfD-Wähler gemeint sind. Das Böse ist stets drüben. Doch genau diese Schwarzweiß-Dichotomie ist der blinde Fleck einer elitären, bildungsbürgerlichen, meist linksorientierten Bevölkerungsgruppe in den Großstädten Deutschlands, wo häufig unbewusst, aber häufig genug bewusst, wenn auch unbeobachtet, also klammheimlich, diskriminiert wird. Ich weiß es, andere Ausländer wissen es, und im Ausland weiß man es auch.

Der Schwarzkopf, der die deutsche Sprache in Wort und Schrift beherrscht, ist kein Deutscher, er ist aber auch kein richtiger Schwarzkopf. Weil andere Schwarzköpfe ihn häufig als *zu deutsch* ansehen, was zumeist nichts Gutes heißt. Und Deutsche sehen wiederum nur den *Schwatten*, so die rheinländische Mundart. Der Schwarzkopf hat häufig auf der sozialen Leiter unten keinen Spaß und oben keinen Platz. Diese Formulierung stammt aus einem persischen Sprichwort. Fragen Sie das nächste Mal Ihren Taxifahrer, der mindestens Architekt oder Ingenieur ist, aber aufgrund mangelnder Anerkennung seiner Papiere heute als Chauffeur seine Runden dreht.

»Wo kommen Sie denn her?« Eine Frage, die schmerzhafter nicht sein kann, wenn man akzentfrei Deutsch spricht und hier geboren wurde oder schon eine Ewigkeit hier lebt. Denn die Frage impliziert, dass man nicht zum Land gehört. Niemand kommt auf die Idee, einem Jörg mit blonden Haaren und blonden Augen hinter der Theke einer Bäckerei diese Frage zu stellen. Obwohl er eine skandinavische Mutter und einen kanadischen Vater haben könnte oder vielleicht in

Südafrika zur Welt gekommen ist und in seinem bisherigen Leben vielleicht in über fünfzehn Ländern gelebt hat. Aber ein Hassan, der in Nordrheinwestfalen geboren wurde, akzentfrei Deutsch spricht und vielleicht maximal bis nach Hessen gekommen ist, wird nach seinem Migrationshintergrund befragt und für sein akzentfreies Deutsch gelobt, auch wenn er promovierter Bio-Chemiker ist. Das ist positiver Rassismus und für mich persönlich weitaus erniedrigender als die direkte Anfeindung.

An einem Vorabend vor den Landtagswahlen verrichtete ich meine Arbeit hinter der Theke einer gutbürgerlichen Restaurantkneipe. Ein Lehrerpaar nahm, sichtlich angestrengt von der Diskussion, wen sie am nächsten Tag wählen sollten, bei mir an der Theke Platz. Sie bestellten und debattierten los. Sie wussten nicht, wen sie wählen sollten, und sprachen ungeniert vor mir, als würde ich kein Deutsch verstehen. Irgendwann erreichte ihre Unterhaltung das Thema der Migration und Integration. Sie sprachen über Ghettobildung und wie schwer es sei, aus einer Parallelgesellschaft herauszukommen.

»Wenn man in einem Ghetto groß wird und eine so extreme Erfahrung macht, kommt man da nicht mehr raus«, stellte er bedauernd fest.

Und ich brach das unprofessionellerweise meine goldene Regel der Nichteinmischung, insbesondere wenn es um politische Inhalte geht.

»Mache ich denn einen extremen Eindruck auf Sie?«

Völlig aus den Fugen gerissen, starrten mich beide verwirrt und beschämt an, als wäre ihnen das Blut in den Adern gefroren. Ich half ihnen aus der Schockstarre.

»Nun, ich bin in einem Ghetto aufgewachsen, das die Stadt selbst kreiert hat und noch betreibt. Am Kölnberg, in

Meschenich. Dort habe ich gelebt als Kind und die abscheulichsten Dinge erlebt. Nun stehe ich aber vor Ihnen und bediene Sie in einer bürgerlichen Kneipe, in der nur Deutsche ohne Migrationshintergrund verkehren. Es gibt noch viele weitere Beispiele, die einen Ausbruch aus der politisch geförderten und willentlich fabrizierten Parallelgesellschaft nachweisen. Es kommt auf zwei Dinge an: Brille und Wille. Dann überlebt man auch extreme Ghettoerfahrungen.«

Sie, nun vollends beschämt, sah mich schon gar nicht mehr an und suchte mit den Augen die Kneipe nach Halt ab. Er gab noch ein wenig seinen Senf dazu, sie bezahlten und wollten gehen, da fasste sie noch einmal all ihren Mut zusammen und sagte: »Aber Respekt, wie gut Sie Deutsch sprechen.«

Ich konnte meine Wut und Verzweiflung in diesem Moment gar nicht zum Ausdruck bringen, so beleidigend empfand ich ihren ignoranten Kommentar. Ich hatte diesen Spruch schon oft gehört, aber dieses Mal stach er besonders tief. Man stelle sich vor, ein Profisportler wird dafür gelobt, dass er geradeaus gehen kann und selbstsicher einen Schritt nach dem anderen macht. Oder, man würde einer jungen Frau applaudieren, wenn sie ein Marmeladenglas öffnet. Das impliziert nämlich, dass sie normalerweise als vermeintlich *schwaches* Mädchen gilt. Können Sie mir folgen?

Diskriminierung entspringt zumeist aus keiner bösen Absicht, sondern ist eine den Menschen immanente Eigenschaft. Rassismus ist keine deutsche Tugend, sondern in unser aller DNA verankert. Auch in Ihrer. Es wirkt daher nicht nur ignorant, sondern auch arrogant, wenn Deutsche meinen, ihr hauseigener Rassismus sei der schlimmste auf der Welt. Besonders abartig wird das, wenn die Referenzen auf die eigene Geschichte auch noch mit Zahlen und Statistiken belegt werden. Das klingt ein wenig so, als wenn man sogar im Bösesein den Weltmeistertitel verteidigen wolle. Wenn man mir sagt, dass so etwas wie im Dritten Reich nicht wieder passieren dürfe, dann verstehe ich ein bisschen mehr darunter, als dass die Wiederholung eines spezifischen Genozids verhindert werden sollte. Faschismus ist keine deutsche Exklusivgeschichte, sondern ein gut dokumentiertes Paradebeispiel für die kognitive Dissonanz der gesamten Menschheit. Diese offenbart sich leider auch heute noch. An der Theke, beim Friseur und überall, wenn Menschen deklassiert werden. Das machen nicht nur böse Nazis, sondern alle. Sie auch. Bestenfalls merken Sie es, wenn es passiert. Die Frage, die übrigbleibt: Sind Sie mutig genug, es zuzugeben, wenn Sie es bemerken?

Murat am Apparat, hätten Sie kurz ... Hallo?

Es ist ein ungeschriebenes Gesetz in deutschen Callcentern, seinen fremdländischen Namen, insbesondere jene mit orientalischen Klängen, gegen einen wohlklingenden deutschen Namen einzutauschen. Dieser temporäre Maskenball der Überintegration ermöglicht nicht nur hohe Umsätze, sondern auch die Erforschung von rechtem Gedankengut im Querschnitt der Gesellschaft.

Der Gesprächspartner weiß ja nicht, dass er just mit einem dieser »Drecks-Ausländer« spricht und dieser zugunsten eines möglichen Abschlusses keine Widerworte gibt. Im Gegenteil, er stimmt sogar prinzipiell zu und ist so befreit, endlich mal das zu sein, was er ansonsten nie sein kann oder sein muss: ein Deutscher, der frei das Offensichtliche ausspricht, das aufgrund politischem Korrektheitszwangs seit Langem verboten ist.

Das Verkaufen am Telefon mit der deutschländischen Identität ist, wenn auch nur leihweise, ein spektakulärer Befreiungsakt, den kein »reiner« Deutscher nachvollziehen kann. Die ungeahnten Tore, die sich einem öffnen, sind verwirrend, bestätigend, wichtig und manchmal auch beängstigend. Als Herr Schmidt oder Herr Müller kann man direkt zur Sache kommen, anstatt seinen sperrigen Namen erst einmal so mühselig buchstabieren zu müssen, als würde man ein Sofa allein in die dritte Etage tragen. Mit einem deutschen Namen kann man endlich drauflosplappern, als wäre man normal.

Vertrauen entsteht in der Leitung sehr schnell oder eben nicht. Und damit steht und fällt jeder Abschluss. Vertrauen ist die einzige Währung. Sie ist der Urquell.

Doch wie entsteht Vertrauen am Telefon? Ich sage es Ihnen: Zu 98 Prozent durch einen deutschen Namen, wenn man Ausländer ist.

Dieses Vertrauen schafft die wohlige Wärme, in der mir ein Gesprächspartner irgendwann ungeniert, ganz unter uns, offenbarte, dass mit Ausländern zu arbeiten sehr, sehr anstrengend sei.

»Wem sagen Sie das? Hier auf der Arbeit haben wir auch welche und die haben nichts als Blödsinn im Kopf«, flüsterte ich ihm konspirativ zu. »Aber wir brauchen sie. Wer soll denn sonst die Drecksarbeit in diesem Land machen?«

»Da haben Sie auch wieder recht.«

»Kein Deutscher kann sich doch heutzutage einen Deutschen leisten«, zitierte ich Gerhard Polt. »Unsere korrupte Politik hat so viel Mist gebaut, dass ehrliche Mittelständler wie Sie und ich das jetzt ausbaden müssen. Mit unserem

Angebot sparen Sie vierzig Prozent Ihrer regulären Kosten ein. Hört sich das für Sie fair an?«

Der Kunde sagte zu.

Affirmative Empathie. Es funktioniert immer.

Draußen vor der Tür oder Wie komme ich in Clubs rein?

Nicht in Clubs (für die älteren Leser: das sind Diskotheken) reinzukommen, hat symbolischen Charakter und ist eine Bestätigung zugleich. Fast alle Ausländer kennen diese Erfahrung. Die wenigen, die von dieser Diskriminierung verschont bleiben, sind entweder Clubbesitzer oder bringen den Privilegierten das Kokain. Ich dachte hart nach, wie ich mir abseits vom Kokaingeschäft Eintritt verschaffen konnte, und während ich eines Abends hinter der Theke Gläser polierte, hatte ich die zündende Idee!

Mir fiel wieder ein, dass ich zu Schulzeiten Zeitschriften herausgebracht hatte. Ich nannte sie »Schülermagazine« und konzentrierte mich thematisch auf wirklich relevante Themen wie Fashion, Musik, Filme und wertvolle Kaufanregungen und Produktneuheiten, die ich aus dem Internet zusammenkopiert hatte, wobei die Grenzen zwischen redaktionellem Teil und Werbung selbst für mich verschwammen. Dies hatte ich in weiser Voraussicht getan, um mich eines Tages bei Zeitschriften bewerben zu können. Ich beschloss, den Gedanken weiterzuverfolgen – und zu meiner Überraschung klappte es.

Zu Beginn meines Praktikums bei einem Stadtmagazin stellte sich heraus, dass ein bestimmtes Ressort von niemandem gern gemacht wurde: der Partyreport. Der hieß im Magazin natürlich anders und der Informationsgehalt der

150 Wörter, die ich anfangs abliefern musste, war so relevant wie das Fernseherrauschen bei einer Empfangsstörung. Aber es machte mir Spaß, weil ich lernte, sehr kurz und knapp Party-Tratsch wiederzugeben. Doch viel wichtiger als das: Ich war ab sofort ein VIP und stand, wann immer ich wollte, auf den Gästelisten aller Partyhäuser in Köln. Ich hatte es endlich geschafft. Ich war drin.

Doch ich schämte mich derart für meinen Namen, dass ich mir einen Künstlernamen zulegte. Schließlich sollten sich die Menschen den Namen schnell merken und mich nicht fünfmal danach fragen müssen. Ich hieß ab sofort Rico. Und Rico war Partyanimateur auf Ibiza. Alle kannten ihn, er kannte alle. Ein Delfin, der Pirouetten drehte.

Kaum im Amt, nutzte ich meine Macht und zog mich, je nachdem wo ich gerade eingeladen war, an wie ein Obdachloser. Vergammelte Schuhe, zerrissene, olle Kleidung. Weil ich mir das erlauben konnte. Niemand traute sich, etwas zu sagen, denn sie alle fürchteten die Medienmacht wie ein Hase den Fuchs. Ich lachte mir ins Fäustchen.

Zu meinem ersten Einsatz erschien ich leicht angetrunken. Die Leute waren nett, sobald sie hörten, dass ich für ein Stadtmagazin arbeitete. Es widerte mich an. Ich verlor vor mir selbst den Respekt. Tagsüber arbeitete ich in der Redaktion und abends wischte ich Theken. Da ich meine gesamten Ersparnisse für erfolglose eigene Eventprojekte verbriet, war ich ständig blank und konnte mir nicht einmal meine Zigaretten finanzieren. Das Praktikum war miserabel bezahlt. In der Verlängerung wurde die Bezahlung sogar ganz abgeschafft.

Eine Reinigungskraft, ein Türke mit marginalen Deutschkenntnissen, betrat nach 20 Uhr das Büro. Ende zwanzig, dunkles kurzes Haar, hager mit einem freundlichen Gesicht. So klar und rein. Er ging nachts nicht »feiern«, sprach wenig und bemüht, aber sehr respektvoll. Während ich stumpf meterlange Listen ausfüllte, brachte mich die Langeweile fast um, und ich bemerkte in seiner Hemdtasche eine Packung Marlboro. Es kostete mich enorm viel Überwindung, aber ich fragte ihn nach einer Zigarette. Ohne zu zögern, griff er nach der Packung und reichte mir zwei Stück. Ich war beschämt und dankbar.

Ich war er und er war ich. Wie kam es, dass ich dort saß und so tat, als würde ich etwas Bedeutendes tun, während er unsere Arbeitsflächen reinigte? Was für eine verdrehte Welt, dachte ich mir. Ich arbeitete für einen renommierten Verlag, ein bundesweit bekanntes Stadtmagazin, das in dreizehn Städten monatlich erschien, und schnorrte mir Kippen bei der Reinigungskraft, die frohen Herzens mit mir teilte. Als ich kurz auf die Toilette ging, war er anschließend verschwunden, und ich fand an meinem Arbeitsplatz zwei weitere Zigaretten.

Vierzehn Tage später spazierte ein stämmiger Klaus zur Tür herein und fragte mich, ob ich mit der Reinigung zufrieden sei. Er war der Chef der Reinigungsfirma und hatte gerade neue Mitarbeiter für unser Büro eingeteilt.

»Was war denn mit den anderen?«, fragte ich nach und Klaus polterte los: »Die haben ihre Arbeit nicht richtiggemacht, deshalb habe ich sie rausgeworfen. Bitte entschuldigen Sie, falls es Schwierigkeiten gab.«

Kommunikationstraining für Choleriker

2012 entschied ich mich, mein Studium unverrichteter Dinge abzuschließen. Die Universität war mir mittlerweile dermaßen unangenehm, dass ich nur noch das tun wollte, was mich glücklich machte. Und das konnte nur etwas sein, das sich weit weg von diesem Ort befand, der meine cholerischen Züge förderte.

Ich verfolgte die Empfehlung des Geschäftsmannes aus der Bar und bot als Coach Kommunikationsworkshops an. Als Alleinstellungsmerkmal entschied ich mich für einen Schwerpunkt, der damals noch nicht ausgelutscht war: Empathie, Mitgefühl und Achtsamkeit. Und zwar für die Geschäftswelt. Ich war überzeugt, dass nach diesem Prinzip Wachstum und Nachhaltigkeit möglich seien. Ich nannte es das EMA-PRINZIP. Mit diversen Wissenschaften auf meiner Seite wähnte ich mich, naiv wie eh und je, in Sicherheit.

Da ich nur oberflächlich ein Semester Bildungspädagogik an der Universität konsumiert hatte, beschloss ich, mir zu Weiterbildungszwecken eine kleine Stelle als Betreuer in einem Jugendzentrum zu suchen. Ich wurde fündig. Bei meinem Anruf meldete sich der Leiter, ich nannte meinen Namen und fragte ihn, ob ich richtig verbunden und er tatsächlich der Einrichtung vorstehe.

Er schrie brüskiert derart laut durch das Telefon, dass ich vom Hörer zurückwich. Wer ich denn überhaupt sei und dass er hier die Fragen stelle, belehrte er mich empört. Konsterniert versicherte ich ihm, dass ich seine Fragen gern beantwortete, wenn er aufhören würde, mich anzuschreien. Als ich ihm darlegte, dass ich gern etwas zurückgeben wolle, was mir in meiner Jugend selbst hilfreich gewesen sei, erwiderte er in abgefucktem Ton, dass er da »ganz schön viel Idealismus« raushöre.

Seiner desolaten Hoffnungslosigkeit und schroffen Aufregung zum Trotz bot ich ihm umgehend an, persönlich vorbeizuschauen, damit wir das Gespräch von Angesicht zu Angesicht fortführen könnten. Er stimmte zu, und wenige

Minuten später saß ich bei ihm im Büro. Im Lehrerton fragte er mich aus, wie ich denn mein Leben als Selbstständiger so bewältigte, um flugs zu kommentieren, dass das ja »sehr, sehr schwierig und steinig« sei, einen derartigen Weg zu gehen. Als schwierig und steinig empfand ich lediglich das Gespräch mit ihm. Er stellte seine Kaffeetasse auf meinen Unterlagen ab und hinterließ einen braunen Kringel.

Da ich gern mit den Kindern aus meiner Nachbarschaft arbeiten wollte, riss ich mich zusammen und nahm diesen Menschen so, wie er nun einmal zu sein schien. Meine allergrößte Verwunderung rief allerdings eine Aussage hervor, die ich von einem Sozialarbeiter am wenigsten erwartet hätte, als er mich nämlich fragte, wie ich mir die Arbeit in seiner Einrichtung vorstellte.

»Als Kommunikationsberater orientiere ich mich an dem EMA-Prinzip. Das steht für Empathie, Mitgefühl und Achtsamkeit.«

Er schaute weg, hob die Hand und unterbrach mich mit den Worten: »Nee, komm. Geh weg! So spirituelles Geschwafel und solche Glaubenssätze haben in unserer Einrichtung nichts zu suchen.«

Was zu diesem Zeitpunkt heißer Gegenstand zahlreicher Wissenschaften wie Neurologie, Kriminologie, Psychologie, Politikwissenschaften und natürlich Pädagogik war, aber auch im Marketing fulminanten Anklang fand, watschte dieser pädagogische Leiter einer staatlich geförderten Einrichtung als Glaubenssatz ab. Er verwechselte solide Forschungsarbeiten aus zwanzig Jahren mit Religion und Spiritualität. Ich war sprachlos. Wenig später, so ab 2016, wurden die Schlagwörter Empathie, Mitgefühl und Achtsamkeit zum totalen Hype, und wie Sie heute von Sylt bis Garmisch-

Partenkirchen feststellen können, sind Achtsamkeitskurse und Matcha-Tee ein Muss, wenn Sie etwas erreichen wollen.

Der Choleriker aus dem Jugendzentrum warf mich nach nur drei Wochen aufgrund einer imaginierten Meinungsverschiedenheit raus. »Du hast hier nicht nachzudenken, sondern tust gefälligst das, was ich dir sage!« Und als ob das nicht genug gewesen wäre, krönte er seinen Standpunkt mit dem schönen Satz: »Du hast mir auch nicht zu widersprechen. Ich will nur ein ›Entschuldigung‹ hören, wenn ich dich kritisiere.«

Meine Kollegen in der Einrichtung waren wesentlich jünger und diesen Umgang derart gewohnt, dass sie nichts sagten und auch keine Partei für mich ergriffen. Nicht, dass ich das erwartet hätte. Aber ihr Schweigen hatte einen beängstigenden Charakter.

Ich wandte mich an die Geschäftsführung der Trägerschaft und beschrieb den Vorfall mit Verweis auf den Bildungs- und Kognitionsforscher Gerd Gigerenzer, der die Auswirkungen der negativen Fehlerkultur sehr nachvollziehbar erklärt. Nämlich, dass Mitarbeiter unter derartigen Bedingungen gelähmt durch Angst blind und gehorsam Befehle befolgen, Kritik für sich behalten, wertvolle Hinweise verschweigen und Kommunikation zur Einbahnstraße wird. Die historische Referenz erübrigt sich. Ich verwies auch darauf, dass dieser Umgang weder für Deutsche noch für Ausländer geeignet sei. Erst recht nicht für jene Ausländer, die frisch in das Land hereinspaziert waren. Abschließend wunderte ich mich, warum eine so autoritäre Persönlichkeit auf eine solche Stelle gesetzt worden war. Die Geschäftsführung schrieb mir Wochen später, dass sie meinen Bericht zur Kenntnis genommen habe.

»There's No Business Like Show Business«

Mark Aurel schrieb in seinen *Selbstbetrachtungen:* »Wer das Unrecht nicht verhindert, wenn er kann, der befiehlt es.« Ob Belästigung, Erpressung oder Diskriminierung – die menschliche Niedertracht nimmt weder Rücksicht auf Geschlecht noch Hautfarbe. Sie will nur Macht und triumphiert über die dumme Trägheit der Masse. Stets suchen wir die Schuldigen an der Spitze, anstatt uns zu fragen, wann eigentlich wir das Arschloch sind, das andere Menschen verachtet und demütigt, um sich selbst besser zu fühlen. Wann schauen wir weg, um Konflikten aus dem Weg zu gehen, die uns unangenehm sind?

Das Thema Gleichberechtigung zwischen den Geschlechtern erreichte mit der #MeToo-Debatte einen Höhepunkt. Etwas zeitverzögert kam das Thema über den großen Teich in Deutschland an, löste kompetente und weniger kompetente Diskussionen aus. Schnell waren die Zeigefinger auch auf hiesige Filmgrößen gerichtet. Köpfe von Regisseuren und Intendanten rollten. Dumm nur, dass die #MeToo-Welle die Filmbranche gleichsam exemplarisch behandelte. Es entstand der Eindruck, als wären nur in der verruchten Filmbranche Belästigung, Obszönitäten, Mobbing und Erpressung an der Tagesordnung. Ein wenig später schloss sich eine andere Opfergruppe der Diskussion an. Wie nennen wir sie denn nun? Ausländer, Flüchtlinge, Migranten, XY-Deutsche? Das klären wir noch im Verlaufe dieses Buches. Die Ausländer-sind-auch-Opfer-Diskussion fiel jedenfalls unter den Hashtag #MeTwo und das Sommerloch war gefüllt. Offen gestanden schmeckt mir diese Opferhaltung ganz und gar nicht, denn sie stärkt die Position der Unterdrückenden.

Ohne jede Frage ist es schlimm, wenn Schauspielerinnen oder Schauspieler sexuell genötigt, bedrängt oder belästigt werden, aber das ursächliche Problem liegt nicht primär in der männerdominierten, patriarchalischen Struktur der Filmwelt. Es geht vielmehr um das ganz grundsätzliche Problem sozialer Hierarchien. #MeToo und #MeTwo haben ernsthafte Anliegen, die wir verwässern, wenn wir sie unabhängig voneinander betrachten. Beiden liegt nämlich das Element der Diskriminierung zugrunde. Und bei dieser Diskriminierung werden die kollektiven Anteile – durch aktives und passives Wegschauen – stark unterschätzt.

2016 tauchte ich kurzfristig in die wunderbare, schillernde Film- und Fernsehwelt ein. In einer Position, die es mir ermöglichte, mit wenig Aufwand und viel Aufmerksamkeit jeden einzelnen Protagonisten hinter den Kulissen zu beleuchten. Ich hatte Fragen im Gepäck, auf die Medien- und Kommunikationswissenschaftler im Studium nur theoretische Antworten erhalten. Wie tritt der Regieassistent mit dem Set-Aufnahmeleiter in Kontakt, wie gehen Kameraleute mit Ton- und Lichttechnikern um? Und viel wichtiger: Wie werden Teams motiviert? Was passiert unter Druck und Stress? Und, was glauben Sie, welche Umgangsformen in der Traumfabrik gebräuchlich sind? Liebende Güte, Nächstenliebe und kreatives Freudestrahlen? Wohl kaum.

So viel vorab: Für die allermeisten Filmschaffenden ist die Arbeit ein Job, der Leiden schafft. Alles ist durchgetaktet, jeder hat eine Funktion, und wer diese nicht erfüllt, wird gnadenlos niedergemacht. Leidenschaft und Arbeitsfreude gilt bestenfalls als naiv und ist breitflächig verpönt. Außer bei den wenigen Schauspielern und Darstellern, die in einem Kokon leben und ganz lieb geschützt werden.

An Drehorten existiert eine besondere Position: der Blocker. Er kommt morgens als Erster und geht abends als Letzter. Er ist verantwortlich für die Absicherung der Aufnahmeorte und regelt unter anderem den Verkehrsfluss. Muss eine Straße für den Dreh zwei Minuten lang gesperrt werden, dann machen das die Blocker. Sie sind immer und überall da, bewachen Equipment im Wert von Millionen Euro, werden am miesesten bezahlt und am wenigsten respektiert. Wenn die Filmschaffenden essen oder scheißen gehen, bleiben die Blocker buchstäblich im Regen stehen und passen auf. In dieser Industrie ist das Blocken die niedrigste Stufe.

Der perfekte Job für mich also, um in Ruhe zu beobachten und zu lernen. Wenn man nämlich etwas (wall)raffen will, sucht man sich am besten, egal in welcher Branche, einen Job ganz unten. Dort muss man dann nur blinden Gehorsam praktizieren und es ertragen können, gelegentlich als Untermensch behandelt zu werden. Als Ölauge war ich das allerdings gewohnt und gewissermaßen für diese Aufgabe prädestiniert.

Meine Fragen im Gepäck waren fix beantwortet. Es gab eine sehr strenge Hierarchie, jeder kannte seinen Job und seinen Platz. Motivationsansprachen und Ähnliches waren mal wieder nichts weiter als meine romantische Vorstellung von einer Arbeitswelt, in der Menschen einander mit Respekt und Begeisterung begegnen. Die Wirklichkeit am Set war idiotensicher aufgebaut. Es gab eine Hackordnung wie bei einer militärischen Operation, deren Nichtbeachtung mit menschenverachtendem Ton geahndet wurde. Und das unabhängig von Hautfarbe und Geschlecht. Hier war jeder gleich wertlos, wenn er nicht funktionierte oder die Hierarchie missachtete.

Mein erster Einsatz war der spektakulärste. Ich wurde an den Kölner Neumarkt bestellt, um dem Dreh des Dortmunder *Tatorts* beizuwohnen. Gemeinsam mit etwa fünfundzwanzig weiteren Blockern sicherte ich das Set. Es wurde die größte Filmexplosion, die ich jemals aus nächster Nähe beobachten durfte. Zudem drehte ein Auto in diesem Finale Grande eine etwa fünf Meter hohe Pirouette. Der oder die Täter waren islamische Fundamentalisten, die eine Bank überfielen. Der Ausstrahlungstermin dieser *Tatort*-Folge wurde drei Mal verschoben. Na, Sie wissen schon, um bloß niemandem auf die Füße zu treten. Man wollte politisch nicht unsensibel erscheinen oder gar den inneren Frieden des Landes gefährden. Der Fall wurde mehrfach in den Medien besprochen und genauso halbgar bis scheinheilig behandelt, wie es der #MeToo-, #MeTwo- und #BlackLivesMatter-Debatte ergangen war. Warum, fragen Sie? Nun, vielleicht kann das die zuständige WDR-Redaktion von *Die letzte Instanz* besser erklären. Immerhin behauptete die Redaktion, sie habe gelernt, dass man Debatten mit und nicht an den Betroffenen vorbeiführe.

Ich bewachte freie Parkplätze. Der Befehl lautete: NIEMAND darf hier parken! Ein Familienwagen raste unter Missachtung aller Verkehrsregeln nur knapp an mir vorbei, die Fahrerin ignorierte mich und meine Zeichen und besetzte einen der Parkplätze. Ich klopfte an die Scheibe und sagte ihr, dass sie dort nicht parken dürfe. Die Fahrerin ignorierte mich zuerst und schaute dann erbost. Sie stieg aus und ich wiederholte die Aufforderung. Sie keifte mich an, dass sie sehr wohl dort parken dürfe, weil: »Ich bin die Kostümbildnerin.«

Ich sprach in das Funkgerät und meldete das. Nach ein paar Sekunden erfuhr ich, dass sie tatsächlich durfte. Währenddessen holte sie ihren Sack und Pack aus dem Kofferraum, zischte davon und schmiss dabei ein Verkehrshütchen um. Weil sie durfte. Und weil sie dem niedersten Wesen am Set keinen Respekt schuldete. Boom – das Auto flog in die Luft und wir hatten Feierabend.

Mein zweiter Einsatz toppte die erste zwischenmenschliche Begegnung noch und wieder spielte eine Frau die Hauptrolle. Eine Schießerei in einem Büro auf einem Industriegelände. Kölner Randgebiet, Autobahnnähe. Riesiges Areal, wir bewachten zwei Zufahrten. Es war heiß. Riesige und schwere Maschinen um uns herum. Eine deutsche Serie mit Polizisten auf der Autobahn. Mehr als hundertfünfzig Mitarbeiter sorgten täglich für den deutschen Exportschlager, der in etlichen Ländern ausgestrahlt wurde. Auf diese Weise feierten südamerikanische Kinder ohne Bildung und deutsche Facharbeiter dieselben Helden dafür, dass sie auf den deutschen Autobahnen für Recht und Ordnung sorgen.

Wenn irgendwer im Raum NRW oder auf bundesdeutschem Gebiet Actionszenen drehen wollte, dann war diese Produktionsgesellschaft der Lieferant schlechthin. Ihre fachlichen Kompetenzen beeindruckten sogar ausländische Produzenten. Von China bis in die Vereinigten Staaten von Amerika wusste jeder Filmemacher, wen er fragen musste, wenn in Deutschland Autos durch die oder in die Luft fliegen sollten.

Mittagessen. Ich wurde gerufen und zum Cateringstand dirigiert, wo ich mein Essen abholen sollte. Eine Schlange. Ich stellte mich an. Direkt neben der Wartereihe befand sich der Toilettenwagen, sodass immer wieder Toilettenbesucher die Anstehenden aufwirbelten. Plötzlich stellte sich eine Mitarbeiterin vor mich hin. Sie blieb stehen. Ich fragte sie, ob sie auf Toilette wollte. Sie drehte sich um, explodierte, ganz im Sinne der Firmenphilosophie, und fauchte mich wie eine bedrängte Katze an: »Wenn du ein Problem damit hast, kannst du dich gern beim Set-AL beschweren!!!«

AL steht für Aufnahmeleiter und der Set-AL ist quasi der Papa am Set. Seine Aufgaben umfassen Organisatorisches, aber er muss auch über ein hohes Einfühlungsvermögen verfügen. Der Set-Aufnahmeleiter muss immer cool bleiben und ist am Set die ultimative Instanz, wenn es darum geht, ein Problem zu lösen.

Noch mehr als die Reaktion der explodierenden Frau irritierte mich der Beistand ihres Kollegen, der ihr liebevoll die Hand auf die Schulter legte und verständnisvoll sagte: »Och, Mensch ... reg dich doch nicht über SO etwas auf. Du kennst das doch!«

Mit SO etwas meinte er natürlich die Dummheit, die gelbe Westen trug und nicht wusste, vor wem sie sich zu bücken hatte.

In diesen Sekunden, als ich damit beschäftigt war, zu verstehen, warum die Menschen am Set mit so viel Verachtung und Selbsthass einer derart spannenden Tätigkeit nachgingen, legte mein Schichtleiter seine Hand von hinten auf meine Schulter und flüsterte mir ins Ohr: »Ach so, sorry, das hätte ich dir früher sagen sollen. Es gibt eine Hackordnung und das Team darf immer zuerst essen.«

Ich entfernte mich aus der Schlange, um mich zu beruhigen. Das Team, damit war nur die Filmcrew gemeint. Kleindarsteller, Komparsen und Blocker gehörten nicht zum Team. Sie waren das notwendige Übel, das man brauchte, um einen Film zu verwirklichen, aber sie waren die Unterschicht, es gab die ungeschriebene Regel, dass sich Mitarbeiter dieser Produktionsgesellschaft jederzeit in die Essensschlange vor die Angehörigen dieser Unterschicht stellen durften, um zuerst zu essen. Aber behaupten Sie ruhig weiter, wir hätten in Deutschland keine Zweiklassengesellschaft.

Nach Drehschluss packten wir noch mit an und halfen, aufzuräumen, obwohl wir das nicht hätten tun müssen. Das entsprach dem Service-Gedanken und sollte dem Team signalisieren: Wir sind für euch da, auch wenn ihr uns wie Dreck behandelt.

Kurz bevor wir das Set verlassen wollten, hörten wir drei Mitarbeiter, die hinter einem Tor standen und uns riefen. Sie wollten, dass wir ein mittlerweile abgeschlossenes Tor öffneten, damit sie sich einen Umweg von knapp zehn Minuten ersparten. Sie hätten sonst über das Industriegelände laufen müssen, um ihr Ziel zu erreichen. Wir hatten längst Feierabend und auch keinen Schlüssel. Diesen hätten wir nun besorgen müssen. Ich entdeckte die Fauch-Katze am Tor. Als hätte man sich diese Szene für einen Film ausgedacht, stand sie nun hinter Gittern, bat um Freilassung, und ich wäre am liebsten hingegangen, um ihr zu sagen: »Wir haben jetzt Feierabend und du bewegst besser deinen Hintern einmal quer über das Gelände. Und wenn du ein Problem damit hast, kannst du dich gern beim Set-AL beschweren.«

Mein Schichtleiter hielt mich davon ab.

Wenn sich also Frauen über ungleiche, ungerechte und unmenschliche Behandlung in der Filmwelt beschweren, wundere ich mich. Diskriminierung hat nichts mit dem Geschlecht oder der Hautfarbe zu tun. Es geschieht ständig und ist ein Problem, an dem jeder beteiligt ist. Und jeder, der nicht mit gutem Beispiel vorangeht, verwirkt in meinen Augen ein wenig sein Recht auf Beschwerde. Wenn man eine Veränderung wünscht, dann wäre der erste Schritt, sich an die eigene Nase zu fassen. Dauerhaft. In guten, wie in schlechten Zeiten. Ganz besonders in schlechten Zeiten.

Der ZDF-Fernsehstar Kai Schumann zum Beispiel lebt nach dieser Devise. Bei allen Produktionen, bei denen ich ihn beobachten konnte, ist er jedem, wirklich jedem mit Respekt und Freude begegnet. Einmal kam er auf mich zu, begrüßte mich und fragte, warum ich denn so gut drauf sei und die ganze Zeit lächelte. Ich sagte, dass ich ihn dasselbe fragen könnte, dass ich ohnehin große Freude empfand, bei dem, was ich tat, und dass seine Freude obendrein ansteckend sei.

Er lachte und sagte: »Finde ich gut, dass du das so siehst.«

Bei einer ziemlich faden, unspektakulären Reality-TV-Produktion dirigierte uns eine weibliche Set-Aufnahmeleitung und kam zum Schluss zu uns, bedankte sich, dass wir so aufmerksam und vorausschauend mitgewirkt hätten. Sie hatte Rückgrat, war besonnen und hochgradig professionell. Nur zehn Minuten zuvor war sie von einem Teammitglied für alle hörbar als »Fotze« beschimpft worden. Keine Hashtag-Kampagne kann das Maß an Integrität zum Ausdruck bringen, das diese Set-Aufnahmeleiterin gelebt hat. Ich war schockiert in dieser Situation, aber sie blieb auf eine sympathische Art und Weise entspannt. Hashtag Empowerment. Vielleicht heulte sie später nachts in ihr Kopfkissen, aber in diesem Moment hat sie uns alle inspiriert und uns vorgemacht, was es bedeutet, ein starker und guter Mensch zu sein.

Der Empfang oder die Kunst, Dankbarkeit zu empfangen

Auf der Suche nach einem Job mit Minimal-Verantwortung und wenig bis gar keinem Aufwand, landete ich schließlich in einem bekannten Kölner Verlag an der Rezeption. Ausgeschrieben war die Stelle als »Empfang«, dieser entpuppte sich aber schon bald als elaboriertes, sehr geschäftiges Sekretariat. Bis dahin hatte ich geglaubt, dass nur Bewerber in Vorstellungsgesprächen flunkern würden, aber meine Naivität dürfte mittlerweile bekannt sein.

Die vier bis fünf Meter hohen Decken, der imposante Eingang, die geschmackvolle Inneneinrichtung gaben mir das Gefühl, endlich zu Hause angekommen zu sein. Keine zweihundert Meter vom Haupteingang entfernt tummelten sich Junkies, die mich täglich daran erinnerten, was für ein Glück ich im Leben hatte. Ich war gesund und befand mich in einem luxuriösen Arbeitsumfeld.

Als Empfangsmitarbeiter und Sekretär zählte es zu meinen Aufgaben, die Tür aufzumachen und Gäste zu empfangen. Also war ich jetzt Türsteher? Ich hätte gern den einen oder anderen Mitarbeiter wieder nach Hause geschickt mit der Begründung: »Mit diesen Schuhen kommst du hier nicht rein.« Aber ich entschied mich für eine lockere Türpolitik. Ich machte es wie Deutschland im Jahr 2015 und ließ jeden rein.

Man lernt sehr viel über Menschen mithilfe der reinen Beobachtung. Manche Mitarbeiter schleppten ihren Körper die Stufen hoch, manche flatterten beschämt an mir vorbei und andere wiederum nahmen jede Stufe, die sie zu ihrem Arbeitsplatz erklommen, mit einer behutsamen Achtsamkeit wahr. Allein an der Körpersprache ließ sich fabelhaft ablesen, wer seine Arbeit liebte und wer nicht. Nicht selten ließen sich durch derartige Beobachtungen und sich wiederholende Muster sogar bevorstehende Krankheitstage ziemlich exakt voraussagen.

Den Haupteingang entriegelte ich mittels eines elektronischen Türöffners, den zweiten, inneren Eingang öffnete ich montags und freitags persönlich, um die Mitarbeiter willkommen zu heißen. Das edle Ambiente zwang mich förmlich dazu, meine Handlungen und Gesten dem Umfeld anzupassen. Meine Geste, die Mitarbeiter wie den Hofstaat des Königs willkommen zu heißen, stieß auf sehr unterschiedliche und zum Teil bemerkenswerte Reaktionen, die ich, der

Außenstehende, der ich nun mal lange gewesen bin, als exemplarisch für die deutsche Nation empfand.

»Wenn du einem die Tür so aufmachst und einen anstrahlst, dann fühlt man sich wie im Grand Hotel oder so ähnlich«, brachte eine Kollegin ihre Wertschätzung zum Ausdruck.

Für mich war das ja auch so, ich fühlte mich tatsächlich wie im Grand Hotel, und ich wollte den Service-Charakter des Hauses steigern. Wenn das erste Gesicht, das die Mitarbeiter morgens sahen, sie anstrahlte, durfte man sich positive Effekte auf das gesamte Betriebsklima erwarten.

Sie ahnen wahrscheinlich, dass auch diese naive Vorstellung ein Irrweg war.

»Ich möchte nicht, dass du mir die Tür aufmachst. Lass das!«

Als der erste Mitarbeiter diesen Wunsch äußerte, dachte ich mir noch nichts dabei. Doch beim dritten beschloss ich, die gesamte Belegschaft von nun an in Freundlichkeit und Service-Liebe derart zu ertränken, dass ihr das Motzen vergehen würde. Ich wollte sie mit Liebe und Achtsamkeit waterboarden und das gelang mir auch. Ohne meine Maßnahmen zu detailliert benennen zu wollen, wehrten sich einige Mitarbeiter vehement dagegen, das Leben auf der Arbeit leicht, schön und freudvoll zu gestalten.

»Niemand wird es dir danken!«

»Du machst alles umsonst!«

»Das zählt nicht zu deinen Aufgaben!«

Dieses Mantra bekam ich immer wieder keifend bis argwöhnisch zu hören.

Dabei tat ich diese Dinge nicht, um Dank zu erhalten, sondern um die Welt zu illuminieren.

Die meisten Menschen glauben, dass das Verschönern der Welt die Hauptaufgabe der Politik sei und dass man selbst keine Macht hätte und »die da oben« die Schuldigen für alles seien. Die Liste dieser jämmerlichen Ausreden ist lang, und ich habe diese selbsterniedrigende, stigmatisierende Opferhaltung schon immer dankend abgelehnt. Meine Erfahrungen in allen Berufen, die ich ausgeübt habe, haben mir gezeigt, dass man Menschen auch mit sehr kleinen Gesten glücklich machen kann. Sie fangen dann an zu leuchten. Und je mehr Menschen leuchten, desto heller wird es in unserem dunklen Zeitalter der Spaltung, Täuschung und der Lügen.

KAPITEL 5
»ISCH GIB DIR GLEISCH SALAM ALEIKUM!« – FREIZEIT IN DEUTSCHLAND

Ein Rundumschlag vorweg

Falls Sie noch vor den 1990ern zur Welt gekommen sind, ist Ihnen bestimmt schon aufgefallen, dass sich unsere Welt verändert hat. Arbeit, Freizeit und alles dazwischen war früher eindeutig und nicht *maybe*. Es war eine Welt der Verbindlichkeit, in der Opas ein Kind mit dem Auto gefährlich verletzten und einfach weiterfuhren, dafür wusste aber das Kind immer gleich eindeutig, woran es war. Heute wissen weder Jungs noch Mädels und die dazwischen auch nicht, woran sie sind. Man könnte meinen, dass wir aus den Lehren der letzten hundertzehn Jahre Menschheitsgeschichte die Essenz des Lebens begriffen hätten, aber das Gegenteil ist der Fall.

Wenn wir uns die mentale und emotionale Verwahrlosung der Menschheit anschauen, insbesondere jene in den reichen Ländern, gibt es einen Brandbeschleuniger, der alles auf den Kopf stellt: das Internet. Jeder hat heute eine Meinung und tut diese kund, wenn auch ungefragt. Kommentarspalten über Kommentarspalten mit gelegentlich wiederkehrenden Fäkalstürmen düngen die Felder des weltweit umspannenden Netzes, das uns einander näherbringen sollte und doch auf wundersame Weise voneinander entfernt. Anstelle der guten, sicheren Verbindung tritt die fundamentale Spaltung, weil alle mit einem Web-Zugang ihr Inneres unbedacht nach außen kehren.

Ich erinnere mich an meine letzten Momente an der Universität, bevor ich dieser guten Gewissens den Rücken kehrte. In einem Seminar befragte uns die Dozentin zur unwiderruflichen Demontage des klassischen Journalismus durch WikiLeaks. Julian Assange und seine Schergen hatten unzählige Geheimdokumente der Allgemeinheit zugänglich gemacht und von Kriegsverbrechen bis illegalen Geheimabsprachen und korrupten Finanztransaktionen alles Mögliche aufgedeckt. Nichts und niemand blieb verschont. Die deutschen Leitmedien lenkten gekonnt auf wenige unbedeutende Enthüllungen. Zum Beispiel die Kosenamen von deutschen Politikern, die die Bündnispartner intern verwendeten. Da tauchte *Teflon-Merkel* auf. Was für ein Skandal.

Fast alle Kommilitonen plapperten brav den regierungsfreundlichen Einheitssermon aus den Massenmedien nach. Dies geschah oberflächlich in Form von bekannten Schlagzeilen wie »Finde ich nicht gut« garniert mit »Das ist meine Meinung«. Das Weil und Deshalb fehlte stets. Bei der fünften oder sechsten Äußerung fragte ich recht aggressiv nach dem Warum. Und die Dozentin unterbrach mein Verhör, bevor es überhaupt begonnen hatte.

»Wir ertrinken in Informationen und hungern nach Wissen«, postulierte der Zukunftsforscher John Naisbitt, und wer hätte gedacht, dass Hungernde so einfältig und vor allem leicht manipulierbar sein könnten?

Früher, also vor dem Internet, war vieles schlechter – aber vieles auch wesentlich einfacher. In dieser Welt damals hatten wir Ausländer und Deutsche. Schwarze und Weiße. Russen und Amerikaner. Frauen und Männer. Jetzt haben wir – dank Halbleitertechnologie, Genmanipulation, Hormontherapie, schneller Datenverbindung, Massenmigration und asymmetrischer Kriegsführung – ein permanentes Dazwischen. Wir haben es mit einem unendlichen Spiel zu tun, in dem es scheinbar keine Klarheit mehr gibt.

Es gibt Mulatten, Mann-Frauen und umgekehrt, Deutsch-Ausländer und unsichtbare Feinde, die unter uns weilen und noch nicht einmal dieses Land spezifisch, sondern nur die darin befindlichen Kulturen abgrundtief hassen. Da sind Ausländer, die mit Ideologie und Sprengstoff im Gepäck die Ruhe und Ordnung gefährden, aber auch Deutsche, die sich diesen anschließen. Oder eben klassisch bei der Polizei, in der Bundeswehr und in der Politik ihr Unwesen treiben.

Sie sind naiv, wenn Sie glauben, dass Schläfer nur unter Ausländern und Rechtsradikalen schlummern. Da wird doch der Hund in der Pfanne verrückt! Es gibt Politiker und Regierungsmitglieder, die zwar scheinbar besorgt demokratisch um die Wette seiern, aber mit ihren Entscheidungen den reinsten Deutschlandhass zum Ausdruck bringen und dieses Land systematisch gegen die Wand fahren. Diese Menschen findet man in allen etablierten Parteien. Und in allen etablierten Parteien findet man auch aufrichtige Menschen, die mit Vernunft und Liebe achtbare Arbeit leisten. Es ist zum Fazialpalmieren und deshalb kein Wunder, dass man da entweder durchdreht oder sich mit einem ignoranten *maybe* aus der Affäre zieht. Eine rückgratlose Generation aalt sich durchs Leben, ohne zu wissen, was wirklich los ist.

Ein Italiener beim Chinesen

So ähnlich erging es mir, als ich Anfang der 2000er-Jahre während eines Praktikums für ein Stadtmagazin als Gastrokritiker losgeschickt wurde. Ziel war ein chinesisches *All-you-can-eat*-Restaurant, das noch urig und klischeebeladen wie aus dem vergangenen Zeitalter eingerichtet war: in dunklen Rottönen, mit Drachenfiguren und pittoresken Darbietungen an jeder Ecke. Heute gibt es das kaum noch. Jeder *China-Mann* passt sich dem globalistischen Diktat des Einheitsbreis mit schwedischem Design an, um die verwöhnten Kunden zu halten. Während heute in den meisten Lokalen ein widerliches, strahlend weißes Licht die Poren eines jeden Dates mit klinischer Präzision offenbart, durfte man bei diesem chinesischen Restaurant der alten Schule noch den Tisch selbst abwischen, bevor man sich setzte.

Das Büfett bot ein fulminantes Bild fernöstlicher Köstlichkeiten. Ein bunter, wilder Mix von China über die Mongolei bis Japan. Damals war das neu. Ich biss in das erste Stück Sushi und musste schmunzeln, weil es nach nichts schmeckte. So glücklich war ich selten. Ich mochte die Tatsache, dass Ausländer gern alles tun, um ihren Kunden zu gefallen. Ja, alles. Denn glauben Sie ja nicht, dass hier chinesische Musik lief. Statt fernöstlicher Zupfinstrumente schallte Eros Ramazotti durch die Lautsprecher.

Meine Mutter arbeitete auch eine Zeit lang als Köchin und »modifizierte« dabei traditionelle persische Gerichte für den hiesigen Geschmack. »Die Deutschen mögen es schärfer, weil es so exotischer schmeckt.« Auf meine Frage, was dieser Quatsch solle, lächelte sie nur müde und entgegnete mir: »Die Deutschen mögen es so.«

Stellen Sie sich vor, dass Sie Käsespätzle oder Sauerkraut als Ausländer in Indien mit viel Curry essen müssen, weil dort auf diese Weise die Kunden zufriedengestellt werden. Ich weiß, das geht entschieden zu weit. Aber leider ist das Chaos auf diesem Planeten bereits ausgebrochen und wir müssen uns jetzt beeilen, wenn wir Deutschland und die Welt noch retten wollen. Das wollen Sie doch auch, oder?

Aber vorher müssen wir uns überwinden und uns selbst an die Nase fassen, damit wir verstehen, dass unten nun oben ist und umgekehrt. Dank meiner ethnischen Behinderung lernte ich persönlich bereits sehr früh, ohne Halt auszukommen, und erkannte bereits 2004, dass die Welt aus den Fugen gerissen ist. Das verheerende Ausmaß war mir dabei nicht klar, aber dass es bereits ver-rückt war, war deutlich zu erkennen: Ein Schwarzer (Tiger Woods) wurde plötzlich zum besten Golfer der Welt und ein Weißer (Eminem) zum besten Rapper gekürt. Und als wenn das nicht genug wäre, lief dann auch noch beim Chinesen italienische Popmusik und wohlhabende Menschen präsentierten sich auf einmal in T-Shirts und zerrissenen Jeans, während die finanziellen Verlierer der Gesellschaft die teuerste Markenkleidung trugen. Das hieß für mich, dass die Karten neu gemischt wurden und bald nichts mehr so sein würde, wie es einmal war. Aber was genau daraus werden sollte, wusste ich nicht. Ich wünschte, jemand hätte mir liebevoll die Hand auf die Schulter anstatt zwischen die Beine gelegt und gesagt: »Lehn dich zurück und genieß die Show. Die Menschen drehen jetzt durch – mach einfach nicht mit.«

Ich beneidete die Menschheit zu Zeiten des kalten Krieges. »Wenn man weiß, wer der Böse ist, hat der Tag Struktur«, sagt der Kabarettist Volker Pispers. Und wir wissen gar nichts mehr heute, es sei denn, man sagt es uns. Es muss mindestens in den Mainstream-Medien bescheinigt werden, damit wir es glauben. Aber Struktur haben wir schon lange nicht mehr, erfinden diese täglich auf aberwitzige Art und Weise neu und merken nicht, wem wir dabei in die Karten spielen.

Champagner im Beethovenpark

Als im Jahr 2015 im Zuge der globalen Migrationskatastrophe über eine Million Menschen aus Kriegsgebieten nach Deutschland spazierten, gab es offensichtliche Probleme, die jeder sehen konnte, aber auch Probleme, die kategorisch ignoriert wurden. Es dominierte eine ideologische Denkvorgabe, nach der jede Form der kritischen Betrachtung dieser Ereignisse umgehend als rechtsradikal abgestempelt wurde. Die wirklich interessanten Probleme, die noch kommen sollten, konnten Ausländer, die schon lange in Deutschland lebten, sehr klar sehen und benennen. Ein bezeichnendes Beispiel ereignete sich in der Silvesternacht desselben Jahres auf der Kölner Domplatte.

Eines sonnigen Spätsommertages in diesem *Wir-schaffen-das*-Jahr, ein Sonntagnachmittag, beschlossen mein jüngerer Bruder und ich, einen kleinen Abstecher in den Beethovenpark zu unternehmen, um etwas frische Luft zu schnappen. »Ich habe noch eine Flasche Champagner im Kühlschrank!«, fügte er lakonisch hinzu, als wäre das unser abgemachter Standard.

Ich stimmte zu und wir machten uns mit einer Picknickdecke und einem Tablet zur musikalischen Untermalung auf den Weg.

Eine eindeutige ethnische Zuordnung gelingt den meisten Deutschen nicht, wenn man meinen Bruder und mich zusammen sieht. Manche rätseln, ob wir Türken oder Tunesier sind. Wir werden aber auch für Italiener oder Spanier gehalten und mich hat man auch schon als Mexikaner oder Inder begrüßt.

Wie Sie ja wissen, haben Südeuropa, also Italien, Spanien und Portugal, oder südamerikanische Herkunftsgebiete wie Bolivien, Kolumbien, Panama eines gemeinsam: Sie sind christlich geprägt. Die meisten Gemüter beruhigt diese Zuordnung unbewusst, weil man sich einbildet, dass das Gegenüber gegen eine Bockwurst nichts einzuwenden hätte und seine Frau maximal im Zuge eines temperamentvollen, heißblütigen Eifersuchtsdramas ohrfeigen, aber niemals aus religiösen Gründen steinigen lassen würde. Findige Migranten wissen das längst und schreiben sich deshalb angelsächsische, italienische oder spanische Namen zu, um die orientalische Assoziationskette im Keim zu ersticken. Mario: Kein Problem! Muhammed: Danke, aber nein, danke.

Mein Bruder und ich versuchen beide, jede Spur unserer Herkunft zu vertuschen, um lästigen Fragen und Annäherungsversuchen aus dem Weg zu gehen, da wir die Zuordnung zur orientalischen Kultur als Benachteiligung wahrnehmen. Meistens gelingt das auch erfolgreich, aber mit der Anwesenheit der vielen neuen Ausländer aus den kriegsgebeutelten Ländern des Nahen Ostens werden wir immer häufiger wie selbstverständlich zu Adressaten gutgemeinter Lobeshymnen auf das exotische Morgenland.

Just als wir aufbrachen, rief meine meine blonde, blauäugige deutsche Freundin an und fragte, ob sie sich uns anschließen dürfe. Als junge Frau mit angelsächsischem Äußeren ist sie sich der Privilegien, die ihr aufgrund ihres Erscheinungsbildes in unserem Land zuteilwerden, durchaus bewusst.

Im Park angekommen, setzten wir uns auf die Wiese, köpften den Champagner und beschallten unser Areal mit südamerikanischer Musik. Alles war perfekt. Wir genossen den Schaumwein und waren fix beschwipst. Beseelt vom Champagner und den iberoamerikanischen Klängen packte es mich als Ersten und ich richtete mich auf, um meine Hüften zum *Narcos*-Soundtrack *Tabaco y Ron* zu schwingen. Tabak und Rum. »Tabaco, tabaco, tabaco y ron.« In diesem sehr einfältigen Salsa-Stück geht es um gute und schlechte Menschen, um Tabak und Rum. Tabak und Rum.

Keine zehn Meter von uns entfernt saßen Jugendliche, wahrscheinlich Abiturienten oder Erstsemester. Sie warfen uns immer wieder neugierige, ja, nahezu neidische Blicke zu. Das amüsierte uns. Also tänzelte ich noch prononcierter um unsere Picknickdecke herum und mein Bruder sprang als Nächster auf. Das Latino-Duo war perfekt, wir schwangen die Hüften. Meine Freundin ließ sich nicht lange bitten, und schon kasperten wir zu dritt zu den lateinamerikanischen Klängen herum und fühlten uns im Beethovenpark mitten im liberalen Köln wie unter Palmen minus Bildungsarmut und Drogentote.

Der Beethovenpark grenzt an die Viertel Sülz und Klettenberg. Wie schon einmal beschrieben, ist dieses Areal sehr deutsch, akademisch gebildet, sehr wahrscheinlich geisteswissenschaftlich, und meist sind die Leute gut situiert. Der Ausländeranteil ist verschwindend gering, junge Eltern, ausschließlich aus bildungsnahen Familien, siedeln sich hier an und produzieren fleißig statistisch signifikanten Nachwuchs. Hier entspringen bekannte deutschsprachige Bands wie die *Wise Guys* oder *AnnenMayKantereit*. Es handelt sich um ein derart beliebtes Viertel, dass zugezogene Studenten aus München gar Sülz als erste Wahl bezeichnen würden. (Berliner Studenten, die sich nach Köln verirren, würden sich hingegen eher Ehrenfeld aussuchen, um Ihnen ein griffiges Bild zu geben.) Entsprechend sind auch die Sülzer Mietpreise: happig. Im Falle eines Köln-Besuchs empfehle ich Ihnen dringend, nach einem Picknick im Klettenbergpark oder Beethovenpark im *Café 333* oder einer der zahlreichen urigen Kneipenrestaurants die Zeit anzuhalten. Im traditionsreichen Brauhaus *Unkelbach* schmeckt das Kölsch, das Kölner Lebenselixier, so frisch und rein, wie in keinem anderen Lokal der Stadt. Sie werden begeistert sein. Es handelt sich um ein beschauliches *Veedel,* wie der Kölner zum Viertel sagt, das Ihnen vergnügliche Stunden bereiten wird.

Wir tanzten und gackerten. Die jugendliche Studentengruppe wandte sich hin und her, sie waren in Aufbruchsstimmung, und man sah es ihnen klar an, dass sie am liebsten mit uns Party gemacht hätten. Aber sie zogen von dannen und lächelten uns von Weitem an. Im Vorbeigehen nahm einer seinen ganzen Mut zusammen, winkte zu uns herüber und sagte voller Freude und Stolz: SALAM ALEIKUM!

Dieser förmliche Gruß ist im arabischen, persischen und türkischen Sprachraum durchaus normal, wird zur Begrüßung verwendet und bedeutet etwa: »Heil, Friede sei mit dir.«

Mein Bruder und ich lebten nun aber in Deutschland und hatten unseren Frieden mit der hiesigen Sprache geschlossen. Wir gaben uns allergrößte Mühe, deutsch zu sein, und respektieren die kulturellen Gepflogenheiten. Aber dieser Bube wies uns mit seinem gut gemeinten Gruß, den wir uns privat niemals an den Kopf werfen würden, jäh in die Schranken. Eine Gutmenschenaktion par excellence und das Gegenteil von sinnvoller Integrationsarbeit.

Wir unterbrachen alle drei wie auf Knopfdruck unsere lateinamerikanische Leibesertüchtigung. Unsere Kinnladen fielen fassungslos gen Boden. Wir hätten maximal ein spanisches *Hasta luego* oder *Buenas tardes* erwartet und waren baff über diesen anbiedernden Versuch, uns willkommen zu heißen. Ich musste als Erster lachen, wohl wissend, was als Nächstes passieren würde und in welches Unglück sich dieser selten naive Esel gerade manövriert hatte. Der junge Willkommensvertreter war sichtlich verwirrt und blieb stehen. Mein Bruder, scharfzüngig wie ein klassischer Kölscher Prolet, rief ihm zornig, aber kontrolliert auf Kölsch zu: »*Isch geb dir gleisch Salam Aleikum – mach datt du wigger kütts!*«

Spätestens jetzt wurde dem Knaben aus gutem Hause bewusst, dass sein Zuruf nicht ganz die erwünschte Wirkung gehabt hatte. Und er verstand die Welt nicht mehr. Die Situation schien ihn sichtlich zu überfordern, also zog er mit seiner Truppe nach einem sekundenlangen Halt weiter und rief nur noch beschämt bis verzweifelt zurück: »Häää – ich wollte doch nur nett sein!«

Und genau das ist das Problem. Nett sein und nett sein wollen, das ist ein Unterschied.

Meine Freundin empört, frustriert und erbost zugleich rief ihm zu: »Merkst du nicht, wie rassistisch das ist, Alter?!«

Eine zweite Lachsalve lähmte mich. Meine Gedärme wollten vor lauter Lachen aus meiner Bauchdecke platzen, ich wand mich mittlerweile auf dem Boden wie ein Köter. Der Jungspund tat mir leid und ich musste meine beiden Kampfhunde um mich herum kurz besänftigen, bevor wir uns alle gemeinsam amüsieren konnten. Für gewöhnlich war ich der Wüterich, wenn es darum ging, Einfaltspinsel in ihre Schranken zu verweisen, doch unsere Champagnerlaune verkehrte alle Rollen. Die Situation war durch und durch verrückt.

Was hat der beklagenswerte Tor nur falsch gemacht, möchte der weltoffene Mensch jetzt sicher wissen. Nun, kurz gesagt: *alles*. Nett sein zu wollen, ist ohnehin ein Antrieb, der häufig mehr Schaden anrichtet, als dass er hilft. Deshalb ist die Begriffsunterscheidung zwischen »guter Mensch« und Gutmensch, so bitter das sein mag, zulässig und richtig. Unser Knabe war ein gehirngewaschener Gutmensch, der das Mantra der Willkommensgesänge zum Besten gab. Mein Bruder und ich sagen niemals »Salam Aleikum« zueinander, und Arier sagen das für gewöhnlich auch nicht, es sei denn sie sind Kara Ben Nemsi.

Wenn wir uns das Ganze noch einmal vergegenwärtigen, so war alles an diesem Szenario höchst unislamisch. Zwei Schwarzköpfe unbekannten Ursprungs tänzeln zu spanischsprachiger Musik in Anwesenheit einer weißen Frau herum, trinken Champagner und besingen dazu auch noch Suchtmittel. Tabak und Rum. Was bringt einen vernünftigen Menschen dazu, in dieses gänzlich unislamische Setting hinein *Salam Aleikum* zu rufen? Nichts, außer Vorurteile.

Wenn ich mir seine Assoziationskette zusammenreimen müsste, würde ich behaupten, dass dieser junge Gutmensch dachte, dass mein Bruder und ich sogenannte Flüchtlinge seien, und die junge Dame neben uns ein Loser, die endlich ihre Lebensaufgabe darin gefunden hatte, zwei arme Seelen tänzelnd willkommen zu heißen. Und zu diesem Willkommensritual wollte er nur brav beitragen.

»Da sind mir zu viele Schwarze«

Der Beethovenpark ist ein Landschaftspark, der einen von elf Kölner Schutthügeln aus dem Zweiten Weltkrieg beherbergt, der hier *Pilzberg* genannt und aufgrund seines starken Gefälles im Winter für Schlittenfahrten genutzt wird.

Eines Tages gingen meine Freundin und ich nach einem kleinen Sonnenbad vorsichtig und behutsam diesen Berg hinunter und liefen an einem Paar vorbei, das sich dort unbeobachtet wähnte. Unfreiwillig schnappten wir einen Gesprächsfetzen auf, der gut zu der radikalen Neigung des Berges passte: »Ich würde gern zum Summerjam gehen, aber da sind mir zu viele Schwarze.«

Das Summerjam ist ein jährlich stattfindendes Reggae-Festival im Kölner Norden. Zu finden sind dort neben Reggae-Musik naturgemäß auch viele farbige Freunde dieser ursprünglich aus Jamaika stammenden Musikrichtung. Die junge Dame, die diese denkwürdigen Worte sprach, mochte also offenbar die jamaikanischen Klänge – minus der Schwarzen.

Dieser paradoxe Wunsch erregte meine Aufmerksamkeit und ich sah zu ihr herüber. Sie bemerkte, dass ihre Äußerung gehört worden war, und ich glaube, dass solche Momente Astralreisen, eine sogenannte *Out-of-Body-Experience*, begünstigen. Ich spürte die elektrische Spannung ihres Körpers, die sich aus Pein, Schmach und Reue speiste, und sie versuchte starr, dieser Situation zu entkommen, wie ein Reh dem Scheinwerferlicht eines rasant herannahenden Fahrzeugs. Ich entschied mich, ihren Gesprächspartner anzulächeln und dabei einfach weiterzugehen.

Meine Begleitung konnte nicht fassen, was sie da gehört hatte. Denn es waren ja offenkundig keine dummen Ossis, Glatzen oder AfD-Wähler. Ganz im Gegenteil. Es waren typische junge und hippe Studenten, die offenbar Reggae mochten und sich glatt einer Black-Lives-Matter-Demo hätten anschließen können. Bei der dann allerdings nicht unbedingt auch noch Schwarze hätten dabei sein müssen.

Vermutlich wären die beiden jungen Reggae-Freunde jederzeit einer Einladung zu einer Anti-AfD-Demo gefolgt, um »gegen Rechts« zu demonstrieren und zu skandieren: »Keine Liebe für Nazis! Kein Kölsch für Nazis!«

Aber wie gesagt und bereits dargelegt, plädiere ich in diesem Zusammenhang für Empathie, Mitgefühl und Achtsamkeit für alle – und dafür, dass auch Nazis Kölsch trinken sollten. Denn sonst würden zu viele Leute wie diese junge, linksliberale, bio-deutsche Großstädterin mitverdursten.

Karneval der Offenbarungen

Im Zuge meiner bereits geschilderten Berufsfindungsversuche im Veranstaltungsgeschäft hatte ich ein Format ins Leben gerufen, das bereits bei der Premiere kolossal floppte: kein Gast, niemand erschien. Allerdings war das Thema im Vorfeld von der Presse gut aufgenommen und mannigfaltig darüber berichtet worden; sogar ein Radio-Mitarbeiter von *1Live* schaute vorbei, um mit mir ein Interview zu machen. Und das, obwohl ich kaum mehr als ein paar einfache Pressemitteilungen verschickt hatte! Die Mühelosigkeit dieser Arbeit gefiel mir. Geringer Kostenaufwand und hohe Erträge.

Anstatt mich also auf einem gnadenlos übersättigten Veranstaltungsmarkt abzumühen, der vorrangig von Gaunern und Kriminellen bespielt wurde, entschied ich mich, Pressearbeit nicht für mich, sondern für andere zu machen. Diese Arbeit fiel mir leicht, nicht zuletzt, weil sie mich an mein Problem mit den Türstehern vor den Clubs erinnerte. Denn Journalisten sind auch auf eine gewisse Art Türsteher, die Themen durchlassen oder eben abweisen und einen Beitrag im Spannungsfeld von Meinung und veröffentlichter Meinung leisten. Diese Funktion hat einen breit anerkannten Terminus in der Medienforschung und den Sozialwissenschaften hervorgebracht: »Gatekeeper«. Um an diesen Türstehern der vierten Säule vorbeizukommen, bedurfte es, genau wie bei den muskelbepackten Gorillas vor dem Club, nicht nur substanzieller Geschichten, sondern auch einer kreativen Verpackung. Aber manchmal bringt alle Kreativität nichts, wenn politisch brisante Themen verschwiegen werden müssen, um bestehende Ordnungsverhältnisse zu wahren. So wie in folgendem Fall, der mich besonders amüsierte.

Einer meiner Klienten mixte Cocktails auf Veranstaltungen und war – und das ist typisch für die meisten Cocktailkünstler – dem Klischeebild entsprechend dynamisch und wild. Ein gastronomischer Entertainer wie er im Buche steht. Ausländer natürlich. Ausgestattet mit südländischem Feuer und langen dunklen Haaren, die er im Pferdeschwanz trug, und einer kräftigen Stimme. Man konnte meinen, dass er gleich die Gitarre auspacken und den Soundtrack des Films *Desperado* anstimmen würde.

Als er zu mir kam, war er allerdings sehr still und wirkte wie ein begossener Pudel. Er begrüßte mich und setzte sich ehrfürchtig zu mir ins Büro, als wäre ich ein Anwalt oder Notar, der sein Testament aufnehmen sollte. Er wirkte so geknickt, dass ich zuerst annahm, gleich von einem Todesfall zu erfahren. Und irgendwie war es auch so, denn sein sonst so exaltiertes Ego war geschändet und anschließend gehängt worden.

Für eine Karnevalsfeier war er von einem Cocktailcaterer gebucht worden, um auszuhelfen. Es handelte sich um einen großen Kunden. Ein Bonner DAX-Konzern. Waren Sie schon einmal auf einer Karnevalsfeier? Kennen Sie den zeitgenössischen Esprit dieser urtümlichen Veranstaltung aus dem Rheinland? Fahren Sie mal nach Köln und überzeugen Sie sich selbst. Es ist ein Fest, bei dem unten oben ist und umgekehrt. Die Reichen tanzen mit den Armen, und die gewöhnlichen moralischen Regeln sind außer Kraft gesetzt. Deshalb haben Köln und Umgebung im November, also neun Monate später, bei den Geburtenraten oftmals einen leichten Ausschlag nach oben zu verzeichnen. Etliche Ehen enden während des Karnevals, aber einige neue entstehen auch.

Darüber hinaus dient dieses Fest heute vor allem dazu, angestauten Frust aus dem ganzen Jahr in nur einer Woche abzuwerfen. In die Menge zu schleudern, auf Einzelpersonen oder Sanitäter, auf die Sicherheitskräfte. Mit Gesängen, Fäusten oder Erbrochenem.

Mein Klient sollte bei dem gelben Riesen aus Bonn eine Theke leiten, die Getränke rausgeben und natürlich die Sicherheit der Gäste gewährleisten. Die Situation eskalierte, als ein weiblicher Gast seine Theke erklomm und oben angekommen fröhlich tanzte. Mein Klient, erfahren im Umgang mit Betrunkenen, redete deutlich auf sie ein und forderte sie mehrmals auf, die Theke umgehend zu verlassen, bevor sie falle und sich noch das Genick bräche. Sie ignorierte alle freundlichen und unfreundlichen Aufforderungen konsequent und er fasste ihr schließlich an die Hand und forderte sie energisch auf: »Komm da jetzt runter!«

Sie beantwortete sein Ansinnen mit dem Kölschglas in ihrer Hand, das sie kurzerhand über seinen Kopf ausleerte.

Der sonst charismatische Cocktailmixer kämpfte klitschnass mit seiner Beherrschung, ließ nicht los und bewegte die Frau schließlich dazu, vom Tresen zu steigen. Unten angekommen baute sie sich vor ihm auf, schnaufte wütend, fixierte ihn erbost mit ihren Augen und raunzte mit erhobenem Zeigefinger: »Du hast mir gar nichts zu sagen!«

Der Klient, der jetzt aussah wie ein Straßenpenner, suchte seinen Auftraggeber und forderte diesen auf, die Dame umgehend von der Veranstaltung zu entfernen. Der Auftraggeber weigerte sich jedoch, Verantwortung zu übernehmen, und erklärte dem Barchef: »Also, ich weiß doch gar nicht, was passiert ist. Ich muss auch hören, was sie dazu sagt.«

Sie müssen wissen, dass in der Gastronomie Angestellte für gewöhnlich zusammenhalten und sich blind vertrauen, wenn es zu derartigen Übergriffen kommt. Wenn Gäste die Grenzen überschreiten, wird nicht lange gefackelt, sondern kurzer Prozess gemacht. Entweder man verständigt den Sicherheitsdienst, oder die Krawallbürste wird eigenhändig rausgeworfen. Der Caterer jedoch brabbelte sich um Kopf und Kragen, weil er fürchtete, seine Kunden zu brüskieren, und unterhielt sich stattdessen verständnisvoll mit der Thekentänzerin.

Indes dackelte die Freundin der Tänzerin zum Barchef und raunzte ihn jetzt auch noch an. Er blieb ruhig und erläuterte die Situation sachlich – er habe eben versucht, einen denkbaren Sturz und darauffolgenden Genickbruch zu verhindern. Doch die Freundin und Kollegin, die auch ein paar Kilometer auf dem Tacho hatte, tippte ihm mehrmals mit dem spitzen Zeigefinger auf die Brust und wiederholte die gleiche Demütigung, die er vorhin schon gehört hatte: »Du hast meiner Freundin überhaupt nichts zu sagen und anfassen darfst du sie auch nicht!«

Ihm platzte der Kragen, er schnauzte jetzt endlich zurück: »Und du bist eine ignorante Ziege wie deine Freundin.«

Zack, hatte er das nächste Kölsch im Gesicht, und sie griff noch einen Becher Cola von der Theke und bewarf ihn damit.

Erniedrigt von zwei Gästen und dem mangelnden Rückhalt seines Auftraggebers suchte er nun selbst den Kontakt zur Security, die die Szene beobachtet hatte und tatsächlich die Thekentänzerin hinausgeleitete. Für das Fehlverhalten ihrer Kollegin, das unbeobachtet geblieben war, müsse er allerdings separat und offiziell Beschwerde einreichen. Und nun – also nachdem er sich gewaschen und ausgeschlafen hatte – suchte er meinen Rat und wollte wissen, wie und ob dieser Fall via Presse oder Social Media gesühnt werden konnte.

Ich wollte wissen, ob ihm denn irgendein Schadensersatz für dieses menschenverachtende Ereignis angeboten worden sei.

Er bejahte. »Die Reinigung meiner Arbeitskleidung.«

Die Vorgesetzten der Thekentänzerin und ihrer Freundin gelobten in einem Schreiben disziplinarische Maßnahmen einzuleiten und wünschten zudem eine Verschriftlichung des Tathergangs, welche hiermit nachgereicht wird. Also anstatt einer Entschuldigung oder Entschädigung, sollte mein Klient die Feder zur Hand nehmen und sein Trauma rekapitulieren.

Es handelte sich ohnehin um ein geschäftsschädigendes Ereignis und so sehr mich dieser Fall auch amüsierte, weckte die darin enthaltene Frechheit doch meine Kreativität. Politiker, Gauner und Lobbyisten wissen, was ich meine. Lass keine Krise ungenutzt verstreichen! Also empfahl ich, eine Pressemitteilung aufzusetzen und bundesweit an alle Redaktionen zu verschicken. Zudem riet ich an, unzählige Kanaken-Influencer und Rassismus-Geschädigte als Schläfer zu aktivieren, um eine Welle der Empörung auszulösen. Schließlich handelte es sich um einen Ausländer und keinen 1,90 Meter großen Thorsten, der hier gedemütigt worden war. Ich wies auf die möglichen Konsequenzen und die zu erwartenden Interviewanfragen hin. Als ich notwendige Fotos für die Presse erwähnte, bekam mein Klient kalte Füße. Er fürchtete sich davor, bundesweit als *begossener Pudel* wahrgenommen zu werden. Und er lehnte ab.

Ich bedauerte seine Entscheidung, aber respektierte sie zugleich. Dieses Ereignis ist möglich gewesen, weil die Menschen im Grunde ihrer Psyche feige sind. Alle Menschen, unabhängig von ihrer Ethnie, schauen in solchen Fällen weg oder schweigen zumindest. Ich mag Sie nicht mit historischen Beispielen aus diesem oder aus einem anderen Land langweilen. Aber es sind die vielen kleinen Konflikte in der Summe, die eine Bewegung und Denkrichtung ermöglichen, die zu Hass und hässlichen Taten führt.

So gibt es ungeschriebene Gesetze, in der bestimmte Ethnien, Berufsgruppen und Positionen automatisch Anerkennung erhalten und andere wiederum nicht. Die Arbeiterklasse, Sie ahnen es, ist in unserem gesellschaftlichen Konstrukt weniger wert. Natürlich nicht auf dem Papier und im politischen Geschwafel, aber in der Wirklichkeit. Dies offenbart sich in solchen Momenten wie bei der Bonner Karnevalsfeier, und keine noch so laute politische Bekundung kann das Gegenteil belegen. Zu Ihrer Erleichterung sei gesagt, dass dies kein exklusiv deutsches Problem ist. Der Mensch ist einfach so gestrickt.

Ist Ihnen aufgefallen, dass in dieser Geschichte nicht nur der Auftraggeber tatenlos geblieben ist, sondern gar niemand etwas gesagt oder getan hat, obwohl auch andere Teile der Belegschaft mitbekommen haben, was passiert ist? Solche Vorkommnisse, sofern sie an die Öffentlichkeit geraten, werden für gewöhnlich als Einzeltaten abgestraft, obwohl es sich um ein kollektives Vergehen handelt.

Warum kollektiv, fragen Sie sich? Ganz einfach. Wir sind alle miteinander vernetzt. Sie und ich, der Pudel mit der Tänzerin sowie alle Juden, Moslems und Nazis mit uns. Wir sind alle eins, ob Sie wollen oder nicht. Es ist unmöglich, nicht zu wissen, was geschieht. Das war damals so und ist heute nicht anders. Im Fall der Tresentänzerin lag ja noch nicht einmal eine klammheimliche Täuschung vor. Alle Momente in diesem Ereignis waren zugänglich. Und trotzdem ist kein Kollege und keine Sicherheitskraft herbeigeeilt, um der Tänzerin zu sagen: »Hör mal, du Knallerbse, was du getan hast, war falsch.«

Alle, die es bemerkten, haben es ignoriert. Jene, die davon erfuhren, entschieden, die Sache zu relativieren oder nichts zu unternehmen. Es gab auch kein mitfühlendes Wesen im Unternehmen, dass sich für diesen Vorfall persönlich und aufrichtig entschuldigt hätte. Und eine Entschädigung im Wert von 13,90 Euro zu unterbreiten, ist einfach nur eine bodenlose Frechheit.

Ganz gemäß der karnevalistischen Theorie waren oben und unten vertauscht: Die Deutschen haben sich verhalten wie feierwütige Ausländer, und der Ausländer benahm sich wie ein pedantischer Deutscher und wollte Genugtuung. Er beschwerte sich, wie es für gewöhnlich Deutsche tun, und wollte den Feiernden den Spaß verderben. Kollektive Idiotie, Rücksichtslosigkeit und mangelndes Verantwortungsbewusstsein auf allen Seiten – die perfekte Grundlage also, um beide Seiten gegeneinander auszuspielen und daran zu verdienen. Wäre ich Politiker, Lobbyist oder Gauner, hätte ich dies getan, und Sie hätten es nicht einmal bemerkt. Also, seien Sie vorsichtig, wenn Ihnen das nächste Mal irgendwo Stereotypen serviert werden.

Nicht alle sind Bastarde

Eines Abends waren mein Bruder und ich mit einem deutschen Bekannten unterwegs und hoppelten von Bar zu Bar. Auf dem Weg zum nächsten Lokal wollte unser Kumpel eine rote Ampel überqueren und wir hielten ihn gleichzeitig zurück. Mein Bruder und ich hatten im Party-Gewusel der Nacht auf der gegenüberliegenden Straßenseite einer hochfrequentierten Kreuzung in Köln/Ehrenfeld ein Polizeifahrzeug entdeckt.

»Wieso bleiben wir stehen, es ist doch kein Auto zu sehen?«

»Dort ist ein Polizeiauto.«

Sichtlich beeindruckt wollte unser Freund wissen, wie wir das so schnell, aus dieser Entfernung und bei diesen Lichtverhältnissen erkannt hatten. Mein Bruder und ich schmunzelten.

»Kanaken haben eben ein sensibles Radar für staatliches Ungemach.«

Wenn der Polizistensohn Jan Böhmermann in seiner Gangsta-Rap-Parodie *Ich hab Polizei* konstatiert: »Isch hab Polizei«, vergisst er zu erwähnen – nicht, dass irgendein Ausländer dies erwartet hätte –, dass eben nur er und seinesgleichen Polizei haben. Das bisher über 36 Millionen Mal geschaute Musikvideo veröffentlichte der Entertainer am 26.11.2015. Wenn man den satirischen Gehalt abzieht, bleibt eine Werbung für ein Gewaltmonopol übrig, das sich vor allem gegen Ausländer richtet.

Es dauerte exakt fünf Jahre bis der »blasse dünne Junge« nach seinem Loblied auf die Schlagkraft seiner vielgeliebten Knüppeltruppe sich kritisch mit rassistischen Übergriffen bei der Polizei auseinandersetzte. Diese Auseinandersetzung war dann allerdings genauso naiv und beschränkt wie sein Polizei-Rap, in dem er Gallionsfiguren aus der vorwiegend ausländisch geprägten Rap-Szene parodierte und durch den Kakao zog. Rassistische Übergriffe, die er erst zu einem Zeitpunkt zum Thema machte, als es plötzlich alle taten, gab es bei der Polizei aber schon immer. Das Thema *Racial Profi-*

ling, über das man ein eigenes Buch schreiben könnte, ist nur ein kleines von vielen komplexen Problemen. Der wesentlich komplexere Zusammenhang, den der ehemalige Schöffe und bei vielen beliebte *Böhmi* leider übersieht, ist gewissermaßen der Wald vor lauter Bäumen: In seinem vermeintlich kritischen *ZDF-Magazin-Royale*-Beitrag vom 04.12.2020 berichtete er unter Bezug auf eine Schätzung der Ruhr Universität Bochum, dass bei der Polizei 15 bis 20 Prozent der Mitarbeiter »gefestigte rassistische Einstellungen« zeigten, und reagierte bestürzt, empört und traurig wie ein kleines Kind, das gerade erfahren hat, dass nicht der Weihnachtsmann die Geschenke unter den Baum legt. Denn diese 20 Prozent, über die jeder Ausländer Bescheid weiß, sind das kleinere Übel und mir persönlich sogar recht angenehm.

Das viel größere Problem, das Böhmermann und die weltoffene Bio-Gemeinschaft in Deutschland partout nicht erkennen kann und will, sind die anteilig größeren Polizei-Prozente, die *ungefestigte* rassistische Einstellungen in die Polizeiarbeit einbringen. Die Polizeiarbeit ist ideologisch und von der polizeilichen Kriminalstatistik gesteuert, praktiziert permanent *Racial Profiling* und ist auf dem rechten Auge blind. Dieser strukturelle Rassismus ermöglicht ethnische Diskriminierung, ohne dass jemand spezifisch und bewusst rassistisch denkt. So kann ein Mammutanteil der Polizei seine Hände in Unschuld baden. Was für den privilegierten Part der Gesellschaft so abstrakt klingt, ist für Ausländer ein buchstäblicher Alltagsterror.

Diesen unterschwelligen, gesellschaftlich akzeptierten und/oder ignorierten Terror fürchten Ausländer, wenn sie ihre Freizeit außerhalb der eigenen vier Wände verbringen. Denn sie fallen auf, sehen anders aus und sind somit eine beliebte Zielscheibe für »Routinekontrollen«. Immerhin baut

Böhmermann in seinem Musikvideo zu *Ich hab Polizei* eine kleine Finte ein. In Minute 1:43 führt er seine Fingertattoos am Lenkrad zusammen und komplettiert ACAB, was für »Alle Cops sind Bastarde« steht, mit einem vorangestellten N und wir sehen im Bild die Aufschrift NACAB. Das heißt: »Nicht alle Cops sind Bastarde«. Das ist eine Differenzierung, der ich mich nur anschließen kann.

Die »Ausländerroutinekontrollen« reflektieren ein strukturelles und gesamtgesellschaftliches Problem, von dem alle Nichtausländer mannigfaltig profitieren. Oder fürchten Sie etwa jedes Mal bei dem Anblick einer Polizeistreife eine 70-prozentige Wahrscheinlichkeit, angehalten zu werden? Nein, Sie bemerken die blaue Truppe noch nicht einmal, weil auch Sie umgekehrt für diesen Verein unsichtbar sind. Ausländer haben ein sehr feines Radar, den Adler zu erkennen, bevor dieser seine Greifer ausstreckt. Die Polizei im Straßenverkehr erkennen wir schon hunderte Meter weit entfernt und auch Zivilpolizisten können wir mühelos in einer Menschenmenge identifizieren. Es ist nahezu lächerlich einfach für uns, weil wir einen Antrieb entwickelt haben, den Sie nicht kennen: den, einer rassistischen Demütigung zu entgehen.

Die Fähigkeit, stereotype Verhaltensmuster zu erkennen, die ausländer- und deutschspezifisch sind, entwickeln sowohl kriminelle als auch nichtkriminelle Ausländer. Meistens reicht eine erhöhte Achtsamkeit, die nichts mit Räucherstäbchen-Esoterik zu tun hat, sondern eher der Selbsterhaltung und dem Selbstrespekt dient.

Einmal stand ich nachts mit meinem Bruder an einer Kreuzung im unbefleckten Sülz. Wir waren gerade dabei, uns voneinander zu verabschieden. Die Straße war still und leer, bis eine Polizeistreife heranfuhr und auf Schrittgeschwindigkeit abbremste, um uns in Ruhe zu mustern. Ich wandte mich direkt zum Fahrer und keifte deutlich hörbar: »Ja! Hier unterhalten sich zwei Ausländer!«

Die Streife raste davon.

Mein Bruder meinte, die hätten sich gedacht: »Scheiße, die können Deutsch. Lass uns mal abhauen!«

Mir ist bewusst, dass die Polizeiarbeit in Deutschland ein heißes Eisen ist und es unfair und wohlfeil wäre, auf die Angehörigen dieses Berufsstands einzuschlagen, als wären sie kriminelle Ausländer in den 1990ern. Bevor ich es mir nun also mit allen Wachtmeistern verscherze, die mit Hirn und Herz bei der Sache sind, und mein Arm bei der nächsten Fahrradführerscheinkontrolle extra hart verdreht wird, möchte ich die Leser nochmals eindringlich darauf hinweisen, dass kein Mensch dieser Aufgabe gewachsen wäre, wenn man so viel gesellschaftlichen Abfall auf ihn ablädt, wie es die offensichtlich lernunwilligen Ministerien in diesem Land tun.

Ayran im Dackelverein

Die Kommunikationstrainerin Vera Birkenbihl, die ich Ihnen wärmstens empfehle, beschrieb wunderbar auf den Punkt die ursächlichen Probleme der Ausländerintegration. Hier die Kurzversion: Ausländer wurden nach Deutschland geholt, um in der Fabrik Seite an Seite mit ihren deutschen Kollegen zu schuften und ein zertrümmertes Land aufzubauen. Am Wochenende trafen sich Heinz, Jochen und Rolf und ein paar andere zum Grillen. Auf dem Grill landete natürlich Wurst aus Schweinefleisch und getrunken wurde Bier, was für viele nichtchristliche Ausländer *Haram*, also Sünde war. Montags tratschte die Truppe im Werk über das fulminante Fest vom Wochenende und Ali aus der Türkei wusste jetzt, dass er bei den sozialen Aktivitäten außerhalb der Arbeit nicht eingeladen oder erwünscht war.

Hier entstand in gewisser Weise der Ur-Keil zwischen den Deutschen und ihren Gastarbeitern. »Es wurden Arbeiter gerufen, doch es kamen Menschen an.« (Cem Karaca) Ali holte eines Tages seine Frau nach Deutschland, um eine Familie zu gründen und die eigenen kulturellen Feste zu feiern. Die Parallelgesellschaft entstand, weil Gast und Gastgeber aus dem Fremdeln nie herauskamen. Man brauchte den Kümmeltürken, um das Land aufzubauen, aber sich mit ihm sozial zu arrangieren, das ging zu weit.

Die Deutschen brauen weiterhin ihr Bier und der Türke mischt einsam seinen Ayran. Man setzt auf Unterschiede statt Gemeinsamkeiten. Der Gastgeber ist überfordert und der Gast frustriert. Diese Schwingung zieht sich wie ein roter Faden durch die deutsche Nachkriegsgeschichte, weshalb auch heute noch deutsche Kids für gewöhnlich lieber unter sich verweilen und ausländische Kids bevorzugt mit ihresgleichen Zeit verbringen. Die sozialen und kulturellen Unterschiede haben immer noch keine gemeinsamen Räume gefunden. Vereinzelte Ethno- und Kunstfeste im Sommer mögen das kurzfristig überwinden, aber es gibt keinen natürlichen Raum, in dem alle gleichwertig wahrgenommen werden. Diese sogenannten Heterotopien, also die manifestierten Reflexionen der Gesellschaft, sind rein deutsch (Clubhaus für den Karnevals- oder Dackelverein) oder rein ausländisch (Teestube, Moschee etc.). Es gibt Mischräume, doch die sind meist rein kapitalistischer Natur. Im Einzelhandel sind Ausländer wie Deutsche selbstverständlich neben- und miteinander tätig. Aber sobald wir uns die oberen Stufen der sozialen und beruflichen Leiter anschauen, wird die Luft für Ausländer dünn. Sowohl in der Privatwirtschaft als auch beim Staat.

Im Jahr 2021 diskutieren wir nun über einen Etikettenschwindel, wenn wir Ausländer nunmehr »Menschen mit Migrationshintergrund« nennen wollen, oder das Zigeunerschnitzel oder die Mohrenstraße verbannen. Es ist ähnlich wie mit dem Gendern: symbolträchtig und dennoch vergeblich. Einen Nutzen hätten Betroffene und Benachteiligte durch direkte Taten, Ernennungen und Besetzungen von Schlüsselpositionen, die sich an der Kompetenz des Bewerbers und nicht an seiner sozialen oder ethnischen Herkunft orientieren. Ich möchte endlich mal ein Plakat sehen, auf dem Özgür nicht als Gemüsespezialist für eine Supermarktkette sein Gesicht hinhält, sondern als Aufsichtsrat eines DAX-Konzerns. Ich weiß, ich werde wieder naiv. Aber Frauen haben mit ihrer Naivität auch eine Quote erreicht. Warum nicht auch eine Ausländerquote einführen? Erkennt man, dass ich das ironisch meine? Bitte plädieren Sie hier nicht für eine weitere Quote, sondern schaffen Sie alle anderen ab.

Tanzen fül weiße Flau

Waren Sie schon einmal in Münster? Ich rate Ihnen dringend, Ihren nächsten Deutschlandurlaub dort zu verbringen. Diese schnuckelige Stadt ist einen Besuch wert. Fahren Sie mit der Deutschen Bahn und lassen Sie sich bereits auf dem Weg dorthin verzaubern. Die idyllischen Straßen laden zum Flanieren ein und überraschen mit romantischsten Restaurants und Cafés. Münster ist von Köln aus mit der Regionalbahn in nur einer Stunde erreicht.

Ein Bekannter arbeitete dort als Betriebsleiter in einem Club und bat mich um eine Einschätzung, wie sein Unternehmen verbessert werden könne. Meine Aufgabe bestand darin, die Betriebsabläufe hinter der Theke zu optimieren. Wieder einmal bekam ich die Gelegenheit, Menschen aus nächster Nähe zu studieren.

In diesem Club gingen die interessantesten Gestalten ein und aus. Es handelte sich um Unternehmer, Rechtsanwälte, Staatsanwälte und all jene, die geschmacklich in den 1980ern stecken geblieben waren. Nicht, dass ich damit ein Problem gehabt hätte. Im Gegenteil. Der Club war innenarchitektonisch eine einzige Ode an die 80er. Also genau jene Zeit, in der noch alles, oder sagen wir, sehr vieles in Ordnung war. Die D-Mark war stabil, der Russe der Feind, Ausländer kannten ihren Platz und das Kokain war weniger gestreckt.

Bemerkenswert in diesem elitären Tanzschuppen war die Aggression, mit der reife Frauen sich junge Kerle packten, um mit ihnen zu »tanzen«. Gelegentlich empfanden das die unbedarften Jungs, die sich dorthin verirrten, als sexuelle Belästigung, und es bereitete der Belegschaft einen Heidenspaß zu entscheiden, ob man den weiblichen Stammgast oder die männliche Jungfrau aus dem Laden warf. Eine sonst eher stille, zurückhaltende Staatsanwältin mit freundlichen, sanften Gesichtszügen bestellte für gewöhnlich ihren Weißwein und verhielt sich so, wie ich es auch tun würde: Anstatt aktiv den Grenzgang zwischen Balz und Nötigung selbst zu vollziehen, schaute sie einfach nur zu.

Eine Beobachtung zu beobachten, wird in der Erkenntnis- und Systemtheorie sowie im Konstruktivismus auch als »Beobachtung der zweiten Ordnung« bezeichnet. Nach dem Soziologen und Schöpfer der Systemtheorie, Niklas Luhmann, können wir auf diese Weise unsere blinden Flecken leichter erfassen. So erkannte ich mich in der Frau Staatsanwältin wieder und begriff, dass sie gar nicht so still war, wie man meinen konnte. Auch sie hatte ihre Bedürfnisse, die in diesem gastronomischen Seelenzirkus gestillt werden konnten. Sie lag die ganze Zeit nur auf der Lauer!

Die Staatsanwältin fiel mir sofort auf, als sie eines Abends etwas aufgeregter als sonst auf ihrem Stuhl hin und her wippte und mich zu sich rief.

»Bring denen da Getränke auf meine Kosten.« Sie zeigte auf drei munter gelaunte Vietnamesen, zwei Kerle und eine Frau.

»Sie meinen die Asiaten?«

»Ja ... die da! Chip Chop, Ding Dong und Ling Ling. Na los, mach schon. Was immer die wollen«, grinste sie in freudiger Erwartung.

Ich kann Ihnen gar nicht sagen, wie befreit ich über diese rassistische Unverschämtheit lachen musste, ehe ich meinem Auftrag nachkam. Für einen kurzen Moment sinnierte ich darüber nach, Chip Chop, Ding Dong und Ling Ling darüber in Kenntnis zu setzen, dass sie gleich *fül ein Getlänk fül weiße Flau* tanzen sollten. Aber mein Mitgefühl obsiegte. Ich erfüllte der Staatsanwältin den Wunsch und brachte das Trio mit ihr zusammen. Die Vietnamesen nahmen an, freuten sich und tanzten mit und für Frau Staatsanwältin. Was wäre richtig gewesen? Petzen? Spalten? Wieso? Wer bin ich zu urteilen? Wer sind Sie zu urteilen? Haben wir nicht alle einen Knall und suchen auf absurde Weise die Befriedigung unserer Fantasien?

Ich glaube schon.

Draußen vor der Tür des Clubs rauchten der Betriebsleiter, ein pfiffiger Perser, und ich eine Zigarette, als drei deutsche Jungs, die gerade mal volljährig aussahen, zu randalieren begannen. Nichts Wildes, sie warfen nur Flaschen in die Luft, woraufhin sie der Betriebsleiter ganz sachte in ein Gespräch verwickelte, um sie über mögliche Gefahren und Konsequenzen aufzuklären.

Einer der Jungs wurde skeptisch und fragte ängstlich: »Sind Sie Polizist?«

Sein Kumpel wusste es jedoch besser. »Bist du doof? Guck dir den doch mal an. Das ist ein Ausländer. Als ob der Polizist wäre.«

Hätten wir diesen Grünschnäbeln eine Lektion erteilen wollen, hätten wir tatsächlich das sein müssen, was die polizeiliche Kriminalstatistik braucht: kriminelle Ausländer.

Das Geheimnis des Singulars

Ich hoffe doch sehr, dass ich dem Leser mein Mitgefühl für alle Betroffenen inzwischen zum Ausdruck bringen konnte. Für den gebeutelten Ausländer, aber auch für den armen Deutschen, der heute dies und morgen jenes nicht mehr sagen darf. Ein persisches Sprichwort besagt: Der Gast mag den Gast nicht und der Gastgeber mag beide nicht.

Übertragen auf die deutsche Wirklichkeit bedeutet der Satz, dass Ausländer andere Ausländer nicht mögen und Deutsche weder die einen noch die anderen. Dabei mögen die Deutschen noch nicht einmal die Deutschen, wie das Ost-West-Gezänk beweist.

Diese Disposition ist typisch menschlich. Regierungen nutzen das aus, um Menschen aufeinanderzuhetzen, Kriege zu fabrizieren und durch Verwüstung und Migrations-Import-Export das soziale Gefüge der Zivilisation nachhaltig zu erschüttern. Das passiert nicht nur in Deutschland. Wenn

Regierungen Quatsch machen oder ein Problem verschlafen, stellen sie ihr Volk vor Herausforderungen und versuchen, mit Motivationsmantras Mut zu machen. »Wir schaffen das!« oder »Du bist Deutschland« sind derartige kluge Affirmationen. Aber das funktioniert natürlich nur kurzfristig, so wie das auch bei Motivationsseminaren ist, wenn man keine nachhaltigen und vernünftigen Rahmenbedingungen für Veränderung schafft.

So ist zum Beispiel der Deutsche an und für sich vollkommen aufgeschmissen, sobald man ihm einen Muselmann vor die Nase setzt. »Was kann ich, was darf ich sagen? Kann der Deutsch? Wird der jetzt sauer, wenn ich Hallo sage? Ob er seine Frau nur in der Freizeit schlägt? Ob der mich enthauptet, wenn ich meine Meinung sage?«

Gedanken über Gedanken, anstatt einfach mal locker durch die Hose zu atmen. Schauen Sie, um es einfach auf den Punkt zu bringen: Sie sind, wenn Sie sich auch nur ansatzweise mit den beschriebenen Gedanken identifizieren können, einer raffinierten Gehirnwäsche zum Opfer gefallen. Das klingt jetzt erst einmal schlimm, ist es aber nicht. Wir werden von den Medien, der Regierung, von Film, Fernsehen und Werbung tagtäglich für blöd verkauft. Und weil wir nach wie vor noch instinktgesteuerte Reptilien sind, fallen wir darauf herein. Deshalb glauben Sie zum Beispiel, dass es böse und gute Ausländer gibt. Arabische Clans – nicht cool. Italienische Mafia – schon eher. Danke, Hollywood!

Dabei stehen uns sämtliche Informationen für eine vernünftige, empathische Beurteilung der Situation zur Verfügung. Und trotzdem können Deutsche sogar mit Ausländern, die hier geboren sind und die Sprache besser sprechen als sie selbst, häufig nichts anfangen. Ich habe zum Teil dieselben Erfahrungen gemacht, die *Kümmeltürken* in den 1970er-Jahren machen durften, wenn Arbeitskollegen unbedarfte Kulturannäherung wagten oder eben unterließen.

Ich glaube übrigens immer noch an den Weihnachtsmann. Also an den dicken, alten, weißen Mann aus der Limonadenwerbung, der leicht einen kleben hat. Weihnachten war und ist für mich ein Spektakel: die Lichter, die Gerüche, das Dekorieren, der Pullover und am liebsten Schnee. Deftiges Essen und natürlich die Bescherung. Selbst den einen oder anderen Kirchgang habe ich schon mitgemacht und kam dabei nicht umhin, auch spirituell ergriffen zu sein. Natürlich ist dies sicherlich auch der Tatsache geschuldet, dass die Heiligen Drei Könige, wie selbst die BILD-Zeitung vermeldet, aus Persien stammten, ich also sicherlich mit ihnen verwandt bin.

Diese romantische Verklärung des Weihnachtsfests habe ich mir geschworen, niemals abzulegen. Der Advent ist für mich das, was er seinem lateinischen Wortursprung nach ist: die Ankunft. Die Ankunft in Deutschland. Vielleicht ist mir das Festhalten am Weihnachtsfest deshalb so leichtgefallen, weil es uns Ausländern ohnehin im Blut liegt, gemeinsam groß angelegte Familientreffen am Esstisch zu bestreiten. Was für die Deutschen ein ganz besonderes Fest ist, ist für Perser und auch andere Orientalen ein Stück Normalität: feierlich mit der Familie zu speisen und wüste Konflikte vom Zaun zu brechen.

Weihnachten ist ein beliebtes Reizthema, bei dem sich Deutsche und Ausländer vermeintlich spalten. Dem ist aber nicht so. Au contraire. Die meisten Ausländer feiern Weihnachten mit Baum und allem Zip und Zap. Abgesehen vom Singen christlicher Lieder oder dem obligatorischen Kirchgang.

Als ein Arbeitskollege im Verlag mich kurz vor Weihnachten hierzu befragen wollte, bemerkte er das Glatteis erst, als es schon zu spät war. »Sag mal, was macht ... öh, äh ... äh ... jetzt hoffe ich, nicht ins Fettnäpfchen zu treten! Was macht ihr eigentlich an Weihnachten?«

Ich schmunzelte über diese Eselei und sagte: »Du meinst, was WIR Ausländer machen?«

»Ja, nee ... genau das wollte ich gern vermeiden.«

Ich beendete die Folter und kam meinem Kultur- und Bildungsauftrag nach.

»Was macht IHR denn? Essen zu Weihnachten mit der Familie, bis ihr platzt? Vielleicht noch einen Weihnachtsfilm schauen! WIR machen dasselbe wie IHR!«

Ihr und Wir. So einfach kann Sprache spalten. Wenn Sie sich schon immer gefragt haben, wie Sie einen Ausländer fragen, ob er friedlich mit seiner Familie an Weihnachten diniert oder aber festlich an seinem Sprengstoffgürtel herumschraubt, bekommen Sie jetzt den ultimativen Hinweis. Das Geheimnis liegt im Singular. Eine Kollegin aus der Grafikabteilung fragte mich zum Beispiel das, was sie auch ihre deutschen Kollegen fragte: »Was machst DU an Weihnachten?«

So einfach geht das.

Eine weise Frau erklärte mir zweimal: »Von der Wut zur Liebe ist es nur ein Schritt.« Wie wahr! Dasselbe gilt für Diskriminierung und Rassismus. Der Plural spaltet, der Singular verbindet.

Was macht ihr? Bedeutet: Es gibt euch und es gibt uns. Wir sind nicht gleich.

Was machst du? Bedeutet: Ich interessiere mich für dich.

Dies ist, so möchte ich glatt behaupten, die wertvollste Seite in diesem Buch. Verwenden Sie im Gespräch mit Ausländern, Behindis, Nazis, Zigeunern, Schwulen, Juden und Transen stets den Singular, und Sie haben kein kommunikatives Glatteis zu befürchten.

KAPITEL 6
»MEIN VATER WIRD DICH NIE AKZEPTIEREN« – LIEBE IN DEUTSCHLAND

Deutscher Boden oder Wie schön ist's doch zu Hause!

»Doch, wir schenken ihn dir! Komm rüber, es wird dir hier gefallen.«

Meine Cousine und ihr Ehemann hatten mich 2013 zu sich nach Los Angeles eingeladen und mir netterweise auch gleich den Flug geschenkt. Sie wussten, dass ich zu der Zeit intensiv über meine Zukunft nachdachte, insbesondere über meine berufliche.

»Grübeln kannst du auch hier«, scherzte meine Cousine.

Das schien mir plausibel und so machte ich mich an die Reisevorbereitung. Mit einer digital erstellten vorläufigen Einreisebewilligung flog ich wenig später von Köln aus nach Chicago, meinem ersten Zwischenstopp. Ich genoss einen zauberhaften Flug mit der Lufthansa. Die Crew-Mitglieder waren herzliche Gastgeber, ganz so, wie es dem Ruf unserer deutschen Vorzeige-Airline entspricht. Ich trank den obligatorischen Tomatensaft und fühlte mich pudelwohl.

Der hervorragende Service dieser Airline war weltweit bekannt und ich stellte mir die Frage, warum ich mich dort nie beworben habe. Für mich sind die Gastgeber in der Luft »Botschafter der Welt«. Sie begleiten Menschen auf ihrer Reise und werden für einen kurzen Moment Teil ihrer Lebensgeschichte. Umso erstaunlicher, dass wir in Deutschland für diesen Berufsstand, deren Angehörigen wir im Falle einer Notsituation blind vertrauen müssen, den doch sehr despektierlichen Begriff *Saftschubsen* erfunden haben.

Kurz vor der Landung in Chicago verteilten die Flugbegleiter Handzettel, um für die US-Behörden eine Zollerklärung anfertigen zu lassen. Das Formular enthielt Fragen und weiterführende Belehrungen, etwa, dass ich keine Apfelkerne einführen durfte. Denn damit hätte ich bereits die erste Straftat begangen. Ich wunderte mich etwas.

»Mach dir da keine Gedanken. Man wird dich mit deinem deutschen Pass einfach durchwinken«, hatte mir meine Cousine am Telefon versichert. Ihre Naivität, meine Unwissenheit und ein diffuser Stolz auf die guten deutsch-amerikanischen Beziehungen zeigten Wirkung und ich spazierte gut gelaunt von Bord in das Land der unbegrenzten Möglichkeiten.

Bei der ersten Einreisekontrolle stellte mir der Officer routinemäßig Fragen. Ich sollte dabei stillhalten, damit die Kamera mein Gesicht erfassen konnte. Meine Reisetasche, die ich im Handgepäck dabeihatte, hing schwer an meiner Schulter. Als die ersten Tropfen von meiner Stirn rollten und ich mich aufgrund der Sprachumstellung auch noch verhaspelte, wurde ich plötzlich nervös. Ich war von der Situation komplett überrumpelt.

»Du Spast, reiß dich zusammen!«, dachte ich mir. »Der denkt sonst noch, du wärst ein Terrorist. Du siehst aus wie einer und verhältst dich gerade auch so ...«

Ich musste bei dem Gedanken unwillkürlich lachen, und der Officer schaute verdutzt, bedankte sich freundlich und winkte mich durch. Allerdings nur zu seinen Kollegen, die mich weiter überprüfen sollten. Die folgende Unterredung war mal Befragung, mal Verhör. Als ich den abgeriegelten Raum betrat, in dem kaum Weiße zu sehen waren, wusste ich instinktiv, dass dies wohl alles sein würde, was ich von diesem Land zu sehen bekam. Die Frage war nur, was bis zu meiner Rückkehr noch alles passierte.

Nach sieben geschlagenen Stunden ohne etwas zu trinken, hieß es: »Aufstehen!«, »Herkommen!«, Fotos machen, Fingerabdrücke nehmen. Fragen beantworten. Mein gesamter Laptop wurde Datei für Datei durchforstet. Der Raum, in dem das Verhör stattfand, hatte keine Fenster. Es roch nach billigem Plastik. Mein Mund war trocken. Mir war schwindelig.

»Du willst mir also erzählen, du hättest keine Kreditkarte und kein Facebook? Was ist mit Myspace?«

Ich verkniff mir den Scherz, dass ich eigentlich Jason Bourne hieß und mich an nichts mehr erinnern konnte. Damals hatte ich mich der allgemeinen Smartphone-Manie noch erfolgreich verweigert. Ich genoss meine digitale Jungfräulichkeit. Ich war nicht »schwer auffindbar« – ich existierte im Netz schlichtweg nicht, was den verhörenden Officer richtig mürbe machte.

Mir wurden schließlich einundzwanzig Seiten hingelegt, die meine »Interviews« dokumentierten, damit ich diese unterschreibe. Ich weigerte mich und sagte, dass ich ohne Rechtsbeistand nichts unterschreiben wolle. Der Officer drohte damit, dass mir der Eintritt in das Land für immer verwehrt bleiben könnte.

»I can live with that.«

Dann geschah etwas Merkwürdiges. Der Officer ging zu seinem Vorgesetzten und setzte ihn über meine Sturheit in Kenntnis.

»Sir, er will die Papiere nicht unterschreiben.«

»Das ist mir egal, schickt ihn wieder zurück«, raunzte der ihn an.

Mir tat der solchermaßen abgekanzelte Officer beinahe etwas leid.

Es gab keine Sitzplätze und ich wartete eine weitere Stunde auf meine Rückführung. Erst jetzt fand ich Zeit, das Geschehen um mich herum zu beobachten. Willkürlich und ohne Vorwarnung wurden den hier »behandelten« Einreisewilligen Smartphones oder Ausweise aus den Händen gerissen. Und wissen Sie, was am allermerkwürdigsten war? Die uniformierten Gestalten, die diese menschenverachtenden Umgangsformen an den Tag legten, hatten alle Migrationshintergrund. Arabischer Ursprung, italienischer, polnischer. Es war absurd. Ein bunter Kanaken-Haufen sondergleichen. Ausgerechnet jene, von denen man eigentlich ein gewisses Sensorium für die Situation erwartet hätte, führten sich auf wie die stereotypen deutschen SS- oder Gestapo-Offiziere in amerikanischen WKII-Spielfilmen. Immerhin waren wenigstens deren Vorgesetzte weiß, männlich, groß und genauso schroff zu ihren Untertanen, wie diese zu uns.

Äußerlich blieb ich die ganze Zeit über cool und tat so, als wäre ich ein freundliches Alien, das jeden Moment von seinem Raumschiff abgeholt werden würde. Es gab ja keinen Grund, sich zu beschweren. Die armen Teufel machten schließlich nur ihre Arbeit, die der Staat ihnen auferlegte. Sie führten nur Befehle aus. Das konnte wohl kaum so falsch sein, oder? Innerlich stresste mich die Situation immens, ich empfand sie als demütigend und wollte nur so schnell wie möglich nach

Hause. Spürte ich hier in der Fremde tatsächlich so etwas wie Heimweh und damit verbunden: ein Heimatgefühl?

Meine neu gewonnenen Freunde in Uniform geleiteten mich – sehr zur Beunruhigung der anderen Fluggäste – zum Flieger und schärften dort einem der Flugbegleiter ein, mir meinen Reisepass erst dann auszuhändigen, wenn das Flugzeug in den europäischen Luftraum eindrang. Der Flugbegleiter gehorchte. Eigentlich hätte er mir meinen Pass direkt aushändigen müssen. Die Maschine galt als deutscher Boden, aber das war da eh schon egal.

Am Sitz angekommen, setzte ich mich stumm. Mir wurde schwarz vor Augen, erst nach acht Stunden erwachte ich benommen. Ich hatte immer noch nichts getrunken und beschloss aufzustehen, torkelte herum und stürzte auf der Suche nach Wasser beinahe im Gang. Erst jetzt realisierte ich, dass ich dehydriert war. Im Warteraum konnte man während des Verhörs zwar nach Wasser fragen und es wäre mir wohl auch gegeben worden. Aber niemand hatte mir von sich aus ein Glas angeboten.

Wir landeten zunächst in München. Bei der Passkontrolle sagte ein gelangweilter Zollbeamter mit kräftiger und zugleich höflicher Stimme: »Reiseausweis!«

Ich reichte ihm das Dokument durch den Schlitz und sein Gesicht entspannte sich beim Anblick der Stempel. Ganz freundlich gab er ihn mir zurück und verabschiedete mich mit mitleidigem Blick.

Das muss man erst einmal hinbekommen, dass ein bayerischer Zollbeamter Mitleid mit einem hat. Er hatte natürlich anhand des Datums bemerkt, was mir widerfahren war.

Erst viel später realisierte ich, dass es sein Mitleid war, das den in mir angestauten Kummer, den ich bis dahin unterdrückt hatte, zum Ausbruch brachte. Wenige Meter weiter wurden meine Knie weich, ich erschrak, mein Herz raste wie wild vor Wut und die Tränen flossen unkontrolliert über meine Wangen. Beinahe gleichzeitig durchströmte mich ein tiefes Gefühl der Dankbarkeit. Ich wertschätzte erstmals bewusst den deutschen Boden unter meinen Füßen. Trotz meiner Erschöpfung fühlte ich mich mit einem Male fest, stark, geerdet - wie eine deutsche Eiche.

Meine vierzigstündige Reise einmal quer über den Teich und wieder zurück war ein Erlebnis, das mir viel Gelegenheit zum Reflektieren gab. Viele Fragen kamen mir in den Sinn. Was ist Heimat, welche Rechte haben Menschen in Deutschland und welche woanders, was bedeutet eigentlich Würde und dürfen uns die Amerikaner tatsächlich so behandeln?

Als ich mich wieder gefangen hatte, wollte ich den Grund erfahren, warum ich eigentlich abgewiesen worden war. Mir kam nur eine Adresse in den Sinn, die mir diese Frage kundig beantworten konnte: das Auswärtige Amt. Also nahm ich mir die Zeit, wartete brav in der Leitung und erreichte schließlich eine freundliche Juristenstimme, die ich über den Sachverhalt in Kenntnis setzte. Ohne lange zu zögern, fragte die Stimme mich: »Stammen Sie aus einem arabischen Land oder sind sie im Iran geboren?«

Ich war sprachlos. Sie kannte den Unterschied. Ich bestätigte meine ethnische Behinderung.

»Auf unserer Homepage weisen wir ausführlich darauf hin, dass bei Reisen für Bürger mit diesem Hintergrund gegebenenfalls mit Schwierigkeiten bei der Einreise zu rechnen ist. Unsere Aufgabe ist es, Sie über Einreisebestimmungen und Eventualitäten aufzuklären, das haben wir getan.«

»Aber das Reiseland ist doch ein Bündnispartner der Bundesrepublik Deutschland!«

»Das ist richtig, aber wir können keine Verantwortung für die politische Auslegung der Einreisebestimmung übernehmen.«

»Ich bin deutscher Staatsbürger und genieße via Grundgesetz den Schutz meiner Würde. Ich wurde gegen meinen Willen festgehalten und sieben Stunden lang verhört und vernommen. Möchten Sie mir damit sagen, dass meine verbrieften Grundrechte außer Kraft treten, wenn ich den Boden der USA betrete?«

Stille. Ich nahm nur ein leises, nahezu nicht wahrnehmbares Rauschen in der Leitung wahr und wie bedächtig am anderen Ende die folgenden Worte gewählt wurden. Die Stimme überlegte gute fünf Sekunden und antwortete schließlich bestimmt, aber freundlich: »Wenn Sie das so auslegen möchten, ist das Ihr gutes Recht, dies zu tun.«

Bei allen möglicherweise berechtigten Rassismusvorwürfen in Deutschland vergessen Ausländer und Inländer meist, wie human es hier zugeht. Die Welt da draußen ist, humanistisch betrachtet, eine einzigartige Müllhalde, und hier in Deutschland leben wir einen geradezu empathischen Traum, den die Träumenden vergessen haben, wertzuschätzen. Korruption, Rassismus, Diskriminierung, Faschisten und Kriminelle gibt es überall – auch hier in Deutschland. In der Bevölkerung und in der Regierung. Aber nirgendwo sonst hat Humanismus einen derart stabilen Boden wie in Deutschland.

What is Love? Baby don't hurt me!

Dank der 68er-Bewegung findet Liebe in diesem Land ihren Ausdruck vornehmlich in einer Form: beim Geschlechtsakt. Jeder will bumsen und auch ich war von diesem niederträchtigen Wunsch nicht befreit. Trotz meines Hungers und der Varianz meines Geschmacks fiel mir immer wieder meine eindeutige Präferenz auf. Ganz den Insinuationen der Rechtsradikalen entsprechend, hatte ich es auf deutsche Blondinen abgesehen.

Dass die körperliche Liebe ein weites und ständiges Lernfeld ist und ich es als Kanake doppelt schwer haben würde, wenn ich von hinten an blonden Haaren ziehen wollte, war mir bewusst. In der Zeit vor den allgegenwärtigen Dating-Apps lernte man seine Geschlechtspartner auf sehr kreativen Wegen kennen. Unglaublich, aber wahr: Man sprach direkt miteinander. Chiffre-Anzeigen waren salonfähig, selbst konservative Zeitschriften boten diese an. Es gab unzählige Kuppelshows im Fernsehen und im Radio. Aus reiner Neugier bewarb ich mich bei einer Radioshow. Ich sprach kurz mit einem Moderator. Das Gespräch wurde aufgezeichnet und später gesendet. Nur kurz darauf erhielt ich zwei Telefonnummern. Die Vorstellung, sich nur über die Stimme und ohne Fotos für einen Menschen zu interessieren, mag nach heutigen Maßstäben bizarr erscheinen, doch seinerzeit war das noch aufregend und durchaus normal. Es gab schließlich auch sogenannte Blind Dates, bei denen man sich überraschen ließ und die Katze im Sack traf. Heute undenkbar. Alles wird vorher mit geheimdienstlicher Akribie überprüft und die Zielperson digital ausgespäht, um sich bereits im Vorfeld ein klares Bild zu machen. Deutschland, deine Liebenden!

Ich rief meine Interessentin aus dem Kuppelspiel an. Der erste Anruf diente nur zum Kennenlernen, erst im zweiten konnte oder sollte man sich dazu entscheiden, ob ein Treffen stattfand. Das erste Gespräch verlief flüssig, freundlich und vielversprechend. Es war aufregend und machte uns beiden

Spaß. Dachte ich zumindest. Bei dem zweiten Anruf gestand sie mir allerdings gleich eingangs, dass wir uns nicht treffen würden, weil: »Mein Vater mag keine Ausländer. Auch wenn du aus Köln kommst. Das macht es nicht besser. Ich werde mich mit dir nicht treffen. Viel Glück noch!« Sie legte einfach auf. Was sagt man dazu? Da soll noch einmal Thilo Sarrazin behaupten, Deutschland schaffe sich ab. Hier wurden die Pforten Deutschlands äußerst effizient geschützt. Mit Ausländern wird nicht gebumst.

Dabei ist das Interesse deutscher Frauen an exotischen Schwarzköpfen gar nicht mal so gering. Ist es eine schmutzige, rassistische Fantasie deutscher Frauen, »mal einen Schwatten« zu haben? Ich bin mir nicht sicher. Tatsächlich sind es die orientalischen Männer aus *1001 Nacht*, die zuerst das romantische Herz deutscher Frauen (und gelegentlich auch deren Schambereich) zum Pochen bringen. Sofern sie sich überhaupt überwinden, moralische Schranken zu ignorieren, um Rassenschande zu betreiben, was am häufigsten übrigens im Kölner Karneval passiert. Ansonsten hatte ich immer den Eindruck, dass es den meisten deutschen Frauen nahezu unmöglich erscheint, sich eine Partnerschaft mit Ausländern vorzustellen.

Probieren Sie Folgendes aus: Denken Sie sich einen Kanaken-Namen aus und gehen Sie telefonisch und via E-Mail auf Wohnungssuche. Führen Sie eine Strichliste. Eine Spalte für die Absagen ist ausreichend, sie benötigen keine zweite. Und behaupten Sie ruhig in fließendem Deutsch, dass Sie hier studiert hätten und über ein regelmäßiges Einkommen verfügten. Jeder weiß, dass Ausländer bei der Wohnungssuche gigantische Schwierigkeiten haben. Männer wissen das und deutsche Frauen wissen das auch. Also überlegen Sie es sich zweimal, ob Sie einen ethnisch behinderten Menschen hier in Deutschland dauerhaft an Ihrer Seite wollen.

Warum sollte man auch gesellschaftliche Benachteiligungen in Kauf nehmen? Für die Liebe? Was sollen die Nachbarn denken und was soll die Familie dazu sagen? All die Diskussionen, Erklärungen und Rechtfertigungen sind die Mühe nicht wert.

Eine solche Denke bescherte auch mir das jähe Ende einer einjährigen Beziehung, die mich ihren Eltern vorstellte und stur behauptete: »Nein, das ist nur ein Freund.«

Wir schliefen sogar in getrennten Zimmern, um die Scharade aufrechtzuerhalten. Ein Jahr lang fraßen wir Falafel und Hummus, leckten uns den Körper von oben bis unten ab, betrieben ordentliche Rassenschande und sie erinnerte mich permanent daran, dass wir nicht zusammen waren.

Anstatt ihre aussichtsreiche Situation zu reflektieren, monetarisieren unsere traurigen Single-Gestalten mit ihrer eingebildeten Einsamkeit unfreiwillig die Dating-Portale. Auf Basis ihrer emotionalen Obdachlosigkeit verfassen sie ebendort ihre persönlichen Insolvenzanträge. Die Sehnsucht nach einem Partner wird plakativ mit Slogans wie »Endlich ankommen« begründet. »Wenn du das auch möchtest, swipe nach rechts.«

Vor lauter Frustration habe ich meine Profile irgendwann stillgelegt und anstelle der obligatorischen Selbstanpreisung einen Werbehinweis für Stefanie Stahls Bestseller *Das Kind in dir muss Heimat finden* hinterlassen.

Ankommen tut man, wenn man die Ägäis erfolgreich mit dem Schlauchboot durchquert und sicher auf Lesbos landet. Ankommen tut man, wenn man nach einer ordentlichen Wanderung in der Eifel endlich das wohlverdiente Bier in der Gaststätte zischt oder wenn man seinen Wocheneinkauf in die vierte Etage schleppt. Die persönliche Ankunft ist die Basis für alle anderen Freuden im Leben – und niemals in einem anderen Menschen zu suchen. Wenn doch, handelt es sich um ein toxisches Abhängigkeitsverhältnis, von dem ich dringend abrate.

Singles tun bei der Partnersuche fast alle dasselbe: Sie fordern, fordern, fordern. Ich, ich, ich. Frauen wie Männer. Als wäre der Partner fürs Leben ein Auto, das man im Katalog bestellt und zu dem man juristische Schadensansprüche geltend machen kann, wenn auch nur ein Funken *falsch* läuft. Diese Suppe der Realitätsverzerrung wird heutzutage durch Sendungen wie *Der Bachelor* oder *Love Island* noch zusätzlich gewürzt, wo künstlich hergestellte Sozialdynamiken als Geschmacksverstärker fungieren und die Illusion von Intimität und Authentizität suggerieren sollen. In Wirklichkeit wird jedoch der kollektive Narzissmus genährt, um eine desillusionierte und wertelose Generation hinters Licht zu führen.

Dieser Manipulation und Indoktrination fallen ganz gewöhnliche und hochintelligente Wesen gleichermaßen zum Opfer und begreifen nicht, dass sie sich immer weiter von der universellen, alles vergebenden, aufrichtigen, bedingungslosen Liebe entfernen, von der einst die Beatles sangen: *All you need is love.* Wir leben und tun immer genau das, was wir bereits in unserem Herzen tragen. Der Magnet in unserer Brust zieht alles an, was zu uns gehört. Und wenn das ein Arschloch sein sollte, dann ist das eben so.

»Ich kann mich mit dir nicht mehr treffen. Mein Vater wird dich nie akzeptieren«, gestand mir wieder einmal eine Dame aus einem Kölner Vorort.

Sie hatte immerhin den Mut, es mir zu sagen, wenn auch nur am Telefon. Eine derartige Aufrichtigkeit erlebte ich insgesamt nur dreimal und es tat jedes Mal gleich stark weh. Es waren allesamt junge Frauen, die Döner, Falafel und Hummus liebten. Aber den orientalischen Fraß gönnt man sich halt nur nach einer durchzechten Nacht, wenn man gesoffen hat und blau ist wie eine Haubitze. Man nimmt so etwas nicht mit nach Hause und erst recht nicht für länger oder immer. Diesen drei Frauen rechne ich es heute hoch an, dass sie mir ihre Wahrheit gestanden. Denn jene, die mich stattdessen mit fadenscheinigen Begründungen abservierten, waren Feiglinge, die keinerlei Bedenken hatten, mit dem Finger auf männliche deutsche Sextouristen zu zeigen, obwohl sie sich in Wahrheit nicht anders verhielten.

Die Deutschen und die Deutschen

Der Kommunikationswissenschaftler Gerold Ungeheuer, den man sich schon allein wegen seines Namens sehr gut merken kann, postulierte, dass jede individuelle Erfahrung unterschiedlichen sozialen, emotionalen und bildungsabhängigen Aspekten unterworfen sei. Die Gewährleistung einer intersubjektiven Nachvollziehbarkeit beschreibt er als problematisch. Für Kanaken einfach gesprochen: Die Zugehörigkeit zu einer Sprachgemeinschaft ist noch lange keine Garantie dafür, dass man verstanden wird. Offenbar nahmen dies die Menschen früher an und wenn ich mich so umschaue, haben Ungeheuers Erkenntnisse auch heute noch nicht wirklich die Runde gemacht. Man sollte doch meinen, Deutsche würden Deutsche verstehen. Oder?

Bereit für ein kleines Experiment? Denken Sie bitte an das Lieblingstier der Deutschen: an einen Hund. Wie sieht er aus? Welche Farbe hat er? Welche Größe? Stellen Sie diese Frage versuchsweise in Ihrem Bekanntenkreis. Sie werden staunen, wie selten Ihnen zweimal der gleiche Hund beschrieben wird. Ihr Köter sieht in der Regel ganz anders aus als meiner. Ich sehe einen Husky. Was haben Sie gesehen?

Teile der Kommunikationswissenschaft gehen sogar davon aus, dass gar kein Austausch stattfindet, wenn zwei Menschen miteinander reden. Es ist eher so, dass zwei Gehirne Gedankenfürze ausstoßen und deren Wolken aufeinandertreffen. Dieser Zusammenprall wird dann wiederum von den Gehirnen interpretiert. Der Vorgang ist so komplex, dass es bereits gewagt ist, bei Menschen, die dieselbe Sprache sprechen und dem gleichen Kulturkreis entstammen, Einigkeit und gleiche Vorstellungen zu erwarten. Sprache erschafft lediglich den Eindruck, wir würden uns verstehen. Aufgrund dieser Einbildung, ja, falschen Gewissheit poltern und streiten sich die Menschen, als wäre es ihr gottgegebenes Recht, vom anderen verstanden zu werden.

»Du hörst mir nicht zu!«, ist ein wunderbares selbstreferenzielles Paradoxon, das den Unsinn von Alltagssprache entlarvt. Wieso spreche ich es aus, wenn ich doch weiß, dass mein Gegenüber mir nicht zuhört? Es ergibt keinen Sinn und trotzdem posaunen wir diesen Satz immer wieder in die Welt hinaus.

Wie bereits erwähnt, wusste ich sehr lange gar nicht, dass es *Ossis* gibt. Für mich gab es nur Deutsche und ich wäre gern einer gewesen. Erst als ich nach Berlin kam, erlangte ich ein Bewusstsein für diese innerdeutsche Spaltung. Ironisch, dass Ost und West seit der Wiedervereinigung unter der Marke *Einheit* verkauft werden, aber realpolitisch, wirtschaftlich und soziologisch genau das Gegenteil sind. Heute noch gibt es die *Ossis* und die *Wessis*. Beide halten jeweils den anderen für dumm. Und als Außenstehender muss ich häufig beiden recht geben. Auch wenn ich als unabhängiger Beobachter hinzufügen möchte: Der Westen hat den Osten seit der Stunde Null schlichtweg betrogen. Betrogen um sein ganzes Leben, seine Würde und eine Heimat. Darauf möchte ich später noch eingehen.

Dieser Moment, als ich begriff, dass Deutsche auch Deutsche nicht mögen, hat mich sehr befreit. Wenn Deutsche noch nicht einmal Deutsche mögen, wie sollen sie dann andere mögen? Der Psychologe Richard Grannon hat es einmal bündig so formuliert: »*No one likes anybody.*« Als Experte für narzisstische Gewalt in Partnerschaften weiß er, wovon er redet. Niemand mag heute irgendjemanden, solange dieser nicht nützlich ist. Wir haben uns weit von den Möglichkeiten der bedingungslosen Liebe entfernt. Selbstlose Gesten, so selten sie vorkommen, werden mit »Wie lieb!« quittiert, weil man dieses außerirdische, fantastische Verhalten gar nicht fassen kann.

Der kollektive Narzissmus ist in unserer Gesellschaft fest etabliert und breitet sich wie selbstverständlich aus. Die persönlichen Neurosen und egozentrischen Sperenzchen finden ihren Ausdruck in Sätzen wie »Ich fühle mich beleidigt/verletzt« oder »Das ist nicht in Ordnung, wenn du dieses oder jenes denkst/sagst/machst/kaufst. Bitte lass das.« Diese Gedankenpolizei, die die Absicht verfolgt, ideologische und emotionale Kontrolle zu gewinnen und sein Gegenüber zu dominieren, ist für mich persönlich geradezu unerträglich. Da wird getan, als käme man farbenfroh, multikulti und im vulnerablen Gewand daher, man tut verletzlich und schwach, ist in Wahrheit aber genauso machthungrig und bösartig wie der gemeine Narzisst, der ganz offen erniedrigt und demütigt. Diese neurotisch-emotionale Haltung bereitet mir mehr Sorgen als die einheitlich braune, gestrige Ideologie, die mit nur einer simplen Forderung vorstellig wird: »Kriminelle Ausländer raus!«

Die Deutschen wurden und werden gespalten, obwohl dieses Land vor Vielfalt und Diversität strotzt. Und das schon ohne Ausländer. Anstatt zu einen und zusammenzuführen, wird klammheimlich oder ganz offen zwischen Ost und West, Nord und Süd, Rot und Schwarz, Grün und Links, liberal und alternativ, deutsch und ausländisch gespalten. Das fühlt sich falsch an. Es ist ein fabriziertes Gezänk, das verschleiert. Wäre ich ein reinrassiger Deutscher, ich hätte eine Stinkwut (beispielsweise auf die Regierung). Wenn mich nicht alles täuscht, ist auch eine große Anzahl der Deutschen sehr wütend. Und zwar nicht nur vermeintlich reinrassige. Es sind sehr viele, es werden immer mehr, und alle zusammen werden als *Wutbürger* verunglimpft. Eine typisch narzisstische Reaktion der Täter, ihre Opfer zu verunglimpfen. Das Ergebnis: Spaltung und noch mehr Wut.

Die Deutschen und die anderen

Die Deutschen gelten nirgendwo auf der Welt als gute Gastgeber. Niemand denkt bei Gastfreundschaft und Service-Orientierung an Deutsche. Noch nicht einmal Deutsche denken an Deutsche, wenn es um diese Themen geht. Dieses Phänomen ist im Volksmund sprichwörtlich als »Servicewüste Deutschland« bekannt. Kein guter Ausgangspunkt für Tourismus oder Migrationsimporte. Als Bartender, Kellner oder beim Herrenausstatter habe ich ein Alleinstellungsmerkmal verkauft: Service, Menschmomente und den Zauber von Empathie. Diese Triangel ist nicht nur ein Garant für den erfolgreichen Geschäftsabschluss, sondern führt auch zu sehr heftigen, typisch deutschen Reaktionen: »Warum sind Sie so nett, das müssen Sie doch gar nicht sein?« Oder: »Das machen Sie nur, um zu verkaufen!«

Kurzum, die meisten Deutschen sind Höflichkeit und Gastfreundschaft gar nicht gewohnt. Das scheint kulturbedingt so zu sein. Maschinen bauen und bedienen, Menschen abrichten für einen Weltkrieg oder eine Weltmeisterschaft, das ist kein Problem. Aber selbstlose Freundlichkeit ist dem Deutschen suspekt und fremd.

Je weniger man etwas zu bieten hat, umso aufwendiger muss man diese Sache mittels Kommunikationsarbeit bewerben, damit der Eindruck entsteht, dass sie vorhanden sei. Das gilt für Instagram-Narzissten ebenso wie für Tourismusverbände. Wer innerlich hässlich ist, wird alles dafür tun, um nach außen schön zu erscheinen. Wer innerlich arm ist, wird sich besonders viel Mühe geben, nach außen erfolgreich zu wirken, indem er materielle Güter zur Schau stellt. Und wer wenige authentische Freundschaften auf der Welt hat, wird diese einfach behaupten. So ersann der vielfältig begabte Künstler André Heller aus Österreich den Slogan »Die Welt zu Gast bei Freunden«, der zum offiziellen Motto der Fußball-WM 2006 wurde. Im Englischen hieß es bezeichnenderweise: *A time to make friends*, also: »Eine Zeit, um Freundschaften zu schließen«, was ja bedeutet, dass diese Freundschaften erst noch geschlossen werden müssen. Sprich: Es gibt sie noch gar nicht. Im Französischen lautete es versöhnlicher, selbstverständlicher: *Le rendez-vous de l‹amitié,* also: *Das Treffen der Freundschaft,* und im Spanischen war die Übersetzung ganz unmissverständlich: *El mundo entre amigos – Die Welt bei Freunden.* Diese potente PR-Botschaft wurde erfolgreich platziert und die WM 2006 mutierte zum *Sommermärchen* und war touristisch ein voller Erfolg.

Ich erinnere mich noch ganz deutlich daran, wie Deutschland in einem Rausch, in einem Taumel das erste Mal voller Stolz mit den Farben Schwarz, Rot, Gold herumwedelte. Das war ein spektakuläres Novum. Die Deutschen waren auf einmal ganz locker. Das überraschte alle. Ein Meer aus deutschen Flaggen überströmte das Land. Sogar die Frauen feierten plötzlich den typischen Männersport und jubelten mit Nationalfarben im Gesicht. Ein Hauch von Nationalismus war auf einmal *cool* und normal. Was bis dato nur Ultra-Rechten vorenthalten war, wurde salonfähig. Ich glaube, ich habe noch nie so oft wie in diesem Sommer Deutschland-Rufe gehört. Mich persönlich freute das enorm. Ich dachte mir: »Wow. Das Volk entdeckt seine Identität!«

Ich erhoffte mir viel von diesem sinnstiftenden Moment. Ich erhoffte mir eine kathartische Wirkung für die Deutschen und damit die Chance, endlich auch die Aisches, Alis und Bahmans hier in Deutschland leichter anzunehmen. Den Bezug zum Vaterland und die berstende Freude über die eigene Gloria auszuleben, ohne gleich als »Vergaser« beschimpft zu werden, muss ein tolles Gefühl gewesen sein. Aber irgendetwas schmeckte mir daran nicht. Ich war stellvertretend skeptisch. Ich dachte mir, warum verbietet man den Deutschen über Jahrzehnte hinweg das Deutschsein, quält sie generationsübergreifend mit Schuldbewusstsein, Schamgefühl, und dann, mit einem Mal, darf man doch wieder nationalistisch feiern und deutsch sein? Da stimmte doch etwas nicht.

Mein mulmiges Gefühl bestätigte sich einige Jahre später, in jenem Sommer 2015, als zum Teil schwer traumatisierte Menschen aus den Krisen- und Kriegsgebieten dieser Welt mit geradezu hysterischer Begeisterung in Deutschland begrüßt wurden. Als Kanake, der über Jahre hinweg unzählige

Schmähungen, kollektiven Ausschluss und tägliche Ignoranz erlebt hatte, empfand ich diese Zeit und diesen übertriebenen Willkommensaktionismus als sehr demütigend. Da stand ich nun und begriff nicht, was passierte. Ich fühlte mich wie einst als Kind, das sich im Chaos neu erfinden musste. Ausländerfeindlichkeit, offenkundige Ablehnung und soziale Zurückweisung waren für meine Eltern und mich fünfundzwanzig Jahre lang Wirklichkeit gewesen – und mit einem Knopfdruck war plötzlich alles weg?

Diese Perversion der vorherigen Realität verstanden viele Ausländer nicht, vor allem jene nicht, die schon länger hier weilten und sich aufrichtig, teils vergeblich um Integration und soziale Anerkennung bemüht hatten. Deutsche Mamis und Omis ab fünfzig nahmen mich plötzlich bewusst wahr, lächelten mich an und nickten mir zu. In meiner Naivität nahm ich für einen Moment an, dass ich mit zunehmendem Alter in deren Beuteschema fiel. Wunschdenken. Sie taten es, weil sie *gute* Menschen und *nett* sein wollten.

Der Vater einer persischstämmigen Freundin empörte sich während eines Besuchs bei mir: »Die Neuankömmlinge werden schnell merken, dass diese Freundlichkeit nur eine Illusion, ein Theater ist. Sie werden noch sehen, wie unfreundlich und kaltherzig sie zum Beispiel mit den Alten umgehen. Sie werden schon sehen, dass die soziale Kälte die klimatische übertrifft.«

Noch heute erinnere ich mich an das Ende seiner Tirade und seinen mahnenden Blick, als müsste er mich überzeugen: »Sie tun so, als wären sie gute Menschen.«

Was lachte ich herzlich. Innerlich, um ihn nicht zu irritieren, weil ich keine Lust hatte, ihm die »Gutmenschen«-Debatte zu erläutern. Anstatt seine Empörung zu düngen, fragte ich ihn, wie es um seinen Garten stehe. Er freute sich und zeigte mir seine neuesten Gewächse.

»Na? Die deutsche Erde taugt doch was!« Er hielt verstohlen inne und platzte dann vor Lachen.

»Du Fuchs!«

Ich lächelte freundlich.

»Nur für Flüchtlinge«

Als das Chaos in Deutschland in vollem Gange war, hatte ich meine eigenen Baustellen. Meine Mutter hatte diverse Operationen hinter sich bringen müssen und konnte kaum gehen. Außerdem machte ihr das Bett zu schaffen. Sie wünschte sich ein kleines Bett, im Prinzip ein Kinderbett, das deutlich niedriger wäre. Als Pragmatiker schaute ich in den digitalen Kleinanzeigen und fand direkt ein kostenfreies Angebot zum Abholen. Den Anruf hätte ich aufzeichnen müssen.

»Eigentlich ist das Bett für Flüchtlinge gedacht«, sagte die Stimme im Hörer.

Ich musste kurz Luft holen, um mich zu sammeln.

»Ach so, das trifft sich gut«, sagte ich. »Wir sind Flüchtlinge. Meine Mutter ist schwerkrank, behindert, Frührentnerin und braucht genauso ein Bett, wie Sie es haben. Sie würden etwas sehr Gutes tun.«

Ich warf mein gesamtes Überzeugungstalent in die Waagschale.

»Hm ... Ja, okay, das ist was anderes.«

Pause.

»Perfekt, wann ist es Ihnen morgen recht? Eher vormittags oder nachmittags?«

»Moment mal, aber Sie sprechen so gut Deutsch. Das kann nicht sein. Hier stimmt was nicht!«

Ich zählte innerlich bis drei und dachte: geschmeidig, Bahman. Geschmeidig. Du bist feinste Seide. Du bist Zuckerwatte. Du schaffst das. Du bist eine weiche Wolke im Paradies. Geschmeidig.

»Wenn ich Sie richtig verstehe, ist es Ihnen wichtig, dass Ihr Beitrag für diese Gesellschaft auch die Menschen erreicht, die es wirklich nötig haben. Nicht wahr?«

»Ja, genau!«, gluckste er.

»Das respektiere ich sehr und ich bin froh, dass Sie das so sehen. Meine Eltern sind auch vor einem Krieg geflohen und gehören wirtschaftlich zu den Verlierern dieser Gesellschaft, und Ihr Beitrag würde uns enorm helfen.

»Nee, das gefällt mir nicht. Das Bett ist nur für Flüchtlinge.«

Dann legte er auf.

Am nächsten Tag meldete ich mich erneut bei ihm und behauptete, ich sei von der GFH *Gesellschaft für Flüchtlingshilfe*. Ich fragte ihn, ob er ein Problem damit hätte, auch an Flüchtlinge zu spenden.

»Nein, sehr gern sogar!«, blühte er auf.

»Hach, watt bin ich froh, dass Sie da so sind. Ich schicke dann zwei Helfer zu Ihnen, die holen das Bett direkt ab und bringen es den Bedürftigen.«

Politik kann hart sein

Kommen wir zur Klärung der Frage, wie ein derart breitflächiges Interesse der Bevölkerung an den Themen Flucht und Migration entstehen konnte. Das von der Kanzlerin ausgegebene Mantra »Wir schaffen das« war ja nur ein Gleitmittel. Also was war die Einführung? Mich verdutzte der plötzliche Kanon der Medienschaffenden, die ihrer Verantwortung in der Flüchtlingsfrage höchst empathisch und mitfühlend nachkamen. Es freute mich, dieses Mitgefühl wahrzunehmen, gleichzeitig war ich gespannt, wie lange der Trend anhalten würde und welche Auswüchse noch entstehen würden. Ich hatte einen Feldversuch vor der Nase, den mir keine Universität der Welt hätte besser bieten können. »Deutsche«, »Flüchtlinge«, »Migranten« und »Gegner« auf dieser Schaubühne zu beobachten und zu analysieren, das war für jeden Forschergeist ein Traum und Albtraum zugleich. Für mich persönlich fühlte es sich so an, wie ich mir die gleichzeitige Einnahme von Kokain und einer Schlaftablette vorstelle.

Noch einmal: Als Flüchtlingskind, das den Duft der deutschen Willkommenskultur bereits Anfang der 1990er-Jahre hatte schnuppern dürfen, wuchs ich in dem Bewusstsein auf, dass blutrünstige Nazis mit Springerstiefeln in unzählbaren Horden an jeder Ecke darauf warteten, meine Frisur zu verwuscheln. Nazis, Nazis, Nazis – von früh bis spät wurde ich auf allen Kanälen damit indoktriniert. Ich begriff zwei Dinge: Als Kanake sollte ich Angst um mein Leben haben. Und die Deutschen sollten sich alle schämen.

Doch 2015 änderten sich diese beiden Grundwahrheiten nun anscheinend. Und die Initialzündung für die Veränderung lieferte ein kleines, hübsches, staatenloses Ausländerkind, das Sie vielleicht noch kennen werden. In den Google-Suchvorschlägen wird es als »weinendes Flüchtlingsmädchen« aufgeführt.

Apropos Flüchtlinge. Was halten Sie davon, Autoren zukünftig als *Schreiberlinge* zu titulieren und Staatsbedienstete als *Systemlinge* zu bezeichnen? Man spricht ja auch von *Schädlingen* und das passt doch irgendwie, nicht wahr? Merken Sie es? Die Linguistik beschreibt diese Begrifflichkeiten als sogenannte Diminutive, die mithilfe von sogenannten Pejorativsuffixen entstehen. Eine Verniedlichung mit abwertendem Charakter.

Zurück zu unserem Ausländermädchen, das die deutschen Herzen im Sturm eroberte. Während einer sogenannten »Dialogveranstaltung« fand Mitte Juli 2015 in Rostock eine Begegnung zwischen Schülern und Kanzlerin Angela Merkel statt, die weltweite Beachtung fand. Das Video ging über die Landesgrenzen viral. Dort tappte die Kanzlerin in eine emotionale Falle, die sie augenscheinlich für einen Moment zur Buhfrau der Nation machte. Sie wurde mit zwei Dingen konfrontiert, die für gewöhnlich nicht auf ihrer Agenda stehen: Empathie und Kinder.

Die aus dem Libanon stammende Reem begann mit zittriger Stimme, ihr tragisches Anliegen vorzutragen, während die Kanzlerin sachlich nachhakte und das Gesagte im Duktus eines Studienrats paraphrasierte. Es ging um die mögliche Abschiebung von Reem und ihrer Familie, die wie ein Damoklesschwert über ihnen schwebte. Das Thema an sich war undankbar und zusätzlich hatte die Bundeskanzlerin hier keine ebenbürtigen Staatschefs vor sich, sondern eine Menschengruppe, von der sie offenbar wenig Ahnung hatte: Kinder. Kein bekömmlicher Cocktail für die Kanzlerin: Emotionen, Abschiebung, Kinder. Was für ein Fest.

Das Video ist nach wie vor ein Hit und wenn Sie sich für Körpersprache und emotionale Resonanz beziehungsweise deren Mangel interessieren, sollten Sie sich das Video unbedingt anschauen.

Das Flüchtlingsmädchen Reem trug sein Anliegen in einwandfreiem Deutsch vor. Das Duldungsverfahren hing in der Schwebe, Papa durfte nicht arbeiten und sie lebte in der permanenten Angst, sich von Freunden, Schule und der neuen Heimat unfreiwillig verabschieden zu müssen. Sie habe auch Träume und wolle gerne Ziele erreichen. Sie trug glaubwürdig und sehr emotional vor, dass, während ihre Mitschüler spielten, Spaß hatten und eine ruhige Kugel schoben, sie sich wie ein Lamm auf der Schlachtbank fühlte, das lediglich den Tag der Schlachtung noch nicht kannte.

Die Bundeskanzlerin erklärte der kleinen Reem voller Verständnis und Bestimmtheit: »Wenn wir jetzt sagen: ›Ihr könnt alle kommen. Ihr könnt alle aus Afrika kommen. Und ihr könnt alle kommen‹. Das können wir auch nicht schaffen.« Sie sagte weiter: »Das ist manchmal auch hart, Politik«, und dass Reem, so von Angesicht zu Angesicht, ja durchaus sympathisch erscheine, aber »es werden auch manche wieder zurückgehen müssen«.

Daraufhin brach die kleine Reem in Tränen aus – eine herzzerreißende Szene ereignete sich. Die Bundeskanzlerin sprach zum Moderator und bemerkte die Tränen, ging auf das kleine, süße Mädchen zu, um es zu trösten, und sagte, als würde sie zu einer Schauspielkollegin in einem Theater sprechen: »Du hast das doch prima gemacht!«

Der Moderator sprang ein und belehrte die Kanzlerin, dass es eben nicht um das »prima machen« gehe, sondern um eine belastende Situation. Dies wusste die Kanzlerin natürlich: »Und deshalb möchte ich sie trotzdem einmal streicheln.«

Sechs Wochen später, also Ende August 2015, fiel dann zum ersten Mal die viel zitierte Phrase, die sogar einen eigenen Wikipedia-Eintrag hat: »Wir schaffen das!« Die Kanzlerin behauptete von nun an mantrahaft genau das, was sie der kleinen Reem »und allen anderen« scheinbar verwehren wollte. Also eine 180-Grad-Wendung?

Ich möchte behaupten, dass die Tränen der kleinen Reem notwendig waren, um den Deutschen den nötigen Anstoß zu geben, damit sie von sich aus auf die Idee kamen, alle willkommen zu heißen. Ich würde nicht so weit gehen und behaupten, dass die Kanzlerin diese Begegnung bewusst gesucht oder gar inszeniert hat. Aber es ist hinreichend belegt, dass Politik – so wie jeder Zirkus – von der Inszenierung lebt und diese Inszenierungen selten bis nie so ganz und gar zufällig entstehen.

Um das ganze Land – die Spinner von rechts mal ausgenommen – kollektiv in einen ekstatischen Zustand des Mitgefühls für Flüchtlinge zu versetzen, brauchte es noch etwas. Für einen nachhaltigen, traumatischen Effekt, der sich in das Hirn wirklich aller einbrennt, sind Bilder nötig. Genau genommen reichte in diesem Fall ein einziges Bild. Hier kam der Tod von Alan Kurdi genau richtig. Der angeschwemmte Leichnam des Kleinkindes brachte den emotionalen Ballon zum Platzen, damit die Deutschen, glücksbesoffen von der eigenen Gutheit, endlich Mitgefühl wie Kamelle an Karneval verteilen konnten.

Plötzlich war ich gefühlt von mehr als achtzig Millionen Humanisten umzingelt. Und unsere Querulanten von rechts, die »Verlierer der Wende«, der »Abschaum Ost« und die »braune Soße« sollten den Mund halten. Jede Kritik war gleich rechtsradikal. Null Toleranz! Jede Form der kritischen Äußerung mündete in einer Hexenjagd, und nicht nur das: Die aufgeklärte, pluralistische Techno-Gesellschaft hatte noch ein altbewährtes Ass im Ärmel – das Denunzieren. Plötzlich wurde es salonfähig, kritische Stimmen, die ohnehin unterdrückt wurden, zu »melden« und finanziell zu bestrafen. Als sollten nur noch Meinungen gelesen werden, die der aktuellen Stimmung im Land entsprachen.

Persönlich amüsierte es mich, dass die Rechtsradikalen zum ersten Mal die Merkel-Regierung mehr hassten als die Ausländer. Nur die Vehemenz, mit der die kritischen Stimmen abgetan wurden, machte mir Sorgen. Als Verfechter der bedingungslosen Meinungsfreiheit toleriere ich jede verbale Äußerung, sei sie auch noch so feindselig. Ich halte nichts von Intoleranz gegenüber Intoleranz – sie ist eine Sackgasse, ein Denkverbot im Engelsgewand. So gesehen hat die Regierung die radikalen Antworten der sogenannten Rechten selbst provoziert, weil hier eine Bevorzugung von Fremden vor der eigenen Bevölkerung stattfand. Das fand sogar ich als Dauergast daneben.

Es geht nicht um Rassismus

Der spontane Ausbruch eines kollektiven Mitgefühls kam mir und anderen Ausländern, die seit Jahren hier neben und nicht mit den Deutschen verweilten, sehr suspekt vor. Meine Sippe, mein Stamm und ich kratzten uns ratlos am Hinterkopf. Da hatten wir jahrelang in Deutschland eine krampfhafte Diskussion um das Thema Integration belauscht, nun empfingen die Deutschen plötzlich mit offenen Armen die Armen aus den Kriegsgebieten. Das war surreal und ich blicke immer noch verstört auf diese Zeit zurück. Wir stellten uns dieselben Fragen, mit denen sich die vermeintlich Rechtsradikalen herumschlugen: Was sollte mit denen passieren? Wer wollte sich ernsthaft und emphatisch um diese Menschen kümmern? Welche nicht vorhandenen Jobs wollte man denen geben, die glaubten, dass man ihnen in Deutschland Haus und Hof schenken würde? Wer wollte ihnen erklären, dass hier nicht nur Prostituierte viel Haut zeigten und auch Einheimische diese nicht immer von normalen Mädchen unterscheiden konnten? Dass erzwungener Geschlechtsverkehr in der Ehe ein Straftatbestand war, Homosexualität aber nicht? Oder dass man ins Gefängnis kommen konnte, wenn man Frauen, die ihren Körper gegen Geld tauschten, bestahl oder gar schlug. Ja, dass die auch Rechte hatten? Menschenrechte! Also etwas, das die meisten Ankömmlinge gar nicht kannten.

Welche Kita-Plätze, die ohnehin rar waren, sollten geschaffen werden und wie sollte die Integration, das Nebeneinander funktionieren, wenn das Miteinander mit den alten Fremden schon so eine Katastrophe war? Von Kita-Betreibern wusste ich, dass gut situierte Deutsche ihre Kinder ungern in Kanaken-Kitas steckten. Um Gottes willen, das wurde natürlich nicht ausgesprochen. Die, das waren Lehrer, Anwälte und alle Angehörigen der Mittelschicht. Von deutschen Lehrern wusste ich, dass deren Kollegen nichts gegen Ausländer hatten, ihre Kinder jedoch auch nicht in Kitas und Schulen anmeldeten, in denen viele Ausländer waren. »Sonst lernen die ja nichts.«

Wir schaffen das! Wer ist wir? Und was ist das? Wer wollte den Lehrern die therapeutische Betreuung finanzieren, die sie brauchen würden? Das deutsche Schulsystem ist darauf ausgelegt, bildungsferne Kinder auszusieben. Mit der Schule war ein empathieloses, menschenverachtendes Erziehungsmodell aus dem 19. Jahrhundert installiert worden, das gehorsame, brave Bürokraten erzog. Das mochte bei Deutschen funktionieren, aber doch nicht bei traumatisierten Kanaken! Die schlagen zu. Sollten wir die dann alle wegsperren oder abschieben?

Wieso wollte niemand über all diese rosaroten Elefanten im Raum sprechen? Die bisherige Innen- und Sozialpolitik hatte die »Ausländerkriminalität« erschaffen. Mit den neuen Ausländern wurde für ein Fortbestehen dieser Statistik bestens gesorgt. Das war ein gewaltiges Problem, vor dem die meisten Deutschen die Augen gerne verschlossen.

Befragen Sie doch mal die örtliche Polizei, wie die das so sieht. Im Verlaufe dieser Erzählung habe ich viel auf diesen Knüppelverein eingekloppt, aber am Ende des Tages sind Polizisten natürlich auch nur Menschen mit Gefühlen und einem Bewusstsein für (Heimat)Liebe. Wieso sollte man sonst so einen derartigen Drecksjob ertragen und seinen Arsch für das Gesicht der Regierung hinhalten? Doch nicht wegen des Gehalts! Rassismus im Polizeiapparat hin oder her. Ausländerkriminalität ist ein Faktum, und ich kann es keinem Bullen verübeln, dass er auf Streife seine Rassenbrille nicht von der Nase bekommt. Die Sachlage und Vereinslogik hält sie ihm dort fest und deshalb sage ich nun: Danke, Bulle! Danke, dass du ertrinkende Welpen rettest, alten Menschen über die Straße hilfst und Schwachköpfe gängelst, die uns sonst das letzte Hemd stehlen würden.

Das eigentliche Problem, falls es Sie noch interessiert, muss an der Wurzel behandelt werden, und das wissen Fachleute und Menschen wie zum Beispiel Jacqueline Flory, die Gründerin des Vereins Zeltschule e. V. Sie hat es kapiert und sorgt für das, was die Regierungen verpennen. Frau Flory organisiert und finanziert die schulische Bildung in den Flüchtlingslagern im Nahen Osten. Sie verhindert damit präventiv die Entstehung der Dummheit, die zu Kriminalität führen kann. Außerdem leistet sie nachhaltige, authentische Imagearbeit für Menschlichkeit. Wenn Sie wirklich helfen wollen, dann spenden Sie an diesen Verein. Sei es nur ein Euro. Aber hören Sie bitte auf, ständig über Rassismus zu lamentieren. Es geht nicht immer um Rassismus. Es geht viel öfter um fehlende Empathie, Ignoranz und um Menschenverachtung. Aber dazu im nächsten Kapitel mehr.

KAPITEL 7
»DU BIST DEUTSCHLAND«

»Schwarzkoooopf!!!«

»Wo warst du denn?«, fragte mich meine Mutter verdutzt.

»Ich war beten.«

Noch verdutzter: »Wo denn? In welcher Moschee?« Sie war schockiert, obschon sie selbst eine disziplinierte Beterin ist.

»Keine Ahnung. In der, wo man die Treppen runtergeht.«

Das beantwortete nicht ihre Frage.

»Wie hast du denn gebetet? So?« Sie legte zuerst die Hände auf dem Bauch aufeinander und führte dann die andere Variante vor, bei der sie die Hände gerade nach unten am Körper seitlich ablegte: »Oder so?«

Ich zeigte ihr, wie ich es getan hatte, nämlich wie ihre erste Variante.

»Du hast mit den Feinden gebetet!«, sagte sie amüsiert und lachte mich schallend aus. »Lass die Finger von der Religion, das ist nichts für dich.«

Als sie sich wieder gefangen hatte, erklärte sie mir den Unterschied zwischen Schiiten und Sunniten – und deren problematisches Verhältnis zueinander. Für Sie, falls Sie Ihre islamwissenschaftlichen Kenntnisse vertiefen möchten: Türken sind Sunniten und Iraner Schiiten. Im Prinzip ist diese Spaltung ähnlich wie bei Christen, wenn man zwischen Katholiken und Evangelen unterscheidet. Nur dass diese sich bei Unstimmigkeiten nicht die Köpfe abschneiden. Jedenfalls heute nicht mehr.

Da ich bereits als zwölfjähriger Kanake wusste, dass ich als Ausländer eher mit Ausländern abhängen würde, suchte ich eifrig sozialen Anschluss bei meinen türkischstämmigen Kumpels aus der Gegend und ging mit diesen unterschiedlichsten Freizeitbeschäftigungen nach. Neben Basketball sowie dem Konsum von Gangster-Filmen und Rapmusik hielten es einige für eine pfiffige Idee, zum Zwecke der Persönlichkeitsentwicklung einen Besuch in einer Moschee abzuhalten. Hier stand der Wunsch, ein guter Mensch zu sein, im Vordergrund, und da wollte ich auf keinen Fall hinterherhinken.

Dass die türkische Gemeinde ein hermetisch abgeriegelter Zirkel ist, in dem Religion den zentralen und moralischen Aspekt der Lebensführung ausmacht, merkte ich alsbald. Ein paar gemeinsame Besuche in der Moschee sollten nicht ausreichen, um die Anerkennung der türkischen Gemeinde zu gewinnen. Als Türke wird man geboren, und dieses Privileg ist gottgegeben. Wenn Sie wissen wollen, wie kollektiver Zusammenhalt funktioniert, schauen Sie sich die Anatomie der türkischen Gesellschaft hier in Deutschland an. Ein grandioser Nationalstolz gepaart mit strengen Regeln für den eigenen Kulturkreis gewährleisten das Funktionieren einer Gemeinde, die neben anstatt mit den Deutschen funktioniert und auf die Anerkennung der Gastgeber zu verzichten weiß. Dies, das muss man fairerweise erwähnen, weil der Gastgeber sich nie sonderlich darum bemüht hat, Gemeinsamkeiten zu entwickeln und gegenseitigen Respekt zu kultivieren. Gast und Gastgeber stehen sich hier in langer Tradition gegenseitig im Wege. Aber gut, vielleicht erkennt einer von beiden bei Gelegenheit noch Handlungsbedarf.

Ich wusste also, aus mir wird kein Moslem, aber ein paar erfrischende Momentaufnahmen durfte ich aus diesem Kulturkreis dauerhaft in meine Matrix implementieren. Zum Beispiel, dass Heimat kein Gefühl ist, sondern ein Zustand. Besonders erfrischend empfand ich die Erkenntnis, dass wir »Schwarzköpfe« sind und dass das in Ordnung ist. Wir waren Kanaken und stolz darauf. Das war für mich eine neue Perspektive. Im Alter von zwölf Jahren entschied ich mich trotzdem für die Depression und hasste mein Aussehen und jede Faser meines Körpers. Ich wollte weiß sein, blonde Haare und blaue Augen haben, um endlich in den Genuss von Respekt und Anerkennung zu kommen. So wie Michael Jackson.

Wer oder was war ich? War ich Deutscher? War ich Iraner? Ich wusste es nicht, und die Klärung dieser Fragen war überaus kraftraubend. Fünfzehn Jahre später, ich hatte endlich ein Burn-out, wusste ich, dass ich mich neu sortieren musste. Ich konnte und wollte in dieser Zeit nicht mehr aufstehen. Also wortwörtlich. Manchmal schlief ich siebzehn Stunden. Ich war beschämt über meinen Lebenslauf und hatte immer wieder Panikattacken. Am spektakulärsten waren jene im öffentlichen Raum. Atemnot, Fiepsen im Ohr und Körperstarre zwangen mich in die Knie.

Um mich wieder zu berappeln, entschied ich mich, es mit einer Teilzeitarbeit zu versuchen. Ein Resozialisierungsprogramm in derselben Gastronomie, in der ich Anfang zwanzig mit langen Haaren und frischem Gesicht mein Unwesen getrieben hatte. Meine ehemals charmante Barkneipe mit mondänem Charakter hatte in der Zwischenzeit ihren Glanz vollständig verloren und war nun zu einer billigen Kneipe heruntergekommen, in der es ein Glas Kölsch für einen Euro gab. Von der Einrichtung bis hin zu den Gästen war alles ranzig geworden und spiegelte meinen emotionalen und mentalen Zustand perfekt wider. Anstelle von kosmopolitischen Geistern saßen nun Jammerlappen und Asoziale vor mir. Junge Männer, die mit fünfunddreißig ihr Leben aufgegeben hatten, und Väter, welche die bedingungslose Liebe für abstrakte Theorie hielten, gaben hier ihre Räuberpistolen zum Besten. Das waren Jammerlappen! Die Asozialen waren allesamt aus dem akademischen Spektrum. Irgendwie kitzelte diese Umgebung das Schlechteste aus allen heraus, sodass dort auch eigentlich stabile bürgerliche Existenzen menschenverachtende Töne spuckten.

Einmal durfte ich bezeugen, wie ein sehr kräftig gebauter Mediziner einem törichten Esel mit der Faust die Nase blutig schlug. Am selben Abend ging eine ortsansässige Burschenschaft ein und aus und nervte mit einem überheblichen, verschwörerischen Lächeln, als wüssten diese Herren um die nächste Revolution.

»Auf welche bedeutende Revolution darf die Burschenschaft heute anstoßen?«, fragte ich einen.

»Oh, da ist aber jemand historisch bewandert.«

»Ja, jemand hatte Geschichte-Leistungskurs und wälzte auch zum Vergnügen Bücher, bevor er sich entschied, Bierlachen von der Theke zu wischen.«

Ich bestand auf einer Antwort und mein Gesprächspartner presste sie nach kurzem Überlegen schließlich widerwillig heraus: »Es wird eine Revolution in den Köpfen der Menschen sein!«

»Wie langweilig«, erwiderte ich leicht amüsiert.

Eines Tages erzählte mir ein Gast, dass er glücklich sei. Als er noch seine eigene Kneipe besaß, habe jeder etwas von ihm gewollt, er habe viele Scheinfreunde gehabt und in seiner Blase quasi Prominentenstatus genossen. Seine Beliebtheit schwand jedoch, als er zunehmend in finanzielle Schwierigkeiten geriet und merkte, dass alles nur eine Illusion war. Niemand mochte ihn, niemand half ihm, niemand reichte ihm die Hand. Er verlor alles.

»Heute bin ich Hartz-IV-Empfänger und ein Niemand. Niemand will etwas von mir, und ich bin so erleichtert. So glücklich war ich noch nie.«

Das erinnerte mich an den Film *So glücklich war ich noch nie* mit Devid Striesow und löste etwas in mir aus. In dem Film geht es nämlich auch um Identität und den Platz in der Gesellschaft. Die Fragen, um die wir alle kreisen, sind immer dieselben und müssen ständig aufs Neue beantwortet werden. Was ist Glück? Was ist Freiheit? Dieser ehemalige Kneipenbesitzer war glücklich und veränderte damit mein Bewusstsein nachhaltig. Meiner Kollegin hingegen war das Gespräch sichtlich unangenehm, ihr entglitten die Gesichtszüge und sie entfernte sich zügig. Später erfuhr ich, dass sie in unserer Kneipe als 1-Euro-Jobberin geparkt war und sich mit ihren dreißig Jahren als ein Niemand fühlte und sehr darunter litt. Deshalb konnte sie der Geschichte auch nichts abgewinnen. Für sie war das die Beschreibung ihres schlimmsten Albtraums. Da der Mann sein Glück gefunden hatte, hätte es eigentlich nichts zu betrauern gegeben, aber so sind Menschen nun einmal. Wir fallen Illusionen zum Opfer. Nicht wahr? Das zu erkennen, erfordert Kraft.

Wir neigen dazu, uns in Krisenzeiten, vor allem wenn wir an uns selbst zweifeln, an großen Vorbildern zu orientieren und uns mit diesen zu vergleichen. Das ist der beste Dünger für Depressionen. Man soll nach den Sternen greifen und sich hohe Ziele setzen, heißt es. Dabei vergessen die meisten Erfolgsratgeber, ihren Schützlingen den wichtigsten Hinweis für die Grundlage dafür zu liefern: Dankbarkeit. Mir wurde bewusst, dass der ehemalige Kneipenbesitzer dankbar war und deshalb sein Glück im vermeintlichen Elend finden konnte. Gesellschaftlich im Abseits, aber glücklich.

Ich hatte zu jener Zeit auch vermeintlich nichts. Ich lebte auf knapp neun Quadratmetern, weil ich meinen gesamten sozialen Kreis, mein Studium und alle coolen Einkommensquellen von jetzt auf gleich verloren hatte. Ich wischte wieder die Theken und hörte mir erneut die Sorgen der Menschen an. Menschen, die in der sozialen Hierarchie aufgrund ihrer Haar- und Hautfarbe eine Stufe über mir standen, die einen Funken Nationalstolz besaßen und die Dinge aussprachen, für die sie heute vermutlich gelyncht würden.

Mit großer Freude platzte ich ungefragt in Gespräche über Ausländerkriminalität und überraschte dann mit meinen Einwürfen. Das deutsche Strafrecht sei doch eigentlich sehr effektiv und werde lediglich nicht gut umgesetzt! Die kriminellen Ausländer würden nur deshalb von der Politik gestreichelt, um uns beide hier an der Theke zu spalten! Das Freudestrahlen im Gesicht der halb angetrunkenen Hartz-IV-Empfänger werde ich nie vergessen. Als wären sie Zeuge einer biblischen Offenbarung geworden, strahlte man mich an und fragte völlig irritiert: »Wer bist du, wo kommst du her?«

Ja, wer war ich eigentlich? Ich wusste es nicht.

Ich lehnte mich nach vorn über die Theke, legte meine Hand auf die Schulter des Fragestellers, schaute ihm tief in die Augen, stellte ihm mit der anderen Hand ein Kölsch hin und sagte: »Ich bin ein Freund aus der Wüste und ich bringe dir dein Kölsch.«

Die Bemühung, Kanaken einer Nation zuzuordnen, ist sowohl für Bezeichnende als auch Bezeichnete eine Sisyphusarbeit. Sie bringt nichts und trotzdem wird der traurige Versuch einer Schubladensortierung stets unternommen. Was wissen Sie bitteschön über irgendein Land jenseits des Mittelmeers? Als ob es Ihnen etwas bringen würde zu erfahren, ob ich aus dem Iran, Irak oder aus Tunesien stamme. Ihr Wissen über Wüstenvölker haben Sie maximal einer Reiseempfehlung, einer Zeitschrift oder der Tageszeitung entnommen und versuchen das nun auf den Menschen zu übertragen, der Ihnen gegenübersteht. Doch grämen Sie sich nicht! Ausländer sind da nicht weniger ignorant.

Für Iraner bin ich meist ein Iraner. Für Deutsche, die mich fragen, wo ich denn herkomme, ist klar, was ich bin: ein Iraner oder Perser. Dann gibt es Deutsche, die mir sagen, ich sei natürlich Deutscher. Wiederrum gibt es Deutsche, die mir sagen, ich sei kein Deutscher. Und dann gibt es noch die Iraner, die mir sagen »Du bist so unfreundlich – du bist Deutscher und kein Iraner.«

Mich erlöste der Kabarettist Volker Pispers mit der einfachen Lösung: »Ich bin mit meinem bisschen Menschsein derart ausgelastet. Zum Deutschsein komme ich ganz selten.«

Ich könnte auch sagen: »Ich wäre gern Deutscher, aber die Deutschen lassen mich nicht.« Und die urkomische Paradoxie dieser Aussage wird umso deutlicher, wenn wir das Beispiel auf eine Frau-Mann-Beziehung übertragen und als Mann, oder was davon noch übrig ist, sagen: »Ich wäre gern Macho, aber meine Frau lässt mich nicht.«

Niemand überträgt einem einfach so das Recht und die Freiheit, etwas schlichtweg zu *sein*. Erst recht keine Regierung. Vielmehr tendieren staatliche Instanzen dazu, Grundrechte und Freiheiten mit Scheinargumenten und nicht selten mit idiotischen Annahmen zu beschneiden. Darauf zu warten, eine Erlaubnis zu erhalten, man dürfe jemand, etwas, frei oder glücklich *sein*, ist vergleichbar mit der Situation eines Vogels, der in seinem offenen Käfig bleibt, weil er sich dort auskennt und sich einfach nicht traut, in die weite Welt zu fliegen.

Ein kluger Mann sagte mir einmal: »Verantwortung bekommt man nicht. Man übernimmt sie.« Deshalb entschied ich mich, meinen Makel, meine ethnische Behinderung anzunehmen. Indem ich als Kanake jeder versuchten Herabwürdigung habhaft werde, nehme ich anderen die Möglichkeit, mich zu beleidigen. Einvernehmlichkeit nämlich entzieht der Beleidigung jede Basis und ich kann meinen Anteil nun gestalten. Das gilt übrigens nicht nur für Kanaken, Frauen, Homosexuelle, Behinderte und alle anderen Gruppen, die sich heutzutage oftmals entscheiden, sich mit ihrem Beleidigtsein zu profilieren. Alles schreit: Ich bin ein Opfer! Und bei diesem Spiel steige ich aus – als wäre es Fußball.

Ein ehemaliger türkischstämmiger Nachbar, ein Choleriker durch und durch, schrie ständig und zu jeder passenden Tages- und Nachtzeit herum. Selbst wenn ich in meiner WG allein in meinem Bett lag und ein Buch las, fühlte er sich in seiner Ruhe gestört. Seine Wut, sein Hass brachte ihn ständig zum Poltern. Gelegentlich verwendete er auch einen Schlagstock, um damit gegen unsere Türe zu hämmern. Das ging so weit, dass das Ordnungsamt und die Polizei regelmäßig bei uns vor der Tür standen, um sich nach dem Streitfall zu erkundigen. Mein Mitbewohner und ich nahmen das nach anfänglicher Eingewöhnungsphase mit Humor. Im Rahmen seiner Homophobie hielt er uns nämlich auch noch für ein schwules Paar und verachtete uns abgrundtief, wie uns ein anderer Nachbar erzählte. Amüsant wurde dieser Fall auch deshalb, weil er mich ständig »Schwarzkopf« nannte. Er schrie und schimpfte immer wieder dieses Wort durch den gesamten Flur: »Schwarzkoooooopf, Schwaaaaaaaarzkoooooopf!«

Er schrieb ellenlange Pamphlete, Beleidigungen sowie Auflistungen seiner Beschwerden und hängte sie in Hausflur und Treppenhaus auf, vom Eingangsbereich bis zur dritten Etage, wo wir wohnten.

»Alle sollen sehen, was ihr für Menschen seid.«

Das Universum schickte mir einen türkischstämmigen, cholerischen Rassisten und Homophobiker, um mir die Augen zu öffnen. Da wusste ich: Gott liebt mich. Dieser Typ hatte über Jahrzehnte alle aus dem Haus vergrault. Der Rekord, so erzählte es ein Nachbar, lag bei drei Ein- und Auszügen in nur einem Jahr. Die verlogene Immobiliengesellschaft mit über 100.000 Wohnungen in ganz Deutschland, die für *neues Wohnen* steht, spielte den Fall herunter oder ignorierte ihn ganz. Einmal ging sie seinen Beschwerden sogar ernsthaft nach und mahnte uns ab. Aber Gauner müssen sich auch wie Gauner aufführen, das liegt in der Natur der Sache, und unser türkischer Wüterich rechnete nicht mit meinen Nerven aus deutschem Kruppstahl. Er zog schließlich selbst aus.

»David, wir kriegen dich!«

Sie wissen vielleicht, was ein Zollstock ist, aber nicht, dass es sich um ein Viertel in Köln handelt. Von allen Stadtteilen in Köln ist Zollstock das unbeliebteste Kind der Stadt. Das Familienmitglied, das niemand wahrhaben will, das jeder ignoriert oder allenfalls duldet. Und so sieht es auch aus: ein ehemals klassisches Arbeiterviertel am Rande der Stadt nahe dem Industriegebiet, mittlerweile mit einer extrem hohen Seniorendichte und vielen Hartz-IV-Empfängern. Der schlechte Ruf hält sich wacker, obschon mittlerweile gastronomische Perlen, an einer Hand abzählbar, entstanden sind. Doch es reicht einfach nicht. Wie bei Ausländern, die zwar perfekt Deutsch sprechen, aber eben anders aussehen. Da macht sich der verwöhnte Kölner kaum die Mühe, den Charme dieser Chimäre mit einem Besuch zu würdigen. Entsprechend ist hier das kulturelle Angebot nur mit einem starken Willen erkennbar. Dieser Part der Stadt ist dermaßen vernachlässigt, unattraktiv und unsichtbar, dass man es nicht einmal bemerken würde, wenn man sich darin verläuft. Es handelt sich um genau den Ort, vor dem mich die feine Sülzer und Klettenberger Gesellschaft warnte, als ich ihnen Drinks servierte.

»Zollstock, da wohnen die Assis. Das Pack.«

Ich muss gestehen, das machte mich damals schon neugierig.

2010 verschlug es mich schließlich in die Gegend und seitdem beobachte und dokumentiere ich akribisch den Prozess, der unter dem sozioökonomischen Begriff Gentrifizierung bekannt ist. Weil die Gegend so abgrundtief hässlich ist, waren und sind die Mieten billig, und ich konnte mit einem Freund dort eine WG gründen. Der Freund war übrigens ein Deutscher, ohne den ich die Wohnung nie im Leben bekommen hätte, nicht einmal dort.

Es gibt zahlreiche Hinweise, die eine Aufwertung des Stadtteils erkennen lassen. Rein wissenschaftlich gibt es solide Erkenntnisse, wie sich die Faktoren des Wandels beschreiben lassen, doch was wäre dieses Buch, wenn ich Ihnen nicht ein ganz besonderes Merkmal der einsetzenden Gentrifizierung nennen würde? Sie diagnostizieren die Stadtteilentwicklung anhand von Erbrochenem, das plötzlich auftaucht, wo vorher keines war. Jawohl, Kotze. Wer sonst kotzt am Straßenrand als ein neu zugezogener, meist studentischer Stümper, der die Entfernung zwischen innerstädtischer Bar und neuer Wohnung falsch eingeschätzt hat und nicht rechtzeitig die Schüssel im Heim trifft, sondern eben den Straßenrand oder den Hauseingang eines Nachbarn? So mehrfach gesehen.

Die Studenten kommen, weil die Alten sterben und die günstigen Wohnungen frei werden. Gleichzeitig werden ganze Straßenblöcke modernisiert und mit Styropor an den Außenwänden bezogen, damit im Falle von Hausbränden auch wirklich alles abfackelt und die Versicherungen blechen müssen. Ein Neubauwohnkomplex (von der Kirche finanziert und erbaut) garniert den Aufwertungsprozess und lockt zusätzlich solvente Klientel, die wohl oder übel das Prekariat verdrängen soll.

So langweilig dieses Viertel erscheint, so aufregend kommt es mir vor. Ich mag die Atmosphäre und die gesellschaftliche Abgeschiedenheit, die Diskriminierung und Nichtachtung, die einem hier widerfährt. Und die schmerzhafte Transformation, die nur wenige tatsächlich erkennen. Also im Prinzip bekomme ich hier das, was ich seit jeher gewohnt bin, und das gibt mir Ruhe. Mein Blick für Besonderheiten wird umso schärfer, wenn dann doch einmal etwas passiert. Zumeist schaue ich aus unserem Küchenfenster, weil ich von dort das sogenannte *Millionenhaus* sehen kann. Es handelt sich um einen Euphemismus, weil in diesem Wohnkomplex ganz offensichtlich teils ganz prekäre Zustände walten. Die Tafeln bringen dort regelmäßig Lebensmittel vorbei, eine Zeit lang stellte die Stadt Köln einen Sicherheitsmitarbeiter ab, und auch die Polizei rückt häufiger an. Das *Millionenhaus* beherbergt in kleinen schmalen Wohnungen die unterschiedlichsten Persönlichkeiten, die Sie wahrscheinlich als bildungsferne Haushalte betiteln würden.

Eines Tages saß ich also an meinem Küchentisch und schaute wie so häufig auf den prächtig großen Baum vor dem illustren Gebäude, und die Blätter tanzten im leichten Spätsommerwind friedlich vor sich hin. Ich war dieser Baum, ich war Zen für einen Moment. Diese idyllische Ruhe durchkreuzten zwei junge Gestalten, auf dem Bürgersteig wandelnd. Der weiche Gang geschmeidig starker Schritte erregte meine Aufmerksamkeit, denn dieser passte weder zum Alter noch zur Kleidung. So gemächlich, so sachte und selbstsicher spazierten, ja, flanierten sie, dass sie an Raubtiere erinnerten. Flugs erschienen wie aus dem Nichts zwei weitere Jugendliche im selben Habitus und ich erkannte, dass sie Aufkleber anbrachten. Nun waren es keine fünf, sondern zwölf, am Ende waren es sogar siebzehn weiße, männliche Jugendliche mit ähnlich auffällig-unauffälliger Kleidung, die wie ein Wolfsrudel das Revier durchstreiften. Sie brachten Aufkleber an Laternen und Pfeilern an. Ihre bloße Präsenz schmeckte mir nicht und die Tatsache, dass hier jemand in meinem Revier sein Revier markierte, noch weniger.

Ich trank meinen Kaffee in Ruhe aus und anstatt wie eine deutsche Oma die Behörden zu alarmieren, um diese suspekten Gestalten zu melden, machte ich mich auf den Weg, die Spuren zu lesen. Und oh Schreck! Es handelte sich um linksradikale Propaganda, um die Aufkleber sogenannter Antifaschisten, was mir als Bezeichnung wie ein verdrehter Scherz vorkam, weshalb ich diese menschen- und deutschlandverachtenden Insignien zu entfernen versuchte. Doch es waren einfach zu viele. Eine Aufschrift, mit Sprühfarbe gut sichtbar angebracht, besagte: »David (Name von der Redaktion geändert), wir kriegen dich!«

Diese Drohung erboste mich. Ich kochte vor Wut. Denn ich kannte David, auch wenn David mich nicht kannte. David war ein Suchender, der seines Zeichens den Eindruck erweckte, ein Rechtsradikaler zu sein. Aber wer war ich, ihm einen Stempel aufzudrücken? So, wie die meisten auf dieser Welt, hatte auch dieser Mensch eine Mutter, und diese unterstützte und pflegte er. Ich sah, was er tat und welche Strapazen und Opfer er auf sich nahm, weil die Mutter offensichtlich hilfsbedürftig war. Er tat etwas, was die meisten Deutschen heutzutage nicht mehr machen: die Eltern ehren.

Und selbst wenn er dies nicht getan hätte! Er war mein Nachbar und ich hätte nicht zugelassen, dass eine Horde von Schwachköpfen ihm etwas antut. Seine Meinungen waren unerheblich für meine Bereitschaft, ihn zu schützen, wenn es darauf ankäme. Die freie Meinungsäußerung ist die letzte Insel der Freiheit und ich wollte lieber auf beiden Füßen stehend sterben als auf Knien winselnd in Knechtschaft zu leben und meine Meinung oder die eines anderen unterdrücken zu lassen.

Es gibt keinen Rassismus

Die Rassismus-Debatte geht mir persönlich schon lange auf den Senkel. Meines Erachtens gibt es keinen Rassismus (mehr) und somit keinen Grund, dagegen zu sein. Alle Institutionen, Behörden und Ministerien, die diese Scharade aufrechterhalten, gehören abgeschafft. Doch bevor Sie als vermeintlich Benachteiligter oder aufgeweckter *Social Justice Warrior* hyperventilieren, klären wir zunächst ein paar Grundlagen.

Die allermeisten Menschen haben ein radikales Verständnis von Privilegien. Sprich: Sie glauben, dass Privilegien grundsätzlich mit einem riesigen Vermögen, sehr viel Macht oder bestimmten Befugnissen einhergehen. Doch dies ist leider nur eine sehr kleine, alberne Teilwahrheit. Privilegien sind eine besondere Form von Freiheit, die wir alle genießen und die leider von den wenigsten wahrgenommen und geschätzt wird.

Sind Sie eine Frau? Was würden Sie tun, wenn Sie ein hilfloses, weinendes Kind auf der Straße sehen? Helfen? Schön für Sie! Als Mann kann ich das nicht tun und suche deshalb erst nach einer Frau, die ich um Hilfe bitte, weil Männer, die sich weinenden Kindern oder generell Kindern nähern, suspekt erscheinen. Der stille Verdacht wird sofort laut. Als Frau dürfen Sie in der Regel fremde Kinder tröstend in den Arm nehmen, ohne dass jemand Verdacht schöpft, sie würde in Wirklichkeit die Organe des Kindes gerade für den Verkauf verplanen. Auch das ist ein Privileg, dessen sich viele Frauen nicht bewusst sind. Frauen gelten in der öffentlichen Wahrnehmung als die besseren Menschen. Sie erscheinen vertrauenswürdig, freundlich und *gut*. Diese Auslegung weist deutliche Parallelen zum positiven Rassismus auf. Das ist, wenn Sie zum Beispiel von Persern schwärmen, weil die so tolle, nette Menschen seien. Es ist eine Pauschalisierung, die mit der Wirklichkeit natürlich nichts zu tun hat.

Haben Sie helle Haut, blonde oder braune Haare und einen deutschen Namen? Perfekt. Wenn Sie in Deutschland leben und einen deutschen Namen haben, bezahlen sie bereits mehr als die halbe Miete für das sozial-kommunikative Miteinander, ohne irgendetwas dafür zu tun. Man vertraut Ihnen erst einmal, selbst wenn Sie vielleicht menschlicher Abschaum sind. Das bedeutet, dass Sie von einer Gesellschaft profitieren, in der nicht alle Menschen gleichbehandelt werden. Sie müssen sich nicht erklären, rechtfertigen oder beweisen. Doch anstatt sich dafür jetzt zu schämen, dass Sie männlich, weiblich und weiß sind, würde ich mich sehr freuen, wenn Sie sich Ihre Privilegien bewusstmachen und auf diese Weise achtsamer, empathischer durch die Welt laufen.

Privilegien zu haben, muss nicht heißen, dass Ihr Leben einfach ist oder war. Es heißt lediglich, dass nichts an Ihrer Person (Haut- und Haarfarbe, Geschlecht, Sexualität) es schwerer gemacht hat, Sie zu sein. Derartige Privilegien sind also alle Vorteile, für die Sie nichts weiter tun mussten. Dies führt zu einer selbstverständlichen Existenzsicherung, die Sie nur wirklich verstehen können, wenn Sie mal selbst diskriminiert wurden.

Über die rassistische Diskriminierung zu sprechen, ist für mich eine Bestätigung und eine Verfehlung des Themas zugleich, die ich vermeiden möchte. Die Anerkennung von Rassismus spaltet die Menschen und etabliert, festigt eine Wir-ihr-Perspektive. Obendrein zementiert es die Opferhaltung. Anders gefragt: Wer hat es schwerer? Ein Ausländer oder eine übergewichtige Blondine mit einem Arschgeweih?

Rassistische Diskriminierung bezeugt für mich in erster Linie einen Mangel an Empathie. Dieser Mangel traf früher Juden, dann Homosexuelle und dann Migranten. Wieso erkennt hier niemand ein Muster, das nichts mit den Opfern an sich zu tun hat? Wären es nicht Schwarze, die man gängelt, würde man Frauen erniedrigen. Sind keine Frauen da, wird man Mitarbeiter der Müllabfuhr herabwürdigen. Jeder kann zum Opfer werden und sich zum Opfer machen.

Es spielt in dieser globalisierten, digitalisierten Welt keine Rolle mehr, wie man aussieht oder woher man kommt. Wichtig ist, wo man *wie* hingeht und welchen Mehrwert jemand der Gesellschaft geben möchte. Schauen Sie sich die Rapperin *Schwester Ewa* an. Sie ist eine weiße Frau, wenn auch eine braun gebrannte, und bekommt trotzdem keine Wohnung. Die Begründung: Wir haben uns über Sie informiert und wollen *solche* Leute nicht hier haben. Wenn mir jemand sagt, dass Deutsche keine Ausländer mögen, dem sage ich: Deutsche mögen auch keine Deutschen.

Das Leben an sich ist ein Privileg. Ohne körperliche oder mentale Beeinträchtigungen zu leben, ist ein Zusatzgeschenk. Ohne soziale, materielle Benachteiligung zu leben, ist noch ein Geschenk. Ohne irgendeine Beeinträchtigung in seinem Geburtsland zu leben, ist das nächste Geschenk. Auch wenn Deutschland nicht mein Geburtsland ist, fühle ich mich hier beheimatet und werde die Grundordnung dieses Landes zu wahren versuchen, wo ich nur kann.

Es gibt nur Menschen. Und Menschen mobben sich, so wie es Tiere tun. Dumm nur, dass Tiere ihren Unmut nicht in Form von terroristischen Anschlägen zum Ausdruck bringen, aber Menschen schon. Wollt ihr das verhindern? Dann seid nett zueinander! Bilden Sie sich weiter, versuchen Sie, über die reine Rassismus-Idee hinauszukommen. Sie stammt, um abschließend die Lehrerin und Aktivistin Jane Elliott zu zitieren, aus der Indoktrination der Schule. *»Educate yourself. You didn't get educated in school. You got indoctrinated in school.«*

Ubi bene – ibi patria

Ich bin hier Gast und werde es auch immer sein. Wie fühlt sich dieser Satz für Sie an? Ich wiederhole: Ich bin hier Gast und werde es auch immer sein. Gehen Sie bitte kurz in sich, beobachten Sie, was dieser Satz in Ihnen auslöst.

Wenn Ihre Eltern eingewandert sind und Sie diesen Satz lesen, dann fühlen Sie sich verstanden. Nicht wahr? Sie sind und bleiben Gast, egal, wie sehr Sie sich anstrengen. Egal, wohin Sie kommen. Wir sind Fremde, nicht wahr?

Und wenn Sie reinrassiger Deutscher sind, haben Sie vielleicht nur wenig Mitleid und denken sich: »So ist das eben, du bist nur ein Gast. Heul nicht rum.«

Wenn Sie so denken, dann gebe ich Ihnen recht. Ich bin Gast und werde es immer sein. Was mein Gefühl angeht, lebe ich gar nicht in Deutschland. Ich lebe auf diesem Planeten. Hier bin ich Gast auf der Erde und darf eine Zeit lang verweilen. Und ich bin glücklich hier! Natürlich wäre es mir recht gewesen, wenn diverse ausländische Regierungen mein Geburtsland im Jahr 1979 nicht ins Chaos gestürzt hätten, aber so ist es nun einmal.

Das Kind in dir muss Heimat finden, schreibt die Psychotherapeutin Stefanie Stahl, und ich hätte das Buch gern früher gelesen. Sie meint natürlich keine nationale Zuordnung, sondern eine emotionale. Wir dürfen eine Heimat finden und diese Heimat ist kein flatterhaftes Gefühl, das schwindet, kommt und geht, sondern ein mentaler Zustand, an dem wir aktiv mitwirken können. Deutschland. Hier ist es gut. Ich weiß nicht, was Sie sich erlauben, aber ich darf es gut finden. Deutschland darf nicht zum Abfalleimer der Welt werden.

KAPITEL 8
DANKE, DEUTSCHLAND

»Das System – Alles verstehen heißt alles verzeihen«

Meine Mutter wohnte ein ganzes Jahrzehnt in einem Gebäude, dessen Besitzverhältnisse lange nebulös waren. Einst war hier die Handelsvertretung der UdSSR untergebracht, die zur sowjetischen Botschaft in der alten Bundesrepublik gehörte. Wir wussten lediglich, dass die Stadt Köln die Liegenschaft am Militärring verwaltete und im Hintergrund ein Rechtsstreit lief. Dieses architektonische Wunderwerk sowjetischer Baukunst zeichnete sich durch sehr dicke, wahrscheinlich verbleite, abhörsichere Wände aus und verfügte über äußerst interessante Räumlichkeiten. Fest stand, dass diese Immobilie irgendwann geräumt werden musste. Die Behörden waren nicht sehr auskunftsfreudig und im Internet fand sich nichts Konkretes zu diesem Relikt aus dem Kalten Krieg. Es handelt sich um ein größeres Gelände, auf dem mehrere Hochhäuser stehen, die zwischen Beethoven- und Klettenbergpark inmitten der vielen schönen Reihenhäuser keine Aufmerksamkeit erregen, weil sie am Stadtrand liegen. Die meisten Gebäude standen leer, nur eines wurde von der Stadt genutzt, um hier vorzugsweise Hartz-IV-Empfänger einzuquartieren.

Hier lebten fast nur Menschen, die staatliche Zuwendungen erhielten und bildungsfern waren, wie man so schön sagt: einige schwer kranke und ältere Menschen, Russen und andere Ausländer, nur wenige Deutsche. Meine Mutter pflegte mit ihrer direkten Nachbarin, einer deutschen Rentnerin, einen herzlichen Austausch. Die Nachbarin genoss die persische Gastfreundschaft und meine Mutter den deutschen Kuchen. Sie halfen sich gegenseitig mit Zigaretten und Tabak aus, wenn es mal knapp wurde. Sie tratschten über die Vorgänge im Haus oder redeten über Politik, was auf das Gleiche hinauslief. Sie wissen schon: die da oben – wir hier unten.

Eines Tages erhielten alle Bewohner des Hauses eine Nachricht von denen *da oben*: Zwangsräumung! Der Rechtsstreit war beigelegt worden und das Gebäude befand sich nicht mehr im Besitz der Stadt Köln. Alle sollten sich auf die Räumung des Gebäudes vorbereiten und sich eine neue Wohnung suchen. So der Tenor.

Unglücklicherweise wurde die Nachricht von den Behörden so ungeschickt, so drastisch und ohne jegliche Empathie formuliert, dass im Haus eine Panik ausbrach.

Das Klischee, dass Ausländer nicht so gut Deutsch können, kommt ja nicht von ungefähr. Sie sind ja auch Ausländer und sprechen meist kein gutes Deutsch. Und so wie Ausländer schlechtes oder gar kein Deutsch sprechen, wissen die wenigsten Staatsbediensteten empathisch zu sprechen, geschweige denn unliebsame Botschaften mitfühlend zu verkünden. Böse gesprochen: Warum sollten sie auch empathisch sprechen können? Als Diener des Staates müssen sie ja nur funktionieren und gehorsam Anweisungen befolgen. Bestimmt irre ich mich. Es gibt auch empathische Menschen, die für den Staat arbeiten.

Führen Sie sich bitte vor Augen, dass Ausländer, Rentner und alle anderen finanziellen Verlierer der Gesellschaft es schwer haben, in Zeiten von Mietexplosionen und Gentrifizierung eine angemessene und bezahlbare Bleibe in einer Großstadt zu finden.

Die Nachbarin meiner Mutter traf die Meldung schwer. Sie verlor mit ihren 74 Jahren jeglichen Lebenswillen und beklagte, dass sie nicht mehr die Kraft habe, umzuziehen, und sich sehr hilflos fühle. »Wie soll ich nur eine Wohnung finden, wie soll ich diesen Umzug allein stemmen?« Die Nachricht nahm ihr jeden Mut und meine Mutter schaffte es nicht, sie aufzuheitern. Sie starb wenige Tage später allein in ihrer Wohnung. Der Tod der alten Dame löste eine Welle der Bestürzung aus. Und dann plötzlich, wie durch ein Wunder zeigten sich die Mitarbeiter der Stadt äußerst hilfsbereit und sprachen nur noch zuversichtlich. Gab es Pläne für einen reibungslosen Umzug? Ja. Gab es genug Wohnungen für Bedürftige und Stellen, die diese vermitteln konnten? Ja. Die Behörde hatte anscheinend nur eine Tote und ein wenig Radau gebraucht, um all diese Hilfsmöglichkeiten zu offenbaren. Das Gefühl der Hoffnungslosigkeit und der plötzliche Tod der Nachbarin wären vermeidbar gewesen.

Am Ende halfen die Behörden allen Betroffenen, eine neue Bleibe zu finden: Wundersamerweise standen plötzlich sogar Sozialwohnungen in neu hochgezogenen Bauten zur Verfügung. Also eigentlich alles kein Problem. Wäre das Schreiben der Behörden mit etwas mehr Empathie formuliert worden, hätte man sich viel Aufregung sparen können. Die Kunst der Kommunikation liegt ja in der Perspektive, man kann eine Botschaft positiv oder negativ verkaufen. Dazu fällt mir eine Wüstengeschichte ein. Sie mögen doch bestimmt exotische Geschichten aus *1001 Nacht,* oder?

Ein Sultan bestellt einen Wahrsager und bittet ihn, die Zukunft vorauszusagen. Dieser legt die Karten und verkündet Elend, Krankheit und Tod. Eine Pest stehe bevor und das Leben des Sultans sei in Gefahr. Der Sultan ist *not amused* und lässt den Kartenleger hinrichten und befiehlt: »Bringt mir einen anderen Wahrsager.« Dieser, wissend, was geschehen war, offenbart dem Sultan seine Botschaft ganz anders, eher fröhlich: »Ich habe tolle Neuigkeiten, mein Sultan!«, verkündet er lächelnd. »Eine Pest wird Euer Reich befallen, viele aus Eurer Familie und vor allem aber Eure Feinde werden diese Krankheit nicht überleben – doch Sie, mein Sultan, bleiben gesund und wohlauf.« Zufrieden nickt der Sultan, lässt den Wahrsager auszubezahlen und sagt: »Geht doch!«

Ist das System, in dem wir leben, schuld an dieser Misere oder ist es per se schlecht? Sind die staatlichen Strukturen eine emotionslose Maschine, die ihre Bürger langsam, aber sicher aussaugt und zur Schlachtbank führt? Vielleicht. Wer weiß das schon? Vielleicht ist es aber auch egal. Denn die Suche nach Schuldigen ist, außer vor Gericht, nicht zielführend. Tatsache ist, dass das deutsche Rechtsverständnis und die freiheitlich demokratische Grundordnung im globalen Vergleich ein Paradies auf Erden erschaffen. Und in diesem Paradies kann es eigentlich kein Unkraut geben, es sei denn, der Gärtner will es so. Genau das erleben wir derzeit und die Medien zeigen uns das auch. Von wegen Lügenpresse. Sie sagen und schreiben öfter Wahres, als einem lieb ist. Man muss nur genau hinschauen und hinhören, aber vor allem zuhören. Wer Fäkalien von Schuhcreme unterscheiden kann, weiß: Korruption gibt es überall, Amtsmissbrauch und Inkompetenz ebenfalls. Es gibt Beamte, die Rentner versehentlich in den Tod schicken, und Minister, die unfreiwillig mit nebulösen Geschäften auffallen. Dies ist nur mein persönlicher Eindruck und hat ganz sicher nichts mit der Wirklichkeit zu tun. Bestimmt ist alles ganz anders, aber wen interessiert das schon? Wenn Politiker sagen, dass wir froh sein könnten, dass es uns hier *wirklich* gut gehe, dann stimme ich dem natürlich zu, aber ich möchte es nicht unbedingt von jenen hören, die keinen Schimmer von gelebter Armut haben und diese aus ihrem Elfenbeinturm heraus verwalten. Wäre Deutschland eine Bananenrepublik, dann hätten wir *wirklich* schlimme Zustände. Aber wir sind ein Wunderland mit einer beispiellosen Totalversorgung und Sicherheit. Deutschland ist so reich und das System eine so perfekte Maschine, dass menschliche Kollateralschäden, Steuerverschwendung und Korruptionsfälle uns die Suppe nicht versalzen. Die Party geht immer weiter. Wir sind frei und dürfen sogar unsere Unzufriedenheit hinausposaunen.

»Also was regt ihr euch auf, liebe *Wutbürger*? Lasst euch in die Suppe spucken und tut einfach, was man euch sagt, dann wird auch alles wieder gut. Ihr könnt froh sein, dass ihr hier lebt.« So oder so ähnlich fühlt sich der Subtext an, wenn Wohlstandsgewinner aus dem Politbetrieb dem Volk Demut einreden möchten.

Als Filmliebhaber hat mich in den letzten Jahren ein deutscher Film ganz besonders berührt. Er trägt den einprägsamen Titel *Das System – Alles verstehen heißt alles verzeihen*. In dem einfühlsam erzählten Streifen wird der politische und wirtschaftliche Betrug an Ostdeutschland wunderbar zusammengefasst. Erinnern Sie sich noch an das Versprechen der Politik, im Osten *blühende Landschaften* zu schaffen? Der Film bezieht sich darauf. Er greift den Verrat am ostdeutschen Teil der Bevölkerung auf und bettet ihn in eine Erzählung um einen Heranwachsenden ein. Es geht um große Gier, Geschäfte, Globalisierung, Geheimdienstarbeit und einen ganz nostalgiebefreiten Rückblick auf die DDR. Vor allem geht es aber um Hinterbliebene und betroffene Menschen, deren Seelen von den Schraubmühlen der Politik und Wirtschaft zermalmt wurden und deren Staub im Wind der Geschichte verweht. Der Film erinnerte mich ein wenig an das Schicksal meiner Eltern.

Im Kampf der Ideologien werden die Bürger, also die *normalen* Menschen, zum Kanonenfutter. Sie verheddern sich in den Zahnrädern eines gigantischen Weltmotors zwischen Russland, dem Iran oder Deutschland. Wo gehobelt wird, da fallen eben auch Späne. Nicht wahr? »Hallo, wir sind die Späne, und wir sind fühlende Wesen«, möchte man sagen.

Im Film steht ein Junge im Zentrum, der versucht, seine Herkunft und das Leben sowie das Sterben seines Vaters zu rekonstruieren, damit er seinem Leben einen Sinn, eine Richtung verleihen kann. Keine einfache Aufgabe. Kinder einer politischen Transformation, egal, ob Wende oder Revolution, müssen häufig nicht nur ihre Familientraumata, sondern auch eine chaotische Geschichte entwirren, die sie nicht begreifen. Wer das nicht tut, dematerialisiert sich im Vakuum der Zeitgeschichte und hat vom Leben weniger als die Eltern, die das Chaos unmittelbar miterlebten.

Das Buch *Zonenkinder* von Jana Hensel macht diese Arbeit stellvertretend für eine ganze Generation von Kindern aus der DDR, die Opfer von Erinnerungsraub und die Zeugen einer Ausschlachtung der letzten verwertbaren Teile eines toten Staates sind. Außenstehende, Historiker und Touristen sehen darin vielleicht tolle Geschichten, aber sie laben sich zugleich am Seelenleid von Menschen zu Unterhaltungszwecken unter dem Deckmantel der Bildung. Statt durch Anteilnahme einen persönlichen und globalen Heilprozess zu begünstigen, wird hier nur ein Unfallopfer auf der A3 begafft, symbolisch gesprochen. Derlei Irrwege der Menschheit dürfen mir egal sein, ohne dass es mir gleichgültig ist. Der Zwist in der innerdeutschen Familie ist so groß, dass die aufgebauschten Trommelwirbel gegen Ausländer lediglich einen Nebenkriegsschauplatz darstellen und die wesentlichen Traumata verschleiern. Historisch, soziodynamisch und auch realpolitisch bin ich ein Gast in diesem Land und bis sich diese Ansicht flächendeckend ändert, wird es noch ein wenig dauern und das ist in Ordnung so. Ich möchte den Wandel nicht einfordern, weder durch Quoten noch durch Sprachanpassungen. Das wäre albern. Die Unterdrückung von Worten lässt keine Ideologien verschwinden, wie schon der Versuch der *Entnazifizierung* gezeigt hat. Menschen werden immer einen Weg finden, ihren Hass auszudrücken, wenn er durch empathielose Politik geschürt wird. Hass und Menschenverachtung kann man nicht verbieten, so wie man Respekt nicht einfordern kann.

Ich möchte mich auf das fokussieren, was ich in meinem Leben gestalten darf und kann, und darauf, wie ich eine bessere Version meiner selbst werde. Ich möchte ein Beispiel für Vergebung sein und das wird seine Wellen schlagen. Ich gehe in die bedingungslose Versöhnung und Vergebung. Das ist das einzige System, das wirklich funktioniert. Indem ich verstehe, vergebe ich, und das tue ich für gewöhnlich still und heimlich. Damit verändere ich alles und bezwinge jedes Monster der Familien- und Zeitgeschichte. Egal, wie groß das Monster ist. Ich vergebe, und die Vergangenheit darf in die Vergangenheit rücken. Ich gleiche den Mangel an Vergebung in mir aus. Ich lebe jetzt. Ich darf glücklich sein. Damit befreie ich mich. Mich und andere.

Das deutsche Streben nach Glück

Wer bin ich? Was ist Glück? Was ist Erfolg? Wann komme ich an? Was ist Heimat? Obwohl ich als Fremder hier, fern meiner Heimat, die nie die meine war, mal gern gesehener Gast und mal ein Mensch dritter Klasse bin, eint mich mit all den Glücklichen, die ihr Land auch ihr Eigen nennen dürfen, doch so vieles. Egal, woher wir kommen, ob wir biodeutsch oder zugewandert sind, am Ende des Tages stellen wir uns dieselben Fragen, wenn wir in unser Kopfkissen heulen. Und unsere Antworten sind häufig auch dieselben. Wenn wir das selbst verschuldete Unglück wahrnehmen, versuchen wir, es mit den profansten Mitteln zu beheben. Onlineshopping, Essen bestellen oder Alkohol trinken. Wir kaufen Dinge, die wir nicht brauchen, um Menschen zu beeindrucken, die sich gar nicht für uns interessieren. Einerseits baden wir im Unglück, andererseits strampeln wir uns ab, um das Glück, das direkt vor unserer Nase liegt, zu fassen. Aber was ist dieses deutsche Glück überhaupt? Bevor ich dafür ein Verständnis entwickelt habe, musste ich Vergleichswerte einholen und habe festgestellt, dass in Deutschland gar kein verbrieftes Grundrecht auf Glück existiert. Warum eigentlich nicht?

Wenn ich ein typisch deutsches Glück benennen müsste, dann wäre dieses wohl im Arbeitsleben und nirgendwo sonst zu finden. Strebsamkeit, Pünktlichkeit, Ordnung, Gewissenhaftigkeit, um nur die bekanntesten Tugenden zu nennen, lassen das deutsche Glück keimen. Diese Tugenden lassen sich vor allem durch Charakterstärke festigen und umsetzen. Heute nennt man das anders. Die Rede ist oft von *Personality* und die Frage nach dem *Why* ist dann nicht weit entfernt. »Was ist dein Warum?«, werde ich von gerade mal 20-Jährigen auf Instagram gefragt, die mir einen Onlinekurs verkaufen wollen, der alle meine Probleme lösen würde. Coachings, Persönlichkeitsentwicklung und Motivationsveranstaltungen, die es in den USA seit den 1970ern gibt, sind inzwischen auch hierzulande angekommen.

Das feurige Streben der Deutschen nach Glück hat damit in den letzten dreißig Jahren einen ordentlichen Spritzer Kerosin abbekommen, der sogar deutschen Stahl zum Schmelzen bringt. Unzählige Jünger, Fans und Überzeugte turnen herum, schreien im Chor Mantras und entdecken ihre Stimme wieder. Sie lernen für sehr viel Geld wieder das, was ihnen einst durch Schule und gesellschaftliche Anpassung ausgetrieben wurde: hüpfen, Spaß haben, lieben, lachen und so weiter.

Kann nur ein WM-Titel Deutschland auf die Sprünge helfen, positiv und optimistisch stimmen? Nein. Dank dem uramerikanischen »Du kannst alles schaffen!«-Mythos weiß nun jeder, dass er etwas aus seinem Leben machen *muss*. Sonst ist er oder sie selbst schuld. Sie wissen schon: *Power-Prinzip*, *Yes, we can* und Ähnliches. Die meisten Motivationstrainer und Erfolgsgurus vernachlässigen jedoch den wichtigsten Aspekt in der Persönlichkeitsentwicklung und lenken den Fokus auf Methoden, die während des Fußballspiels angewandt werden: grölen, Wellen ausführen, klatschen, hüpfen, fröhlich sein.

Dieses Mindset-Gekasper erscheint aus meiner biografischen Perspektive zynisch, wenn ich mir zum Beispiel die systematische Benachteiligung meiner Eltern bei der Berufswahl vergegenwärtige. Sprachlehrbücher wie *Deutsch für Ausländer* sind eine selbstevidente Erscheinung. Sprache oder der schiere Leistungswille reichen eben nicht aus, um die gesellschaftliche Leiter wenigstens beruflich hochzuklettern.

Die politische Integrationsforderung, ob xenophil oder xenophob motiviert, ist ein utopisches Ansinnen, dessen Scheitern offensichtlich ist. Was nützt perfektes Deutsch, wenn man im Ghetto wohnt? Wieso gibt es überhaupt Ghettos? Um diese Frage zu beantworten, braucht man kein »Deutsch für Ausländer«, sondern Empathie. Dies ist die Basis für Glück und bedarf dann auch keiner Verfolgungsjagden. Dies gilt für Ausländer und Deutsche gleichermaßen.

Im angelsächsischen Sprachraum hat das *Streben nach Glück* seinen historischen Ursprung in der calvinistischen Erwerbsethik. Heute haben wir eine pervertierte Form erreicht, die nur allzu gut unseren Zeitgeist widerspiegelt. Die Forderung nach *harter Arbeit* will uns weismachen, dass man für sein Glück nur hart genug arbeiten müsse, dann werde einen das Schicksal schon belohnen. Diese Überzeugung eint die Schule, die Politik und den Coaching-Markt. In nahezu jeder Branche tummelt sich mindestens ein Guru, der einem erklärt, dass es jeder schaffen könne. Wer nach Glück strebt, findet es also in der Arbeit. Im Arbeitsleben darf und muss ich viel und hart arbeiten, um erfolgreich und somit glücklich zu sein. Das ist nur die eine Seite der Medaille und ein naiver Ansatz; eine viel zitierte Leistungslüge, die man Deutschen wie Ausländern auftischt: »Arbeite hart genug und du kannst alles schaffen.«

Wer die klügste deutsche Serie der letzten 20 Jahre kennt, weiß, dass *Stromberg* das Gegenteil belegt. Diese Serie zeigt, dass nicht Leistung, sondern der soziale Status und spezifische Eigenschaften der Skrupellosigkeit belohnt werden. Es gibt nur einen Grund, weshalb man das nicht erkennt: Man ist Teil des Systems.

Es gibt jedoch noch einen Aspekt bei dieser toxischen Leistungslüge, den die meisten Zuschauer übersehen. Die Büro-Saga ist ein sozialpsychologisches Gutachten einer

Gesellschaft, die Mobbing in der Gruppe unterstützt, während Vorgesetzte sich wie »Arschlöcher« aufführen und zu Hauptverantwortlichen für die Misere auserkoren werden. In dieser Serie wird deutlich, dass ethnische Diskriminierung nur die Garnitur von Menschenverachtung ist. Der Refrain der Motz- und Klagelieder lautet: Der böse Chef ist schuld. Angestellte verhalten sich wie Opfer, reden sich selbst und jeden klein, meckern über Arbeitsbedingungen, erwähnen ständig Gebrechen, Probleme und Krankheiten, damit bloß niemand denkt, dass es einem gut gehen könne. Schließlich ist man selbst das Opfer und der Chef der Täter. Wir hier unten, die da oben. Das ist die Zusammenfassung einer Jammerkultur, die im deutschen Arbeitsleben Alltag ist.

Die meisten Zuschauer, die ich in diesem Kontext zur Serie befragt habe, identifizierten *Stromberg* als hauptverantwortliches oder alleiniges »Arschloch«. Kaum jemand nannte die Gefolgschaft im Büro, die tatenlos und gehorsam das Übel mitgestaltet und wesentlich mitträgt. Das erinnert mich an alle mustergültigen Demütigungen, die Menschen mit Migrationshintergrund erleben, weil alle anderen im Alltag brav schweigen. Es sei denn, sie laufen auf einer Demonstration mit, um später auf Facebook und Instagram beweisen zu können, dass sie »dagegen« waren. Niemand ist *für* Mobbing – wenn es doch passiert, will es keiner gesehen haben. Es ist ein Mysterium.

Die Keimzelle der Gewalt liegt für mich im Mangel an Achtsamkeit, Bewusstheit und Empathie. Meine Lateinlehrerin, die mit Hochgenuss sicherstellte, dass mein türkischer Klassenkamerad von seinen Eltern lebensgefährlich misshandelt wurde, kann ich heute nicht als Rassistin bezeichnen, sondern als eine handfeste psychopathische Persönlichkeit.

Wir haben in Deutschland kein Problem *mit* Rassismus, sondern ein Problem mit fehlender Empathie. Mit wirklichem Rassismus kommen wir, zumindest ich, ganz gut zurecht. Das Getöse um Rassismus ist meist nur ein unfreiwilliges Ablenkungsmanöver, das Vorurteile sogar noch aufrechterhält. Es zementiert die Opferhaltung von Betroffenen, versiegelt deren Selbstverantwortung im Vakuum und spielt totalitären Ideologen von rechts bis links in die Hände, ob sie sich nun als Gutmenschen oder als Volksverhetzer positionieren.

Als mein Bruder, der in Deutschland geboren wurde, vor vielen Jahren in »seine Heimat« Iran reiste und dort eine Shishabar aufsuchte, setzte sich der nette Inhaber des Lokals auf einen Tee zu ihm. Mein damals erst 16-jähriger Bruder entdeckte auf den Rückenlehnen der Stühle Hakenkreuze und konnte sich das Symbol so fern von seinem Geburtsland nicht erklären, daher fragte er den Besitzer: »Ach, sagen Sie«, begann er scheinbar unwissend, »mir ist da dieses Zeichen aufgefallen, wofür steht das?«

Der Besitzer schaute meinen Bruder freundlich an, lächelte und antwortete sanft: »Ich bin Faschist.«

»Aha, das ist interessant. In Deutschland haben wir auch so etwas, und die machen Jagd auf Ausländer.«

»Ah. Das ist gut. Das machen wir hier auch.«

Als mein Bruder wieder in Deutschland war, besprach er das Erlebnis mit mir. Wir kamen zu dem Schluss, dass diese spezifische Verirrung kein genuin deutsches Phänomen sein kann. Wir fühlten uns dabei wie die Entdecker von schwarzen Schwänen. Uns wurde klar, dass wir alle Rassisten sind und es einfach in der menschlichen Natur liegen muss. Einfach gesagt: In jedem von uns steckt einer, der nur darauf wartet, herauszukommen. Entscheidend ist nur die Frage, ob ich mir meine Vorurteile, Aversionen, Abneigungen und Ängste bewusstmachen und eingestehen kann oder ob ich sie zugunsten von Spaltung, Hass, Abwertung und Diffamierung verdränge. Das deutsche Trauma des Faschismus ist der sichtbare Eiter der Menschheitsgeschichte. Er betrifft alle und ist ein Mahnmal für die Sünden aller Völker. Nur allzu oft ist die Entzündung die schmerzhafteste Stelle, die unseren Fokus auf sich zieht. Die Ursachen liegen jedoch meist tief im Körper verborgen. Diese mit Schmerztabletten oder Druck zu beheben, macht alles nur schlimmer. Heilung braucht Zeit und vor allem Bewusstsein. Ein Bewusstsein für unsere Anfälligkeit, autoritärem und faschistoidem Gebaren zum Opfer zu fallen. Diesen Makel müssen wir uns jedoch erst einmal eingestehen.

Unglück im Glück

Die Straßenbahn Linie 18 zwischen Köln und Bonn ist notorisch überfüllt. Ich stand im letzten Wagen und träumte vor mich hin. Mir fiel eine sehr elegant gekleidete Dame auf, die trotz oder wegen ihres hohen Alters Wert auf ihre äußere Erscheinung legte. Ihr Make-up war dezent, ihre Garderobe wohl gewählt und die Frisur saß perfekt. Sie hatte schöne Lippen und das filigrane, wenn auch etwas große Brillengestell zierte ihr Gesicht. Neben ihr nahm eine junge Frau Platz, die den Eindruck erweckte, betrunken zu sein. Ihr Begleiter befand sich in einem ähnlichen Zustand. Die junge Frau bekam nicht viel von ihrer Umgebung mit. Sie war gegenwärtig bei *Alice im Wunderland* und ihr Ticket dorthin war allem Anschein nach Heroin. Ich würde behaupten, sie war eine Heldin. Nur eben eine gebrochene. So wie alle

Heroinabhängigen. Mir sagte mal jemand, dass jene, die so tief gefallen sind, zu großes Leid erfahren und sich deshalb dafür entschieden hätten, ein Mahnmal für andere zu sein.

Die junge Frau in der Straßenbahn verlor jedenfalls im Rausch immer wieder das Bewusstsein. Sie hielt in einer Hand ein Puddingteilchen, in das sie mehrmals vergeblich zu beißen versuchte und sich dabei den Mund verschmierte. Dann nickte sie erneut ein und ihr Kopf fiel auf die Schultern der eleganten Dame. Die meisten Fahrgäste fühlten sich durch das Paar gestört. Wenn die junge Frau zu Bewusstsein kam, entschuldigte sie sich dafür, dass ihr Kopf auf dem flauschigen Pelzmantel ihrer Nachbarin gelandet war. Sie hatte einfach keine Kontrolle mehr über ihren Körper. Keiner der Fahrgäste lächelte. Niemand bis auf die alte Dame, die liebevoll die junge Frau in den Arm nahm, als wäre sie ihre Tochter. Sie gönnte der jungen Frau etwas Erholung an ihrer Schulter. Dann holte sie aus ihrer sehr schicken Handtasche ein Taschentuch heraus und wischte ihr behutsam den Mund sauber. Die junge Frau war so high, dass sie nichts von all dem mitbekam. Scheinbar. In der nächsten Wachphase blökte ihr Begleiter, der ebenfalls kurzzeitig das Bewusstsein verloren hatte, dass sie aussteigen müssten. Die junge Frau stand auf, ging hastig ein paar Schritte, doch dann drehte sie sich noch einmal um und bedankte sich sehr herzlich bei der alten Dame, bevor sie ausstieg.

Die alte Dame sagte nichts, strahlte aber Liebe aus. Alles an ihr war schön und ich erkannte, warum sie so schön war. Sie lebte das, was CDU-Politiker mit dem C im Akronym lediglich behaupten zu sein. Sie urteilte nicht. Sie gab Fürsorge und Geborgenheit. Sie nahm die Situation so an, wie sie war, und sie hatte keine Vorurteile. Sie wusste, was es bedeutet, Glück zu empfinden, und scherte sich weder um die gesellschaftliche Schmach, einem Junkie so nah gekommen zu sein, noch erhob sie Ansprüche darauf, die junge Frau aus ihrem Unglück retten zu müssen.

In jedem Paradies gibt es verbotene Früchte, doch ist es das Gift, das Träume zerstört und Helden bricht. Dieses Gift ist Ignoranz, Missbrauch, psychische Gewalt und Entwertung.

Dankbarkeit

Als ich mich 2009 von meiner sozialen Isolation und meinem Burn-out erholte, führte ich für kurze Zeit ein Dankbarkeitstagebuch. Es half mir sehr, doch ich verstand nicht, warum. Weder mental noch emotional erfasste ich, dass es mit mir etwas machte. Und so vergaß ich es alsbald wieder. Denn ich erwachte gerade aus meiner Depression, als würde ich aus einem Koma erwachen. Und nach und nach realisierte ich all die Gemeinheiten, die mir in der Vergangenheit widerfahren waren. Meine Dankbarkeit verging so schnell, wie sie gekommen war, und ich musste erkennen, was ich zuvor nie gesehen und schon gar nicht zu kontrollieren vermocht hatte: meine Aggressionen.

»Von der Wut zur Liebe ist es nur ein Schritt«, sagte mir zweimal eine gute Freundin. Dieses Mal begriff ich es. Sie hatte recht, aber dieser eine Schritt erfolgte nach einem langen Marsch, den ich zu diesem Zeitpunkt noch zu gehen hatte. Wer ein Leben lang Gefühle unterdrückt, hat mehr als ein Problem und verursacht weitere für sich und den Rest der Menschheit. Zehn Jahre später, also 2019, begann ich mein Dankbarkeitstagebuch weiterzuführen.

Ich fing an, die kleinsten, banalsten Dinge im Leben so bewusst wie nie zuvor wahrzunehmen. Der innere Kampf um

Anerkennung, das Streben nach Glück, jegliche Bemühungen um Erfolg lösten sich auf und zurück blieb nur ein Quantum Trost, nämlich, dass alles gut ist, so wie es ist. Sicherlich geschahen weiterhin auch Dinge, die mir wenig bis gar keine Freude bereiteten. Der Trick ist jedoch, für das Gute, Schlechte und alles dazwischen dankbar zu sein.

Plötzlich geschahen wunderbare, teils seltsame Dinge. Menschen, die mir schlecht taten, entfernten sich aus meinem Leben und an ihre Stelle traten wohlwollende Menschen. Das waren zum Teil Menschen, die schon immer da gewesen waren, nur erkannte ich sie plötzlich, und sie erkannten mich.

In einem apokryphen Bibeltext, dem Thomasevangelium, heißt es an einer Stelle »Wenn ihr euch erkennt, dann werdet ihr erkannt werden [...] Wenn ihr euch aber nicht erkennt, dann existiert ihr in Armut, und ihr seid die Armut.« Mir fehlen die Worte, um die Kraft und den Wahrheitsgehalt dieser Aussage zu beschreiben. Sie erklärt aber auch die Armut von Menschen, die finanziell reich sind. Wenn ein gut situierter Christdemokrat in *seinem* Berliner Kiez noch nicht einmal einem Obdachlosen eine Zeitschrift abkaufen kann, dann ist dieser vom christlichen Geist mindestens eine Galaxie weit entfernt, und es stellt sich einmal mehr die Frage, warum in einem angeblich säkularen Staat, der vielfach im christlichen Gewand auftritt, Kopftücher in regelmäßigen Abständen die Gemüter erhitzen. Macht es einen Unterschied, ob Pro-Forma-Christen oder »Kopftuchmädchen« ihre Geschichten erzählen? Ich weiß es nicht. Was meinen Sie? Es ist einfach, Menschen zu achten, die ähnliche Werte, Ansichten und Glaubenssätze haben wie wir. Die hohe Kunst der Demokratie verlangt jedoch die Begehung außerhalb der uns bekannten Denkrillen. Keine leichte Aufgabe, wenn wir im Nebel unsere eigenen Gedanken kaum erkennen. Wer weiß heute schon, ob der Nebel real ist und von bösen Dieselmotoren stammt oder ob wir vor lauter Angst, das Gendern zu vergessen, gar nicht mehr zu denken wagen?

Empathie, Mitgefühl und Achtsamkeit

Als ich in der Bar arbeitete, begegnete mir einmal eine junge akademisch gebildete, »niveauvolle« Frau, die mir nach einer kurzen Unterhaltung überrascht mitteilte: »Du bist ja total klug.« Ich ließ die Aussage verblüfft sacken und dachte kurz nach. Dann sah ich mich selbst an: ein Schwarzkopf, schulterlanges Haar, Anfang dreißig und an der Theke. Ich schaute sie mit einem skeptischen Lächeln an. »Du dachtest, ich wäre dumm, weil ich hinter der Theke arbeite?« Zu meinem Erstaunen bestätigte sie meine Annahme und verteidigte sich im gleichen Atemzug: »Ja schon, aber das Vorurteil hast du ja widerlegt«, gab sie verlegen zu. Vielleicht habe ich das, dennoch war es verletzend. Nicht weil sie mich für einen dummen Menschen hielt, sondern, weil sie dachte, ein Bartender hätte nichts Besseres gelernt und würde deswegen jetzt Bier und Kotze wegwischen. Frei nach dem Motto: Wer nichts wird, wird Wirt. In ihrer Traumblase waren Menschen, die *niedere* Tätigkeiten ausführen, dumm und arm. Warum denken Menschen so? Wie kann es sein, dass akademisch gebildete Menschen mit solchen kurzsichtigen Ansichten herumlaufen?

Eigentlich kein Wunder. Wir lernen in der Schule und der Universität so zu tun, als ob wir immer alles wüssten. Diese Weltfremdheit tritt bevorzugt zutage, wenn Ausländer mit im Spiel sind. Als mich meine Mitschüler in der sechsten Klasse auslachten, weil sie dachten, die Berufe meiner

Eltern seien ein Witz, lernte ich vor allem eines: Menschen sind vielleicht vor dem Gesetz, aber nicht vor der Gesellschaft gleich. Pflege ist weniger wert als Medizin, Jura mehr als Sekretariat. Diese vielfach geleugneten Annahmen entstehen durch den Fokus aufs Ökonomische, der gern alle anderen Kriterien außer Acht lässt. Meine Erfahrungen im Kölner Elitegymnasium standen zeit meines Lebens deshalb im Kontrast zu den pseudo-empathischen Bekundungen eines humanistischen Kanons. Ungefähr zehn Jahre nach diesen Demütigungen im Klassenzimmer des Gymnasiums begegnete ich zufällig meinen ehemaligen Klassenkameraden in einer Hotelbar, als ich als Partyreporter in einer Kölner Barhopping-Nacht für ein Stadtmagazin mit einem Fotografen unterwegs war. Einer der Jungs, Florian, dessen Eltern beide Ärzte waren, rief unüberhörbar durch das Lokal: »Da ist Mike, der Assi!« Einer der Jungs aus der Runde, den ich nicht kannte, kam zu mir und wollte mir ein Kölsch ausgeben, was ich nur widerwillig annahm. Ich stand seelisch vollgepisst da und wollte nur noch raus aus dem Laden. Mein Gesprächspartner unterhielt sich interessiert mit mir, wollte wissen, was ich so mache. Er bemerkte daraufhin, dass ich einen sympathischen Eindruck erwecke, und fragte feinfühlig, warum die Jungs mich als »Assi« bezeichneten. Ich zuckte mit den Schultern und bat ihn, sie doch selbst zu fragen. Er bemerkte, wie unangenehm mir die Situation war, bedankte sich bei mir freundlich und verabschiedete sich mit den Worten: »Du bist ein guter Kerl.«

Den Reifegrad und das gelebte Wertesystem einer Gesellschaft lese ich damals wie heute nicht an den süßen Worten von Politikern und Eltern ab, sondern am Verhalten ihrer Hunde und Kinder. Gehen diese mit dem Schwatten respektvoll und angstfrei um, weiß ich, mit wem ich es zu tun habe.

Kinder und Köter bringen das Unbehagen der Gesellschaft ungefiltert zum Ausdruck.

Derartige Erlebnisse kann man naiverweise als Rassismus oder strukturellen Rassismus abstempeln, aber das ist mir zu einfach. Was die junge Frau an der Theke oder die Arztkinder vom Gymnasium gemeinsam haben, ist die Ignoranz und Selbstzentriertheit beziehungsweise das mangelnde Feingefühl, die fehlende Achtsamkeit und ein nicht vorhandenes Empathievermögen. Ausländer, die versuchen, ein ebenbürtiges Dasein aufzubauen, müssen sich hier doppelt so hart anstrengen, um nur halb so weit wie Deutsche zu kommen, und auch das funktioniert nicht immer. Ja, dieses Integrationsparadoxon hat systemische Weichen, aber diese gelten auch für Deutsche. Das System hat in den Schulen und Bildungseinrichtungen eine gänzlich unrassistische Funktion: Es werden in erster Linie Kinder ausgesiebt, die nicht gehorsam spuren. Egal, woher sie kommen. Deshalb ist das für mich kein struktureller Rassismus, sondern strukturelles Mobbing.

Erinnern Sie sich an die Brandkatastrophe in der Notre-Dame-Kathedrale in Paris? Was war die Bestürzung groß! Tagelang trauerten wir mithilfe der Berichterstattung über das tragische Unglück und erfuhren gefühlt stündlich, wie immer mehr Spenden für den Wiederaufbau zusammenkamen. Spenden und Bestürzung wuchsen proportional zueinander, innerhalb von nur zwei Tagen wurden über 900 Millionen Euro gespendet. Dann, einige Monate später, ereignete sich ein schräger Unfall im Libanon. Eine spektakuläre Explosion legte eine ganze Stadt in Schutt und Asche. Kilometerweit zersprangen Fenster. Fast 200 Menschen verloren dabei ihr Leben, mehr als 6.000 Personen wurden verletzt. Der Unfall war einige Meldungen wert und die Berichterstattung darüber hielt auch einige Tage an, aber ich habe mich immer gefragt, warum wir hier in Deutschland so lange und so intensiv bei der »Tragödie« in Frankreich regelrecht mitfieberten, aber den »Unfall« im Libanon nur sachlich zur Kenntnis nahmen.

Mit Sicherheit hat die internationale Gemeinde finanziell alles Erdenkliche getan, um die Situation in den Griff zu bekommen. Doch piesackte mich etwas und ich entdeckte, was es war: Der Unfall im Libanon löste keine bewegte Betroffenheit aus, so wie der Brand in der französischen Kathedrale. Abendfüllende Berichterstattungen blieben aus, ebenso die gelebte Aufmerksamkeit und interaktive Empathie. Es gab nicht denselben emotionalen Nachhall. Warum eigentlich? Ist Beirut zu weit weg? Liegt es daran, dass eine Industriehalle und kein Kulturdenkmal zerstört wurde? Warum konnte ich medial nach der Beiruter Katastrophe nicht das gleiche Gewicht an Empathie feststellen wie bei dem Brand in der Kathedrale? Dabei gibt es im Libanon auch Christen. Woran liegt es also? Ich finde keine überzeugende Antwort. Aber es gibt sicher eine.

Unser Mitgefühl ist eine gut gelenkte Angelegenheit, die häufig, wenn nicht fast immer, selektiv stattfindet. Wir entscheiden uns bewusst oder unbewusst, wo und bei wem wir mitfühlen. Uns fällt es leicht, Gleichgesinnten Respekt und Achtung entgegenzubringen. Dies ist ein natürlicher Vorgang, doch leider nicht mehr zeitgemäß in einer technologisierten Zivilisation, die glaubt, mithilfe von sozialen Medien *verbunden* zu sein. Wir können Fremde auf Instagram lieben und verteilen Herzen, aber behandeln die Belegschaft an der Supermarktkasse wie seelenlose Roboter. Seien Sie ehrlich: Kennen Sie die Namen der Menschen im Discounter, in dem Sie regelmäßig einkaufen?

Liebet eure Feinde. Die *guten* Menschen, also die kulturell weltoffenen, studierten, gebildeten und politisch meist links orientierten Geister, die die Welt umarmen möchten und partout verlangen, dass alle so denken müssten wie sie, um den Weltfrieden zu gewährleisten, steigen an diesem Punkt meistens aus, weil ihre moralische Überlegenheit ihnen selbst im Wege steht. Sie wollen alle lieben, nur nicht ihre Feinde. Sie verhalten sich wie eben jene, die das Gute nur den armen *Flüchtlingen* zukommen lassen wollen, aber bloß nicht den bösen, raffgierigen Obdachlosen, die für ihr Los selbst verantwortlich sind.

In derselben Bar, in der ich der Akademikerin begegnete, bediente ich eines Nachts die letzten beiden Gäste, die in einer hitzigen Diskussion über *rechte Politik* und *Nazis* verwickelt waren. Beide deutsch, studentisch, Typ Festivalbesucher, Rastalocken, weite Hosen und T-Shirts. Sie waren nicht mehr ganz nüchtern. Einen der beiden fragte ich: »Glaubst du, dass sich irgendetwas ändern würde, wenn Rassisten den gleichen Hass erfahren, den sie selbst verbreiten?« Ein unvergesslicher Moment. Das Knistern seiner Denkpause wurde förmlich hörbar. Seine Augen sprangen unkontrolliert hin und her, die Redseligkeit war gekappt und er begann seine Argumente, die ich vorhin schon gehört hatte, erneut aufzurollen, weshalb man strafen, verbieten und *dagegen* sein muss. »Ja«, unterbrach ich ihn, »aber meinst du nicht, dass wir mehr erreichen können, wenn wir *für etwas* statt *gegen etwas* sind? Meinst du nicht, dass wir mit bedingungsloser Liebe, auch für Nazis, mehr erreichen können?« Nach nur kurzer Überlegung antwortete der Gast mit einem leicht traurigen, resignativen Blick: »Das glaube ich nicht. Das kann ich auch einfach nicht. Nein.«

Für meinen Gast gab es nur gut *oder* schlecht, aber kein gut *und* schlecht. Dies sind die Atome der Schubladenlogik: Wenn jemand links ist, kann er nicht rechts sein. Ja oder Nein, dafür oder dagegen, rein oder raus. Das ist die große Falle, die auch aktuell die Gesellschaft wieder wunderbar spaltet. Wer bestimmte Entscheidungen oder Umstände kritisiert, ist ein Leugner. Mögen Sie lieber Vanilleeis oder Schokoladeneis? Schokolade? Dann sind Sie also ein Vanilleleugner? Die binäre Denke hindert uns daran, die vielen Grautöne zwischen Schwarz und Weiß zu erkunden. Außerdem rückt genau das unsere Selbstwirksamkeit in die Ferne und überträgt unsere Verantwortung auf »das System« oder »die Politik, die etwas tun muss«. Mir ist klar, dass neoliberale Strömungen mit genau dieser Argumentation ihre Verantwortung für die Ausbeutung und Verschmutzung des Planeten negieren, aber das ist nur eine fehlgeleitete Konklusion, die ich entschieden ablehne. Wir müssen endlich begreifen, dass wir heute nicht nur Kunden, Wähler oder Konsumenten sind. Wir sind alles zugleich. Wir haben die Macht, und das nicht nur alle vier Jahre. Wir sind selbst für alles verantwortlich und müssen aufhören, wie kleine Kinder die Politik darum zu bitten, das zu tun, was wir selbst in der Hand haben. Wir machen Politik mit jedem Einkauf, jedem Beifall und jeder Ablehnung. Jeden Tag. Mit Geld und mit Nächstenliebe.

Ich kann verstehen, wenn Menschen in diesem Land versuchen, Veränderungen durch Eingriffe in die Sprache herbeizuführen. Sprache erschafft Wirklichkeiten, das ist mittlerweile allseits bekannt. Doch gibt es einen Unterschied zwischen Vorschriften und dem Gebot des Anstands. Die Vehemenz, mit der Sprache hierzulande derzeit vorgeschrieben wird, erinnert mich zu sehr an die Tyrannei der Nationalsozialisten, die ebenfalls mit erzwungener Sprache eine Wirklichkeit der totalen Unterdrückung gestalteten, um so ihre Ideologie und die Vernichtung von Menschen zu rechtfertigen. Damit möchte ich nicht insinuieren, dass Vertreter von Sprechverboten die Vernichtung von Menschen anstreben, aber dass sie sich der gleichen Systematik bedienen, wenn sie mit großem Druck einen Sprachwandel erzwingen wollen und darauf beharren, dass alle gefälligst so zu sprechen hätten, wie sie es für richtig halten, damit endlich Gleichberechtigung und Weltfrieden herrscht. Ich halte das für naiv, kontraproduktiv und gefährlich. Meine Berliner Deutschlehrerin beließ es im Jahr 2000 bei der Belehrung, aber zwanzig Jahre später befinde ich mich in einem kollektiven Wahn, den der Politbetrieb nicht benennen möchte, um bloß nicht mit dem Stigma »Nazi« versehen zu werden.

Wer in Deutschland Dinge kritisiert, gerät reflexartig in den Zugzwang, gleich Lösungen mitzuliefern. Frei nach dem Motto: »Dann halt doch die Fresse, wenn du auch nicht weißt, wie es besser geht.« Und ich weiß nicht, wie es besser geht, aber ich fühle, dass es in die falsche Richtung geht, wenn Fronten und Gegner kultiviert werden, statt die Menschen mit Herz und Verstand anzusprechen.

Es gibt unterschiedliche Wege, seine vermeintlichen Gegner zu besänftigen. Einen interessanten Ansatz propagiert der japanische Kampfsport, der eigentlich keiner ist: Aikido. Übersetzen lässt sich das mit *Der Weg der Harmonie im Zusammenspiel mit der Energie des Universums.* Aikido steht somit weniger für den Kampf als vielmehr für einen Kodex, für eine Geisteshaltung. Aikido ist eine Kampfkunst, die nie angreift, sondern stets bemüht ist, die Energie des Gegners anzunehmen, anzuerkennen und umzuwandeln. Deshalb ist es auch kein Kampfsport, sondern eine Anleitung für Familie, Respekt und Harmonie. Ein Aikido-Meister erklärte mir, dass ein Aikidoka seine Angreifer bezwingt beziehungsweise besänftigt, als seien diese Verwandte, die in Rage handeln. Ich betrachte meine Angreifer also, als seien sie Teil meiner Familie. So wie jene Familie zu Beginn meiner Erzählung, die man als »nette Rassisten« bezeichnen könnte. Wir sind engmaschig miteinander verbunden, ob wir wollen oder nicht. Dieses Verständnis hat meine binäre Perspektive aufgelöst. Kurzum: Feindschaft trennt. Wenn ich liebe, bin ich verbunden, und Hass, Zwist und Spaltung lösen sich auf.

Heilen statt keilen

Haben Sie schon einmal von sogenannten Polsprüngen gehört? Es handelt sich dabei um die Umkehrung der geomagnetischen Felder. Alles ist verdreht. Oben ist unten, unten ist oben. Dazu gibt es zahlreiche Mythen und Legenden, aber auch ernsthafte Forschungen, die nahelegen, dass der letzte vor 42.000 Jahren stattgefunden haben soll. Und der nächste steht wohl kurz bevor. Aber was, wenn der Polsprung bereits stattfindet?

Soweit ich sehen kann, haben sich bereits etliche Verhältnisse auf dem Planeten umgekehrt. Weiße sind die besseren Rapper, Schwarze die besseren Golfer, Männer werden zu Frauen, nehmen an kampfsportlichen Wettkämpfen teil und zertrümmern die Schädel der Kontrahentinnen oder setzen sich gegen andere Frauen bei Schönheitswettbewerben durch. Polizisten konsumieren und verhökern beschlagnahmtes Kokain und kriminelle Banden beschützen Hilfesuchende vor Gewalttätern. Ausländer sprechen besser Deutsch als Deutsche, Deutsche hassen ihr eigenes Land und hoffen auf den

Untergang ihrer Heimat. Die Welt ist vollkommen aus den Fugen geraten.

Was ist hier los? Wohlhabende laufen wie die letzten Heckenpenner herum und die ärmsten Schweine tragen die teuersten Kleidungsstücke. Wie soll man da noch den Überblick behalten? Was ist richtig und was falsch? Können wir denen, die gute Geschichten erzählen, auch wirklich vertrauen? Das wird doch niemals schlimmer, oder? Bräuchte ich einen Soundtrack für dieses Schauspiel, würde ich den Titel *Ja* der deutschen Elektropopband *2raumwohnung* wählen: »Sag niemals nie. Denn es gibt Eichhörnchen, die fahren Wasserski.«

Wir erleben heute in Deutschland eine Spaltung der Gesellschaft in einer noch nie dagewesenen Form. Menschen fühlen sich isoliert, ungehört und aufgrund von Meinungsunterdrückung demoralisiert. Manche glauben, dass reptiloide Mutanten die Regierungen dieser Welt steuern, und andere glauben, dass die Regierungen reinen Herzens handeln und nur am Wohl der Bürger interessiert seien. Beides könnte absurderweise wahr und beides könnte ein Märchen sein. Wenn Eichhörnchen Wasserski fahren, kann ich mir beides gut vorstellen.

Narzisstische Persönlichkeiten habe eine besondere Vorliebe für die satanische Umkehrung. Wer zum Beispiel einen Narzissten damit konfrontiert, dass er sich beleidigend oder verletzend verhält, kann erleben, wie er die Verhältnisse blitzschnell umdreht und einfach behauptet, dass er durch die Konfrontation verletzt und beleidigt wurde. Ein billiger, aber effizienter Manipulationsversuch, um Verhältnisse umzukehren, zu tarnen, zu täuschen und zu tricksen. Das erleben wir heute überall. Diese Taktik funktioniert hervorragend, doch bin ich davon überzeugt, dass das nicht mehr lange der Fall sein wird. Auch wenn noch viele Menschen den Heilsversprechen von Politik, Religion und Wissenschaft glauben, ist ein Wandel im Gange. Wer sich selbst heilt, der vergibt und heilt den ganzen Planeten. Ohne Demonstrationen und Getöse oder dem Schrei nach Beachtung, Anerkennung und Wiedergutmachung. Generationsübergreifende Traumata lösen sich, das Ego stirbt. Die allermeisten Menschen wollen heilen statt keilen. Diesen naiven Glauben vertrete ich nicht trotz, sondern wegen meiner Erlebnisse. Weil meine Grundschullehrerin für mich da war; weil die skeptischen Eltern meines Schulfreundes mich respektvoll aufnahmen; weil die Eltern eines anderen Freundes mir Karten zum Abiball ihres Sohnes schenkten. Wenn man Veränderung wünscht, darf man bei sich selbst beginnen. Weder das Geschlecht noch die Herkunft oder der soziale Status halten uns davon ab, mit gutem Beispiel voranzugehen.

Dass man bisweilen den Wald vor lauter Bäumen nicht sieht, ist nachvollziehbar. Ich habe meinen Seelenmüll mit Ihnen geteilt, damit Sie sich aufregen oder bestätigt fühlen können. Betrachten Sie meine Erfahrungen und meine Perspektiven als eine Einladung. Denn ich hatte das unfreiwillige Privileg, mich in den unterschiedlichsten sozialen Milieus behaupten zu müssen. Daher fühle ich mich frei von ideologischen Zwängen, was mich allerdings wiederum zum Außenseiter macht. Das mag für viele der blanke Horror sein, doch als Außenseiter habe ich mich noch nie so frei gefühlt wie heute. Und deshalb glaube ich heute unverschämterweise sagen zu können: Danke, Deutschland! Während sich alle die Köpfe einschlagen, lehne ich mich, eine Fingerpyramide formend, lächelnd zurück und genieße Popcorn essend die Show. Das große Finale steht bevor und von links bis rechts zanken und beleidigen sich erwachsene Menschen wie Kleinkinder. Was ich tun kann, habe ich getan.

Sie wollen jetzt noch wissen, wie in diesem Krieg der kleinen und großen Kinder Heilung für Sie persönlich funktionieren kann? Keine Ahnung, aber Sie werden es herausfinden – davon bin ich überzeugt. Ich kann Ihnen nur erzählen, wie es für mich funktioniert. Ich habe für mich entschieden, dass völlig unterschiedliche Glaubenssätze nebeneinander und miteinander existieren können. Ich sehe meine Mitmenschen nicht so, wie sie sind, sondern so, wie ich bin. Ich kann entscheiden, wie ich sein möchte, ohne andere bekehren zu wollen. Ich sehe, dass Menschen komplexe Wesen sind. »Jede Jeck is anders«, wie der Kölner sagt. Anstatt zu urteilen, können wir uns fragen: Was darf ich hier lernen?

Rechtsradikale essen Döner, Linksradikale tragen Kleidung aus chinesischen Fabriken, Moslems gehen in den Puff, Christen missbrauchen Kinder. Alles ist möglich. Ist das gut oder schlecht? Das spielt keine Rolle, denn es ist, wie es ist, und das alles ist möglich, weil wir Menschen sind, die sich nicht eine, sondern sehr viele Realitäten erschaffen. Konzentrieren wir uns auf die schönen Dinge, geschehen mehr davon. Lenken wir den Fokus auf Rassismus, passiert was? Richtig! Es kommt mehr davon.

Wir können gemeinsame Räume schaffen, Ayran und Kölsch trinken, aufeinander zugehen und uns auf die Gemeinsamkeiten konzentrieren. Die vermeintlich *unverhandelbaren* Konflikte, seien diese kultureller, religiöser oder sexueller Natur, lassen sich mit Geduld, Vernunft und Empathie (für uns selbst und für andere) beilegen. Aufklärung ist nur eine Suchanfrage entfernt. Mithilfe der sozialen Medien sind wir alle miteinander verwoben und vernetzt. Noch darf dieses Privileg jeder frei nutzen. Sie erinnern sich: Der Plural spaltet und der Singular verbindet. Als *Ausländer* oder

Kanake könnte ich mich ständig beleidigt fühlen und überall Rassisten erkennen und entdecken. Es ist erbärmlich einfach.

Ich beneide alle *Social Justice Warrior*, die mit sozialer Ungerechtigkeit im Internet Klicks und Likes erwirtschaften. Es bringt nichts, im Pendel der Ungerechtigkeit hin- und herzuschwingen. Niemandem, außer den Profiteuren der Rassismusindustrie, ist damit gedient. Eine Opferhaltung kann und wird instrumentalisiert werden, und deshalb ist Selbstheilung so wichtig. Eine ungeheilte Person wird in so ziemlich allem eine Beleidigung entdecken.

Hätte ich mich heute nicht im Griff, wären alle Deutschen für mich Rassisten. Sie wüssten es nicht und ich könnte es mir zur Aufgabe machen, sie darüber zu informieren. Ich würde versuchen, sie mit meiner gesamten intellektuellen Kraft davon zu überzeugen, dass sie rechts seien und sich schämen sollten. Ich würde mit erhobenem Zeigefinger schimpfen: »Schäm dich!« In jedem Wortlaut, jeder Geste dieser *Rassisten* könnte ich ständig Beleidigungen erkennen. Und genau dies lehne ich ab. Ich lehne es ab, beleidigt zu sein, weil ich so die einzige Kontrolle verlieren würde, die mir noch bleibt. Die Kontrolle über mich selbst. Meine Energie – meine Entscheidung.

Für mich gibt es keinen Rassismus mehr. Er ist ein veraltetes, überholtes, unzureichendes Konzept. Es ist ein Relikt aus der Vergangenheit. Gäbe es noch Rassismus, gäbe es auch Rassen. Auf dieses Narrativ, diesen Rassismusterror lasse ich mich erst gar nicht ein. Wie heißt es so schön: Wir verhandeln nicht mit Terroristen. Wer von Rassismus spricht und mit Flaggen *dagegen* schwenkt, merkt leider nicht, dass dieser Protest mehr für das Fortbestehen dieser Idiotie sorgt, als sie abzuschaffen. Die Rassismusindustrie lebt von Bestürzung, Empörung und Beleidigtsein. Ganze Parteien und Stiftungen leben von der Viktimisierung und Aufrechterhaltung des Opferstatus der Betroffenen. Gerade Letzteres ist heute schwer en vogue. Ständig haben wir überall Beleidigte und diese werden immer lauter. Auf Facebook, Instagram und überall. Ein Teufelskreis. Gefangene, die ihre verschlossenen Käfige mit noch mehr Schlössern versehen. Als Ausländer kenne ich viele Ausländer, die dieses Spiel längst durchschaut haben und es so handhaben wie ich. Sie ignorieren es oder lachen laut auf, wenn wieder eine neue Rassismussau durchs Dorf getrieben wird. Ja, es ist furchtbar, wenn ein Mensch bespuckt und getreten wird. Aber ich bleibe dabei: Die Herkunft spielt keine Rolle, wenn es um Mobbing geht. Glauben Sie mir, wenn jemand auf Sie einprügelt, auf Sie uriniert, dann ist es Ihnen egal, ob der Täter Deutscher oder Kanake ist. Pisse stinkt und demütigt, ob rassistisch gemeint oder nicht. Die große Kunst als Mensch in dieser komplexen Müllhalde von Welt, in der wir uns befinden, Sinn und Wert zu stiften, beginnt mit nur einem Schritt: Demütigung in Demut verwandeln. Das ist die Alchemie, mit der wir die Welt verändern werden.

Nicht beleidigt zu sein, ist der Königsweg, um die Kontrolle und die Verantwortung über das eigene Leben zu übernehmen. Nicht jede Interaktion verdient meine Beachtung, und wenn doch, überlege ich gut, ob und wie ich darauf reagieren möchte, weil eine Antwort ein energetisches Band zwischen Beleidiger und Beleidigtem herstellt. Wie möchte ich dieses Band gestalten? Mein Herz darf fühlen und wird sich schon melden, wenn es etwas nicht in Ordnung findet. Dann werde ich alles mir Mögliche wertungsfrei unternehmen und versuchen, diesen Umstand zu ändern.

Beschränkte, sogenannte Rassisten, die in ethnischen Kategorien abwerten, atmen jetzt vielleicht auf und jubeln:

»Ja, der Kanake hat es doch selbst gesagt. Es ist in Ordnung für ihn.« Das ist abzusehen und auch ohne dieses Buch würden diese Menschen andere Rechtfertigungen finden, um so zu denken. Dürfen Sie mich jetzt Ausländer, Kanake oder Ölauge nennen, weil ich das selbst tue? Kommt drauf an, das entscheide ich selbst.

Also warum darf mich der eine rassistisch beleidigen und der andere nicht? Ganz einfach: Weil eine Abwertung in der Energie hörbar und fühlbar ist, unabhängig davon, ob ich nun Schwarzkopf, Iraker, Ausländer, Ölauge oder Migrant genannt werde. Manchmal sind gar keine Worte notwendig und es reicht ein Blick, um zu wissen, dass mein Gegenüber mich gerade von oben bis unten abwertet. So wie es beispielsweise Polizisten tun, wenn sie *Racial Profiling* betreiben. Daher kommt übrigens die Aversion gegen Blicke, die in Ausländerkreisen gerne mit »Was guckst du – du Hurensohn!« geahndet werden. Für die deutsche Sachlichkeit ist das vielleicht Hokuspokus, aber Ausländer, Frauen und Homosexuelle wissen, wovon ich spreche. Menschen geben nur weiter, was sie kennen. Das Leben ist ein Spiegel.

Menschen geben nur ihre Erfahrungen weiter und tun das mit einer Energie, die spürbar ist. Wer mich mit einer spezifischen Beleidigung *gepflegt* beleidigt, der bringt mich zum Lachen und erreicht mit Sprache das, was sonst nur schwer erreichbar ist: die kontrollierte Entladung von angestauten Emotionen. Dies unterbinden zu wollen, ist dumm, und deshalb plädiere ich für die gepflegte Beleidigung.

Als Menschen, Bürger und Konsumenten haben wir wesentlich mehr Einfluss auf die Dinge als uns bewusst ist. Erkennen konnte ich das wahrscheinlich nur, weil ich den Luxus hatte, in einem Land zu leben, das mir die Möglichkeit gab, alles zu sein, was ich sein wollte. Alles zu hassen und zu lieben. Immer wieder höre ich, wie vermeintlich privilegierte *Weiße* (was für ein furchtbares Wort übrigens) zur Rechenschaft gezogen werden, und oft denke ich, dass auch mir eine gehörige Portion Privilegien zuteilwird. Mit meinem Hintergrund, meinem Aussehen, also mit meiner ethnischen Behinderung, durfte ich viele Erlebnisse und Einsichten erfahren, die den meisten Deutschen verborgen bleiben. Und trotz oder wegen all der Umstände konnte ich erkennen, dass Dankbarkeit der Schlüssel zu meinem eigenen Herzen und dass Menschenverachtung die Grundlage aller abscheulichen Taten ist. Beschweren kann ich mich jedenfalls nicht. Aber da ich mich sehr deutsch fühle, tue ich es trotzdem. Deshalb beschimpfen mich gelegentlich Deutsche als einen Deutschen. Ich nehme es als Kompliment. Jeder will nach Deutschland, aber keiner will deutsch sein. Was soll denn das?

Danke, Deutschland

Und in Liebe möchte ich abschließend danken. Ich möchte mit diesem offenen Brief Deutschland Danke sagen. Danke an alle, die verstehen, dass wir in der Einheit unbesiegbar sind und jede noch so große Katastrophe und Täuschung überwinden. Ich danke allen Busfahrern, die mir die Tür öffnen, als würden sie mich in ihr Wohnzimmer einladen. Ich danke der attraktiven blonden Polizistin, die mir den Arm verdreht, mich gegen die Wand drückt und mir von hinten sanft ins Ohr flüstert: »Du dreckiger Ausländer bist jetzt verhaftet!« Ich danke allen Müttern, Vätern, WC-Managern, Kellnern, Köchen, Bartendern und Facharbeitern, die gleichzeitig Waffen und Prothesen zusammenschrauben, um das Bruttoinlandsprodukt zu sichern. Ich danke den Lehrkörpern, die mich auf meinem Marathon vom Esel zum Menschen begleitet, bestätigt und unterstützt haben. Ich danke allen Menschen, die jenseits von Grenzen denken, und jenen, die mir ihre Grenzen aufzeigen. Ich danke allen Menschen, die mir auf meinem Weg gezeigt haben, dass es sich lohnt, sein Rückgrat zu bewahren und nicht zu dem zu werden, was mich fast zerbrochen hat. Ich danke jenen, die mir gezeigt haben, dass ich das Zerbrochene mit Gold verziert wieder zusammensetzen kann. Ich danke auch jenen, die mich gebrochen, gedemütigt, belogen und beklaut haben, denn sie haben mich gelehrt, was ich nicht sein möchte. Und ich danke schließlich dem riva Verlag, der so mutig war, einen naiven und absolut unbekannten Ausländer wie mich seine Geschichte erzählen zu lassen.